...CTION DU BULLETIN-COMMENTAIRE DES LOIS NOUVELLES & DÉCRETS

(Conserve la Couverture)

P. Reutenauer

DOCTEUR EN DROIT
SUBSTITUT AU TRIBUNAL CIVIL
DE LONS-LE-SAUNIER

Nouveau

Régime des Cultes

EN FRANCE *6361*

COMMENTAIRE DE LA LOI DU 9 DÉCEMBRE 1905

SUR LA

SÉPARATION DES ÉGLISES & DE L'ÉTAT

Des décrets des 29 décembre 1905, 19 janvier et 16 mars 1906

AVEC RÉFÉRENCES

AUX CIRCULAIRES MINISTÉRIELLES

Précédé de tous les documents officiels relatifs à la nouvelle législation des cultes

DEUXIÈME ÉDITION

PRIX : 3 FR. 50 FRANCO

ADMINISTRATION

DU BULLETIN-COMMENTAIRE DES LOIS NOUVELLES ET DÉCRETS

Léonce BELZACQ, directeur

103, BOULEVARD SAINT-MICHEL, 103, PARIS (V°)

Administration du BULLETIN-COMMENTAIRE DES LOIS NOUVELLES ET DÉCRETS
Léopold BELZACQ, directeur, 103, boulevard Saint-Michel, à Paris (V°)

AUX LECTEURS,

Nous publions cette seconde édition, revue et corrigée, dans un but de vulgarisation et pour répondre au désir exprimé par un grand nombre de personnes s'intéressant au **Bulletin-Commentaire des Lois Nouvelles et Décrets**, où parut notre première édition.

C'est ainsi que nous éditons chaque mois, depuis treize ans, le commentaire de toutes les lois d'un intérêt général.

On peut donc dire que le **Bulletin-Commentaire des Lois Nouvelles et Décrets** *constitue le supplément par excellence à tous les ouvrages de droit, qu'il tient constamment à jour.*

Aussi le trouve-t-on dans la bibliothèque de toutes les personnes qui, par goût, par intérêt ou par profession, veulent se tenir au courant de l'évolution législative, si active depuis quelques années.

L'éditeur.

Le Bulletin-Commentaire des Lois Nouvelles et Décrets

Recueil mensuel, d'un abonnement annuel de 7 fr. (étranger, 8 fr.), **est le seul recueil publiant en une seule fois**, peu après promulgation, **le commentaire de toutes les lois d'un intérêt général** (Voir *in fine* la liste des principaux collaborateurs).

Chaque fascicule contient, outre le commentaire proprement dit, une revue de législation et de jurisprudence et tous les documents législatifs relatifs à la loi commentée.

Cette publication *est indispensable pour tenir au courant tous les ouvrages de droit.*

Envoi franco d'un numéro spécimen et de la liste des commentaires publiés depuis **1894**

Divisions du recueil :

Tome I. De 1894 à 1897	Prix **28** fr.	
Tome II. Années 1898 et 1899	Prix **14** fr.	**IMPORTANTES RÉDUCTIONS**
Tome III. Années 1900 et 1901	Prix **14** fr.	
Tome IV. Années 1902 et 1903	Prix **14** fr.	**Aux abonnés**
Tome V. Années 1904 et 1905	Prix **14** fr.	

N. B. La collection entière du **Bulletin-Commentaire** peut être reliée en 2 volumes : Le 1er, comprenant les tomes I et II, de 1894 à 1899 inclus } Reliure demi-chagrin noir ou rouge : Le 2e, comprenant les tomes III, IV et V, de 1900 à 1905 inclus } prix **3** fr. par volume.

Voir à la 3e page de la couverture, la liste des principales matières traitées.

COMMENTAIRES EN PRÉPARATION

Enfants assistés. — **Assistance obligatoire.** — **Fraudes sur les vins. Régime des spiritueux.** — **Privilège des bouilleurs de cru.** — **Patentes.** — **Jouissance légale** (modific. à l'art. 386 du C. civ. Femme veuve ou divorcée). — **Réquisitions militaires.** — **Réhabilitation des faillis et concordat.** — **Majorité pénale.** — **Accidents du travail** (exploitations commerciales). — **Habitations à bon marché.** — **Warrants agricoles.** — **Distribution d'énergie électrique.** — **Sociétés d'assurances sur la vie,** etc.

Nouveau

RÉGIME DES CULTES

En France

COLLECTION DU BULLETIN-COMMENTAIRE DES LOIS NOUVELLES & DÉCRETS

P. Reutenauer

DOCTEUR EN DROIT
SUBSTITUT AU TRIBUNAL CIVIL
DE LONS-LE-SAUNIER

Nouveau

Régime des Cultes

EN FRANCE

COMMENTAIRE DE LA LOI DU 9 DÉCEMBRE 1905

SUR LA

SÉPARATION DES ÉGLISES & DE L'ÉTAT

Des décrets des 29 décembre 1905, 19 janvier et 16 mars 1906

AVEC RÉFÉRENCES

AUX CIRCULAIRES MINISTÉRIELLES

Précédé de tous les documents officiels relatifs à la nouvelle législation des cultes

DEUXIÈME ÉDITION

PRIX : 3 FR. 50 FRANCO

ADMINISTRATION

DU BULLETIN-COMMENTAIRE DES LOIS NOUVELLES ET DÉCRETS

Léonce **BELZACQ**, directeur

103, BOULEVARD SAINT-MICHEL, 103, PARIS (Vᵉ)

Commentaire de la loi du 9 décembre 1905

SUR LA

SÉPARATION DES ÉGLISES ET DE L'ÉTAT

I.

TEXTES LÉGISLATIFS

I.

9 décembre 1905. — *LOI concernant la séparation des Églises et de l'État.*

TITRE Iᵉʳ. — PRINCIPES

Art. **1ᵉʳ**. La République assure la liberté de conscience. Elle garantit le libre exercice des cultes sous les seules restrictions édictées ci-après dans l'intérêt de l'ordre public.

2. La République ne reconnaît, ne salarie ni ne subventionne aucun culte. En conséquence, à partir du 1ᵉʳ janvier qui suivra la promulgation de la présente loi, seront supprimées des budgets de l'État, des départements et des communes, toutes dépenses relatives à l'exercice des cultes. Pourront toutefois être inscrites auxdits budgets les dépenses relatives à des services d'aumônerie et destinées à assurer le libre exercice des cultes dans les établissements publics, tels que lycées, collèges, écoles, hospices, asiles et prisons.

Les établissements publics du culte sont supprimés, sous réserve des dispositions énoncées à l'article 3.

TITRE II. — ATTRIBUTION DES BIENS — PENSIONS

3. Les établissements dont la suppression est ordonnée par l'article 2 continueront provisoirement de fonctionner, conformément aux dispositions qui les régissent actuellement, jusqu'à l'attribution de leurs biens aux associations prévues par le titre IV et au plus tard jusqu'à l'expiration du délai ci-après.

Dès la promulgation de la présente loi, il sera procédé par les agents de l'administration des domaines à l'inventaire descriptif et estimatif :

1° Des biens mobiliers et immobiliers desdits établissements;

2° Des biens de l'État, des départements et des communes dont les mêmes établissements ont la jouissance.

Ce double inventaire sera dressé contradictoirement avec les représentants légaux des établissements ecclésiastiques ou eux dûment appelés par une notification faite en la forme administrative.

Les agents chargés de l'inventaire auront le droit de se faire communiquer tous titres et documents utiles à leurs opérations.

4. Dans le délai d'un an à partir de la promulgation de la présente loi, les biens mobiliers et immobiliers des menses, fabriques, conseils presbytéraux, consistoires et autres établissements publics du culte seront, avec toutes les charges et obligations qui les grèvent et avec leur affectation spéciale, transférés par les représentants légaux de ces établissements aux associations qui, en se conformant aux règles d'organisation générale du culte dont elles se proposent d'assurer l'exercice, se seront légalement formées, suivant les prescriptions de l'article 19, pour l'exercice de ce culte dans les anciennes circonscriptions desdits établissements.

5. Ceux des biens désignés à l'article précédent qui proviennent de l'État et qui ne sont pas grevés d'une fondation pieuse créée postérieurement à la loi du 18 germinal an X feront retour à l'État.

Les attributions de biens ne pourront être faites par les établissements ecclésiastiques qu'un mois après la promulgation du règlement d'administration publique prévu à l'article 43. Faute de quoi la nullité pourra en être demandée devant le tribunal civil par toute partie intéressée ou par le ministère public.

En cas d'aliénation par l'association cultuelle de valeurs mobilières ou d'immeubles faisant partie du patrimoine de l'établissement public dissous, le montant du produit de la vente devra être employé en titres de rente nominatifs ou dans les conditions prévues au paragraphe 2 de l'article 22.

L'acquéreur des biens aliénés sera personnellement responsable de la régularité de cet emploi.

Les biens revendiqués par l'État, les départements ou les communes ne pourront être aliénés, transformés ni modifiés jusqu'à ce qu'il ait été statué sur la revendication par les tribunaux compétents.

6. Les associations attributaires des biens des établissements ecclésiastiques supprimés seront tenues des dettes de ces établissements ainsi que de leurs emprunts, sous réserve des dispositions du troisième paragraphe du présent article; tant qu'elles ne seront pas libérées de ce passif, elles auront droit à la jouissance des biens productifs de revenus qui doivent faire retour à l'Etat en vertu de l'article 5.

Le revenu global desdits biens reste affecté au paiement du reliquat des dettes régulières et légales de l'établissement public supprimé, lorsqu'il ne se sera formé aucune association cultuelle apte à recueillir le patrimoine de cet établissement.

Les annuités des emprunts contractés pour dépenses relatives aux édifices religieux seront supportées par les associations en proportion du temps pendant lequel elles auront l'usage de ces édifices par application des dispositions du titre III.

Dans le cas où l'Etat, les départements ou les communes rentreront en possession de ceux des édifices dont ils sont propriétaires, ils seront responsables des dettes régulièrement contractées et afférentes auxdits édifices.

7. Les biens mobiliers ou immobiliers grevés d'une affectation charitable ou de toute autre affectation étrangère à l'exercice du culte seront attribués, par les représentants légaux des établissements ecclésiastiques, aux services ou établissements publics ou d'utilité publique, dont la destination est conforme à celle desdits biens. Cette attribution devra être approuvée par le préfet du département où siège l'établissement ecclésiastique. En cas de non-approbation, il sera statué par décret en conseil d'Etat.

Toute action en reprise ou en revendication devra être exercée dans un délai de six mois à partir du jour où l'arrêté préfectoral ou le décret approuvant l'attribution aura été inséré au *Journal officiel*. L'action ne pourra être intentée qu'en raison de donations ou de legs et seulement par les auteurs et leurs héritiers en ligne directe.

8. Faute par un établissement ecclésiastique d'avoir, dans le délai fixé par l'article 4, procédé aux attributions ci-dessus prescrites, il y sera pourvu par décret.

A l'expiration dudit délai, les biens à attribuer seront, jusqu'à leur attribution, placés sous séquestre.

Dans le cas où les biens attribués en vertu de l'article 4 et du paragraphe 1er du présent article seront, soit dès l'origine, soit dans la suite, réclamés par plusieurs associations formées pour l'exercice du même culte, l'attribution qui en aura été faite par les représentants de l'établissement ou par décret pourra être contestée devant le conseil d'Etat statuant au contentieux, lequel prononcera en tenant compte de toutes les circonstances de fait.

La demande sera introduite devant le conseil d'Etat, dans le délai d'un an à partir de la date du décret ou à partir de la notification, à l'autorité préfectorale, par les représentants légaux des établissements publics du culte, de l'attribution effectuée par eux. Cette notification devra être faite dans le délai d'un mois.

L'attribution pourra être ultérieurement contestée en cas de scission dans l'association nantie, de création d'association nouvelle par suite d'une modification dans le territoire de la circonscription ecclésiastique et dans le cas où l'association attributaire n'est plus en mesure de remplir son objet.

9. A défaut de toute association pour recueillir les biens d'un établissement public du culte, ces biens seront attribués par décret aux établissements communaux d'assistance ou de bienfaisance situés dans les limites territoriales de la circonscription ecclésiastique intéressée.

En cas de dissolution d'une association, les biens qui lui auront été dévolus en exécution des articles 4 et 8 seront attribués par décret rendu en conseil d'Etat, soit à des associations analogues dans la même circonscription ou, à leur défaut, dans les circonscriptions les plus voisines, soit aux établissements visés au paragraphe 1er du présent article.

Toute action en reprise ou en revendication devra être exercée dans un délai de six mois à partir du jour où le décret aura été inséré au *Journal officiel*. L'action ne pourra être intentée qu'en raison de donations ou de legs et seulement par les auteurs et leurs héritiers en ligne directe.

10. Les attributions prévues par les articles précédents ne donnent lieu à aucune perception au profit du Trésor.

11. Les ministres des cultes qui, lors de la promulgation de la présente loi, seront âgés de plus de soixante ans révolus et qui auront, pendant trente ans au moins, rempli des fonctions ecclésiastiques rémunérées par l'Etat, recevront une pension annuelle et viagère égale aux trois quarts de leur traitement.

Ceux qui seront âgés de plus de quarante-cinq ans et qui auront, pendant vingt ans au moins, rempli des fonctions ecclésiastiques rémunérées par l'Etat, recevront une pension annuelle et viagère égale à la moitié de leur traitement.

Les pensions allouées par les deux paragraphes précédents ne pourront pas dépasser 1,500 fr.

En cas de décès des titulaires, ces pensions seront réversibles, jusqu'à concurrence de la moitié de leur montant, au profit de la veuve et des orphelins mineurs laissés par le défunt et, jusqu'à concurrence du quart, au profit de la veuve sans enfants mineurs. A la majorité des orphelins, leur pension s'éteindra de plein droit.

Les ministres des cultes actuellement salariés par l'Etat, qui ne seront pas dans les conditions ci-dessus, recevront, pendant quatre ans à partir de la suppression du budget des cultes, une allocation égale à la totalité de leur traitement pour la première année, aux deux tiers pour la deuxième, à la moitié pour la troisième, au tiers pour la quatrième.

Toutefois, dans les communes de moins de 1,000 habitants et pour les ministres des cultes qui continueront à y remplir leurs fonctions, la durée de chacune des quatre périodes ci-dessus indiquées sera doublée.

Les départements et les communes pourront, sous les mêmes conditions que l'Etat, accorder aux ministres des cultes actuellement salariés par eux des pensions ou des allocations établies sur la même base et pour une égale durée.

Réserve est faite des droits acquis en matière de pensions par application de la législation antérieure, ainsi que des secours accordés, soit aux anciens ministres des différents cultes, soit à leur famille.

Les pensions prévues aux deux premiers paragraphes du présent article ne pourront se cumuler avec toute autre pension ou tout autre traitement alloué, à titre quelconque, par l'Etat, les départements ou les communes.

La loi du 27 juin 1885, relative au personnel des facultés de théologie catholique supprimées, est applicable aux professeurs, chargés de cours, maîtres de conférences et étudiants des facultés de théologie protestante.

Les pensions et allocations prévues ci-dessus seront incessibles et insaisissables dans les mêmes conditions que les pensions civiles. Elles cesseront de plein droit en cas de condamnation à une peine afflictive ou infamante ou en cas de condamnation pour l'un des délits prévus aux articles 34 et 35 de la présente loi.

Le droit à l'obtention ou à la jouissance d'une pension ou allocation sera suspendu par les circonstances qui font perdre la qualité de Français, durant la privation de cette qualité.

Les demandes de pension devront être, sous peine de forclusion, formées dans le délai d'un an après la promulgation de la présente loi.

TITRE III. — Des édifices des cultes

12. Les édifices qui ont été mis à la disposition de la nation et qui, en vertu de la loi du 18 germinal an X, servent à l'exercice public des cultes ou au logement de leurs ministres (cathédrales, églises, chapelles, temples, synagogues, archevêchés, évêchés, presbytères, séminaires), ainsi que leurs dépendances immobilières et les objets mobiliers qui les garnissaient au moment où lesdits édifices ont été remis aux cultes, sont et demeurent propriétés de l'Etat, des départements et des communes.

Pour ces édifices, comme pour ceux postérieurs à la loi du 18 germinal an X, dont l'Etat, les départements et les communes seraient propriétaires, y compris les facultés de théologie protestante, il sera procédé conformément aux dispositions des articles suivants.

13. Les édifices servant à l'exercice public du culte, ainsi que les objets mobiliers les garnissant, seront laissés gratuitement à la disposition des établissements publics du culte, puis des associations appelées à les remplacer auxquelles les biens de ces établissements auront été attribués par application des dispositions du titre II.

La cessation de cette jouissance, et, s'il y a lieu, son transfert, seront prononcés par décret, sauf recours au conseil d'Etat statuant au contentieux :

1° Si l'association bénéficiaire est dissoute;

2° Si, en dehors des cas de force majeure, le culte cesse d'être célébré pendant plus de six mois consécutifs;

3° Si la conservation de l'édifice ou celle des objets mobiliers classés en vertu de la loi de 1887 et de l'article 16 de la présente loi est compromise par insuffisance d'entretien, et

après mise en demeure dûment notifiée du conseil municipal ou, à son défaut, du préfet;

4° Si l'association cesse de remplir son objet ou si les édifices sont détournés de leur destination;

5° Si elle ne satisfait pas soit aux obligations de l'article 6 ou du dernier paragraphe du présent article, soit aux prescriptions relatives aux monuments historiques.

La désaffectation de ces immeubles pourra, dans les cas ci-dessus prévus, être prononcée par décret rendu en conseil d'Etat. En dehors de ces cas, elle ne pourra l'être que par une loi.

Les immeubles autrefois affectés aux cultes et dans lesquels les cérémonies du culte n'auront pas été célébrées pendant le délai d'un an antérieurement à la présente loi, ainsi que ceux qui ne seront pas réclamés par une association cultuelle dans le délai de deux ans après sa promulgation, pourront être désaffectés par décret.

Il en est de même pour les édifices dont la désaffectation aura été demandée antérieurement au 1er juin 1905.

Les établissements publics du culte, puis les associations bénéficiaires, seront tenus des réparations de toute nature, ainsi que des frais d'assurance et autres charges afférentes aux édifices et aux meubles les garnissant.

14. Les archevêchés, évêchés, les presbytères et leurs dépendances, les grands séminaires et facultés de théologie protestante seront laissés gratuitement à la disposition des établissements publics du culte, puis des associations prévues à l'article 13, savoir : les archevêchés et évêchés pendant une période de deux années; les presbytères dans les communes où résidera le ministre du culte, les grands séminaires et facultés de théologie protestante pendant cinq années à partir de la promulgation de la présente loi.

Les établissements et associations sont soumis, en ce qui concerne ces édifices, aux obligations prévues par le dernier paragraphe de l'article 13. Toutefois ils ne seront pas tenus des grosses réparations.

La cessation de la jouissance des établissements et associations sera prononcée dans les conditions et suivant les formes déterminées par l'article 13. Les dispositions des paragraphes 3 et 5 du même article sont applicables aux édifices visés par le paragraphe 1er du présent article.

La distraction des parties superflues des presbytères laissés à la disposition des associations cultuelles pourra, pendant le délai prévu au paragraphe 1er, être prononcée pour un service public par décret rendu en Conseil d'Etat.

A l'expiration des délais de jouissance gratuite, la libre disposition des édifices sera rendue à l'Etat, aux départements ou aux communes.

Les indemnités de logement incombant actuellement aux communes, à défaut de presbytère, par application de l'article 136 de la loi du 5 avril 1884, resteront à leur charge pendant le délai de cinq ans. Elles cesseront de plein droit en cas de dissolution de l'association.

15. Dans les départements de la Savoie, de

la Haute-Savoie et des Alpes-Maritimes, la jouissance des édifices antérieurs à la loi du 18 germinal an X, servant à l'exercice des cultes ou au
logement de leurs ministres, sera attribuée par
les communes sur le territoire desquelles ils se
trouvent, aux associations cultuelles, dans les
conditions indiquées par les articles 12 et suivants de la présente loi. En dehors de ces obligations, les communes pourront disposer librement de la propriété de ces édifices.

Dans ces mêmes départements, les cimetières resteront la propriété des communes.

16. Il sera procédé à un classement complémentaire des édifices servant à l'exercice public
du culte (cathédrales, églises, chapelles, temples, synagogues, archevêchés, évêchés, presbytères, séminaires), dans lequel devront être
compris tous ceux de ces édifices représentant,
dans leur ensemble ou dans leurs parties, une
valeur artistique ou historique.

Les objets mobiliers ou les immeubles par
destination mentionnés à l'article 13, qui n'auraient pas encore été inscrits sur la liste de
classement dressée en vertu de la loi du 30 mars
1887, sont, par l'effet de la présente loi, ajoutés
à ladite liste. Il sera procédé par le ministre de
l'instruction publique et des beaux-arts, dans
le délai de trois ans, au classement définitif de
ceux de ces objets dont la conservation présenterait, au point de vue de l'histoire ou de l'art,
un intérêt suffisant. A l'expiration de ce délai,
les autres objets seront déclassés de plein droit.

En outre, les immeubles et les objets mobiliers, attribués en vertu de la présente loi aux
associations, pourront être classés dans les
mêmes conditions que s'ils appartenaient à des
établissements publics.

Il n'est pas dérogé, pour le surplus, aux dispositions de la loi du 30 mars 1887.

Les archives ecclésiastiques et bibliothèques
existant dans les archevêchés, évêchés, grands
séminaires, paroisses, succursales et leurs dépendances, seront inventoriées, et celles qui
seront reconnues propriété de l'Etat lui seront
restituées.

17. Les immeubles par destination classés
en vertu de la loi du 30 mars 1887 ou de la présente loi sont inaliénables et imprescriptibles.

Dans le cas où la vente ou l'échange d'un
objet classé serait autorisé par le ministre de
l'instruction publique et des beaux-arts, un
droit de préemption est accordé : 1° aux associations cultuelles; 2° aux communes; 3° aux
départements; 4° aux musées et sociétés d'art
et d'archéologie; 5° à l'Etat. Le prix sera fixé
par trois experts que désigneront le vendeur,
l'acquéreur et le président du tribunal civil.

Si aucun des acquéreurs visés ci-dessus ne
fait usage du droit de préemption, la vente
sera libre ; mais il est interdit à l'acheteur d'un
objet classé de le transporter hors de France.

Nul travail de réparation, restauration ou
entretien à faire aux monuments ou objets
mobiliers classés ne peut être commencé sans
l'autorisation du ministre des beaux-arts, ni
exécuté hors de la surveillance de son administration, sous peine, contre les propriétaires,
occupants ou détenteurs qui auraient ordonné

ces travaux, d'une amende de seize à quinze
cents francs (16 à 1,500 fr.).

Toute infraction aux dispositions ci-dessus
ainsi qu'à celles de l'article 16 de la présente
loi et des articles 4, 10, 11, 12 et 13 de la loi
du 30 mars 1887, sera punie d'une amende de
cent à dix mille francs (100 à 10,000 fr.) et d'un
emprisonnement de six jours à trois mois, ou
de l'une de ces deux peines seulement.

La visite des édifices et l'exposition des objets
mobiliers classés seront publiques ; elles ne
pourront donner lieu à aucune taxe ni redevance.

TITRE IV. — Des associations pour l'exercice des cultes

18. Les associations formées pour subvenir
aux frais, à l'entretien et à l'exercice public d'un
culte devront être constituées conformément
aux articles 5 et suivants du titre Ier de la loi
du 1er juillet 1901. Elles seront, en outre, soumises aux prescriptions de la présente loi.

19. Ces associations devront avoir exclusivement pour objet l'exercice d'un culte et être
composées au moins :

Dans les communes de moins de 1,000 habitants, de sept personnes;

Dans les communes de 1,000 à 20,000 habitants, de quinze personnes ;

Dans les communes dont le nombre des habitants est supérieur à 20,000, de vingt-cinq personnes majeures, domiciliées ou résidant dans
la circonscription religieuse.

Chacun de leurs membres pourra s'en retirer
en tout temps, après paiement des cotisations
échues et de celles de l'année courante, nonobstant toute clause contraire.

Nonobstant toute clause contraire des statuts, les actes de gestion financière et d'administration légale des biens accomplis par les
directeurs ou administrateurs seront, chaque
année au moins, présentés au contrôle de l'assemblée générale des membres de l'association
et soumis à son approbation.

Les associations pourront recevoir, en outre
des cotisations prévues par l'article 6 de la loi
du 1er juillet 1901, le produit des quêtes et collectes pour les frais du culte, percevoir des rétributions : pour les cérémonies et services religieux même par fondation ; pour la location des
bancs et sièges ; pour la fourniture des objets
destinés au service des funérailles dans les édifices religieux et à la décoration de ces édifices.

Elles pourront verser, sans donner lieu à
perception de droits, le surplus de leurs recettes
à d'autres associations constituées pour le
même objet.

Elles ne pourront, sous quelque forme que
ce soit, recevoir des subventions de l'Etat, des
départements ou des communes. Ne sont pas
considérées comme subventions les sommes
allouées pour réparations aux monuments
classés.

20. Ces associations peuvent, dans les formes
déterminées par l'article 7 du décret du 16 août
1901, constituer des unions ayant une administration ou une direction centrale ; ces unions
seront réglées par l'article 18 et par les cinq

derniers paragraphes de l'article 19 de la présente loi.

21. Les associations et les unions tiennent un état de leurs recettes et de leurs dépenses; elles dressent chaque année le compte financier de l'année écoulée et l'état inventorié de leurs biens, meubles et immeubles.

Le contrôle financier est exercé sur les associations et sur les unions par l'administration de l'enregistrement et par l'inspection générale des finances.

22. Les associations et unions peuvent employer leurs ressources disponibles à la constitution d'un fonds de réserve suffisant pour assurer les frais et l'entretien du culte et ne pouvant en aucun cas recevoir une autre destination : le montant de cette réserve ne pourra jamais dépasser une somme égale, pour les unions et associations ayant plus de cinq mille francs (5,000 francs) de revenu, à trois fois et, pour les autres associations, à six fois la moyenne annuelle des sommes dépensées par chacune d'elles pour les frais du culte pendant les cinq derniers exercices.

Indépendamment de cette réserve, qui devra être placée en valeurs nominatives, elles pourront constituer une réserve spéciale dont les fonds devront être déposés, en argent ou en titres nominatifs, à la caisse des dépôts et consignations pour être exclusivement affectés, y compris les intérêts, à l'achat, à la construction, à la décoration ou à la réparation d'immeubles ou meubles destinés aux besoins de l'association ou de l'union.

23. Seront punis d'une amende de seize francs (16 fr.) à deux cents francs (200 francs) et, en cas de récidive, d'une amende double, les directeurs ou administrateurs d'une association ou d'une union qui auront contrevenu aux articles 18, 19, 20, 21 et 22.

Les tribunaux pourront, dans le cas d'infraction au paragraphe 1er de l'article 22, condamner l'association ou l'union à verser l'excédent constaté aux établissements communaux d'assistance ou de bienfaisance.

Ils pourront, en outre, dans tous les cas prévus au paragraphe 1er du présent article, prononcer la dissolution de l'association ou de l'union.

24. Les édifices affectés à l'exercice du culte appartenant à l'Etat, aux départements ou aux communes continueront à être exemptés de l'impôt foncier et de l'impôt des portes et fenêtres.

Les édifices servant au logement des ministres des cultes, les séminaires, les facultés de théologie protestante qui appartiennent à l'Etat, aux départements ou aux communes, les biens qui sont la propriété des associations et unions sont soumis aux mêmes impôts que ceux des particuliers.

Les associations et unions ne sont en aucun cas assujetties à la taxe d'abonnement ni à celle imposée aux cercles par l'article 33 de la loi du 8 août 1890, pas plus qu'à l'impôt de 4 p. 100 sur le revenu établi par les lois du 28 décembre 1880 et du 29 décembre 1884.

TITRE V. — POLICE DES CULTES

25. Les réunions pour la célébration d'un culte tenues dans les locaux appartenant à une association cultuelle ou mis à sa disposition sont publiques. Elles sont dispensées des formalités de l'article 8 de la loi du 30 juin 1881, mais restent placées sous la surveillance des autorités dans l'intérêt de l'ordre public. Elles ne peuvent avoir lieu qu'après une déclaration faite dans les formes de l'article 2 de la même loi et indiquant le local dans lequel elles seront tenues.

Une seule déclaration suffit pour l'ensemble des réunions permanentes, périodiques ou accidentelles qui auront lieu dans l'année.

26. Il est interdit de tenir des réunions politiques dans les locaux servant habituellement à l'exercice d'un culte.

27. Les cérémonies, processions et autres manifestations extérieures d'un culte continueront à être réglées en conformité des articles 95 et 97 de la loi municipale du 5 avril 1884.

Les sonneries de cloches seront réglées par arrêté municipal, et, en cas de désaccord entre le maire et le président ou directeur de l'association cultuelle, par arrêté préfectoral.

Le règlement d'administration publique prévu par l'article 43 de la présente loi déterminera les conditions et les cas dans lesquels les sonneries civiles pourront avoir lieu.

28. Il est interdit, à l'avenir, d'élever ou d'apposer aucun signe ou emblème religieux sur les monuments publics ou en quelque emplacement public que ce soit, à l'exception des édifices servant au culte, des terrains de sépulture dans les cimetières, des monuments funéraires, ainsi que des musées ou expositions.

29. Les contraventions aux articles précédents sont punies des peines de simple police.

Sont passibles de ces peines, dans le cas des articles 25, 26 et 27, ceux qui ont organisé la réunion ou manifestation, ceux qui y ont participé en qualité de ministres du culte et, dans le cas des articles 25 et 26, ceux qui ont fourni le local.

30. Conformément aux dispositions de l'article 2 de la loi du 28 mars 1882, l'enseignement religieux ne peut être donné aux enfants âgés de six à treize ans, inscrits dans les écoles publiques, qu'en dehors des heures de classe.

Il sera fait application aux ministres des cultes qui enfreindraient ces prescriptions des dispositions de l'article 14 de la loi précitée.

31. Sont punis d'une amende de seize francs (16 fr.) à deux cents francs (200 fr.) et d'un emprisonnement de six jours à deux mois, ou de l'une de ces deux peines seulement, ceux qui, soit par voies de fait, violences ou menaces contre un individu, soit en lui faisant craindre de perdre son emploi ou d'exposer à un dommage sa personne, sa famille ou sa fortune, l'auront déterminé à exercer ou à s'abstenir d'exercer un culte, à faire partie ou à cesser de faire partie d'une association cultuelle, à contribuer ou à s'abstenir de contribuer aux frais d'un culte.

32. Seront punis des mêmes peines ceux qui

auront empêché, retardé ou interrompu les exercices d'un culte par des troubles ou désordres causés dans le local servant à ces exercices.

33. Les dispositions des deux articles précédents ne s'appliquent qu'aux troubles, outrages ou voies de fait, dont la nature ou les circonstances ne donneront pas lieu à de plus fortes peines d'après les dispositions du Code pénal.

34. Tout ministre d'un culte qui, dans les lieux où s'exerce ce culte, aura publiquement, par des discours prononcés, des lectures faites, des écrits distribués ou des affiches apposées, outragé ou diffamé un citoyen chargé d'un service public, sera puni d'une amende de cinq cents francs à trois mille francs (500 à 3,000 fr.), et d'un emprisonnement de un mois à un an, ou de l'une de ces deux peines seulement.

La vérité du fait diffamatoire, mais seulement s'il est relatif aux fonctions, pourra être établie devant le tribunal correctionnel dans les formes prévues par l'article 52 de la loi du 29 juillet 1881. Les prescriptions édictées par l'article 65 de la même loi s'appliquent aux délits du présent article et de l'article qui suit.

35. Si un discours prononcé ou un écrit affiché ou distribué publiquement dans les lieux où s'exerce le culte contient une provocation directe à résister à l'exécution des lois ou aux actes légaux de l'autorité publique, ou s'il tend à soulever ou à armer une partie des citoyens contre les autres, le ministre du culte qui s'en sera rendu coupable sera puni d'un emprisonnement de trois mois à deux ans, sans préjudice des peines de la complicité, dans le cas où la provocation aurait été suivie d'une sédition, révolte ou guerre civile.

36. Dans le cas de condamnation par les tribunaux de simple police ou de police correctionnelle en application des articles 25 et 26, 34 et 35, l'association constituée pour l'exercice du culte dans l'immeuble où l'infraction a été commise sera civilement responsable.

TITRE VI. — Dispositions générales

37. L'article 463 du Code pénal et la loi du 26 mars 1891 sont applicables à tous les cas dans lesquels la présente loi édicte des pénalités.

38. Les congrégations religieuses demeurent soumises aux lois des 1er juillet 1901, 4 décembre 1902 et 7 juillet 1904.

39. Les jeunes gens qui ont obtenu à titre d'élèves ecclésiastiques la dispense prévue par l'article 23 de la loi du 15 juillet 1889 continueront à en bénéficier conformément à l'article 99 de la loi du 21 mars 1905, à la condition qu'à l'âge de vingt-six ans ils soient pourvus d'un emploi de ministre du culte rétribué par une association cultuelle et sous réserve des justifications qui seront fixées par un règlement d'administration publique.

40. Pendant huit années à partir de la promulgation de la présente loi, les ministres du culte seront inéligibles au conseil municipal dans les communes où ils exerceront leur ministère ecclésiastique.

41. Les sommes rendues disponibles chaque année par la suppression du budget des cultes seront réparties entre les communes au prorata du contingent de la contribution foncière des propriétés non bâties qui leur aura été assigné pendant l'exercice qui précédera la promulgation de la présente loi.

42. Les dispositions légales relatives aux jours actuellement fériés sont maintenues.

43. Un règlement d'administration publique rendu dans les trois mois qui suivront la promulgation de la présente loi déterminera les mesures propres à assurer son application.

Des règlements d'administration publique détermineront les conditions dans lesquelles la présente loi sera applicable à l'Algérie et aux colonies.

44. Sont et demeurent abrogées toutes les dispositions relatives à l'organisation publique des cultes antérieurement reconnus par l'État, ainsi que toutes dispositions contraires à la présente loi et notamment :

1° La loi du 18 germinal an X, portant que la convention passée le 26 messidor an IX entre le pape et le Gouvernement français, ensemble les articles organiques de ladite convention et des cultes protestants, seront exécutés comme des lois de la République;

2° Le décret du 26 mars 1852 et la loi du 1er août 1879 sur les cultes protestants;

3° Les décrets du 17 mars 1808, la loi du 8 février 1831 et l'ordonnance du 25 mai 1844 sur le culte israélite;

4° Les décrets des 22 décembre 1812 et 19 mars 1859;

5° Les articles 201 à 208, 260 à 264, 294 du Code pénal;

6° Les articles 100 et 101, les paragraphes 11 et 12 de l'article 136 et l'article 167 de la loi du 5 avril 1884;

7° Le décret du 30 décembre 1809 et l'article 78 de la loi du 26 janvier 1892 (1).

---

(1) Nous donnons ci-après le texte du Concordat de 1801 qui ne se trouve dans aucun recueil de lois usuelles :

« Le gouvernement de la République française reconnaît que la religion catholique, apostolique et romaine est la religion de la grande majorité des citoyens français.

« Sa Sainteté reconnaît également que cette même religion a retiré et attend encore en ce moment le plus grand bien et le plus grand éclat de l'établissement du culte catholique en France, et de la profession particulière qu'en font les consuls de la république.

« En conséquence, d'après cette reconnaissance mutuelle, tant pour le bien de la religion que pour le maintien de la tranquillité intérieure, ils sont convenus ce qui suit :

« Art. Ier. La religion catholique, apostolique et romaine sera librement exercée en France : son culte sera public, en se conformant aux règlements de police que le gouvernement jugera nécessaires pour la tranquillité publique (*habita tamen ratione ordinationum quoad politiam, quas Gubernium pro publica tranquillitate necessarias existimabit*).

« II. Il sera fait par le Saint-Siège, de concert avec le gouvernement, une nouvelle circonscription des diocèses français.

« III. Sa Sainteté déclarera aux titulaires des évêchés français qu'elle attend d'eux, avec une ferme confiance, pour le bien de la paix et de l'unité, toute espèce de

II.

29 décembre 1905. — *DÉCRET portant règlement d'administration publique en ce qui concerne l'inventaire prescrit par l'article 3 de la loi du 9 décembre 1905 sur la séparation des Eglises et de l'Etat.*

Art. **1er.** Le directeur général des domaines désigne les agents chargés, dans chaque département, de l'inventaire prescrit par l'article 3 de la loi du 9 décembre 1905.

S'il y a lieu, il commissionne des agents auxiliaires, lesquels sont choisis exclusivement parmi les fonctionnaires appartenant aux services de l'administration des finances déterminés par arrêté ministériel.

2. Le directeur des domaines du département, après s'être concerté avec le préfet, fixe les jour et heure de l'ouverture des opérations et il en avise, au moyen d'une notification faite par les soins du préfet, dans la forme administrative et cinq jours au moins à l'avance, savoir :

1° Pour les fabriques des églises et chapelles paroissiales, et pour les menses curiales ou succursales, le curé ou desservant et le bureau des marguilliers en la personne de son président ;

2° Pour les fabriques des églises métropolitaines ou cathédrales, l'archevêque ou l'évêque ou, en cas de vacance du siège, les vicaires capitulaires ou, à défaut de ceux-ci, le doyen du chapitre ;

3° Pour les menses archiépiscopales ou épiscopales, l'archevêque ou l'évêque ou, en cas de vacance du siège, le commissaire administrateur ;

4° Pour les chapitres, le chapitre en la personne du doyen ;

5° Pour les séminaires, le bureau d'administration en la personne de son président ;

6° Pour les maisons et caisses diocésaines de retraite ou de secours pour les prêtres âgés ou infirmes, le conseil d'administration en la personne de son président ;

7° Pour les conseils presbytéraux et consistoires des Eglises réformées, les conseils presbytéraux, consistoires et synodes particuliers de l'Eglise de la confession d'Augsbourg, les consistoires israélites, le conseil, consistoire ou synode en la personne du président.

Avis des opérations est donné par le préfet aux maires, qui pourront y assister.

3. Indépendamment de la faculté qu'ont les membres des conseils administratifs ci-dessus désignés d'assister, à titre individuel, aux opérations de l'inventaire, ces conseils peuvent s'y faire représenter par un ou plusieurs délégués pris parmi leurs membres.

En outre, les bureaux des marguilliers peuvent se faire représenter par un ou plusieurs des autres membres du conseil de fabrique, et les consistoires israélites par le commissaire administrateur ou par un ou plusieurs membres des commissions administratives, prévus par l'article 21 de l'ordonnance du 25 mai 1844.

Les archevêques et évêques peuvent se faire représenter par un membre du chapitre, les

sacrifices, même celui de leurs sièges. — D'après cette exhortation, s'ils se refusaient à ce sacrifice commandé par l'Eglise (refus néanmoins auquel Sa Sainteté ne s'attend pas), il sera pourvu, par de nouveaux titulaires, au gouvernement des évêchés de la circonscription nouvelle, de la manière suivante.

« IV. Le Premier Consul de la république nommera, dans les trois mois qui suivront la publication de la bulle de Sa Sainteté, aux archevêchés et évêchés de la circonscription nouvelle. Sa Sainteté conférera l'institution canonique, suivant les formes établies par rapport à la France, avant le changement de gouvernement.

« V. Les nominations aux évêchés qui vaqueront dans la suite seront également faites par le Premier Consul, et l'institution canonique sera donnée par le Saint-Siège, en conformité de l'article précédent (*Item, Consul Primus ad Episcopos sedes, quæ in posterum vacaverint, novos antistites nominabit, iisque, ut in articulo præcedenti constitutum est, Apostolica Sedes canonicam dabit institutionem*).

« VI. Les évêques, avant d'entrer en fonctions, prêteront directement, entre les mains du Premier Consul, le serment de fidélité qui était en usage avant le changement de gouvernement, exprimé dans les termes suivants : « Je jure et promets à Dieu, sur les saints Evan- « giles, de garder obéissance et fidélité au gouverne- « ment établi par la constitution de la république fran- « çaise. Je promets aussi de n'avoir aucune intelligence, « de n'assister à aucun conseil, de n'entretenir aucune « ligue, soit au dedans, soit au dehors, qui soit con- « traire à la tranquillité publique ; et si, dans mon dio- « cèse ou ailleurs, j'apprends qu'il se trame quelque « chose au préjudice de l'Etat, je le ferai savoir au « gouvernement.

« VII. Les ecclésiastiques de second ordre prêteront le même serment entre les mains des autorités civiles désignées par le gouvernement.

« VIII. La formule de prière suivante sera récitée à la fin de l'office divin, dans toutes les églises catholiques de France : *Domine, salvam fac rempublicam ; Domine, salvos fac consules.*

« IX. Les évêques feront une nouvelle circonscription des paroisses de leurs diocèses, qui n'aura d'effet que d'après le consentement du gouvernement.

« X. Les évêques nommeront aux cures. — Leur choix ne pourra tomber que sur des personnes agréées par le gouvernement.

« XI. Les évêques pourront avoir un chapitre dans leur cathédrale, et un séminaire pour leur diocèse, sans que le gouvernement s'oblige à les doter.

« XII. Toutes les églises métropolitaines, cathédrales, paroissiales et autres non aliénées, nécessaires au culte, seront remises à la disposition des évêques.

« XIII. Sa Sainteté, pour le bien de la paix et l'heureux rétablissement de la religion catholique, déclare que ni elle ni ses successeurs ne troubleront, en aucune manière, les acquéreurs des biens ecclésiastiques aliénés, et qu'en conséquence, la propriété de ces mêmes biens, les droits et revenus y attachés, demeureront incommutables entre leurs mains et celles de leurs ayants cause.

« XIV. Le gouvernement assurera un traitement convenable aux évêques et aux curés dont les diocèses et les paroisses seront compris dans la circonscription nouvelle.

« XV. Le gouvernement prendra également des mesures pour que les catholiques français puissent, s'ils le veulent, faire, en faveur des églises, des fondations.

« XVI. Sa Sainteté reconnaît au Premier Consul de la république française, les mêmes droits et prérogatives dont jouissait près d'elle l'ancien gouvernement.

« XVII. Il est convenu entre les parties contractantes que, dans le cas où quelqu'un des successeurs du Premier Consul actuel ne serait pas catholique, les droits et prérogatives mentionnés dans l'article ci-dessus, et la nomination aux évêchés, seront réglés, par rapport à lui, par une nouvelle convention. »

curés et desservants par un membre du conseil de fabrique.

4. Dans le cas où aucun des représentants d'un établissement ne se rend à la convocation, il est passé outre par l'agent des domaines, qui procède alors en présence de deux témoins.

Si l'agent rencontre un obstacle dans l'accomplissement de sa mission, il le constate et en réfère immédiatement, par l'intermédiaire du directeur, au préfet, qui prescrit les mesures nécessaires.

5. L'inventaire est établi, tous droits et moyens des parties réservés.

Il est rédigé en simple minute et sur papier non timbré.

Il contient notamment :

1° Les noms, qualités et demeures des comparants ;

2° L'indication des lieux où l'inventaire est fait ;

3° La description et l'estimation de tous les biens mobiliers et immobiliers inventoriés ;

4° L'indication des deniers et valeurs en caisse ;

5° La déclaration des titres actifs et passifs ;

6° La déclaration par les représentants de l'établissement, lors de la clôture des opérations, qu'à leur connaissance il n'existe pas d'autres biens susceptibles d'être portés à l'inventaire ou la mention du refus de cette déclaration.

Les dires et protestations des intéressés, au cours des opérations, y sont consignés.

6. La partie descriptive et estimative de l'inventaire est divisée en deux chapitres :

Le premier comprend les biens de toute nature qui appartiennent à l'établissement. S'ils proviennent de l'Etat, mention est faite de cette origine ainsi que des fondations pieuses qui les grèvent et de la date de ces fondations. S'ils ont une autre provenance, l'inventaire indique les affectations de toute espèce dont ils peuvent être grevés.

Le second chapitre est relatif aux biens de toute nature appartenant à l'Etat, au département ou à la commune et dont l'établissement n'a que la jouissance.

7. Après lecture, l'inventaire est revêtu de la signature de l'agent des domaines et de celle des comparants ou des témoins. En cas de refus de signature, il en est fait mention.

8. Aussitôt après la clôture des opérations, l'inventaire est adressé, par l'intermédiaire du directeur, au préfet pour être déposé dans les archives de la préfecture. Une copie conforme en est délivrée, sans frais, par les soins du préfet, au représentant légal de l'établissement, sans préjudice du droit des intéressés d'en prendre communication sur place et d'en obtenir une expédition dans les conditions du tarif légal.

9. Au cas où, après la clôture de l'inventaire, des biens qui n'y ont pas été portés viennent à être découverts, il est dressé un supplément d'inventaire.

10. Les autres mesures propres à assurer l'application de la loi du 9 décembre 1905, notamment en ce qui concerne l'attribution des biens, seront déterminées par des règlements d'administration publique ultérieurs.

III.

19 janvier 1906. — *DÉCRET portant règlement d'administration publique en ce qui concerne les pensions et allocations prévues par l'article 11 de la loi du 9 décembre 1905 sur la séparation des Eglises et de l'Etat.*

CHAPITRE Iᵉʳ. — PENSIONS VIAGÈRES
A LA CHARGE DE L'ÉTAT.

Art. 1ᵉʳ. Tout ministre d'un culte prétendant à une pension viagère en vertu de l'article 11 de la loi du 9 décembre 1905 adresse sa demande au préfet du département dans lequel il a rempli ses dernières fonctions ecclésiastiques rémunérées par l'Etat.

Cette demande indique les nom, prénoms et domicile de l'intéressé, ses services ecclésiastiques rétribués par l'Etat et le montant du dernier traitement correspondant.

En outre, si, lors de la promulgation de la loi, l'intéressé n'était plus pourvu de fonctions ecclésiastiques rémunérées par l'Etat, il doit faire connaître les fonctions rentrant dans l'organisation publique des cultes qu'il exerçait, à cette date, à titre de ministre du culte.

La demande porte la signature légalisée du ministre du culte ; elle est accompagnée d'une expédition de son acte de naissance.

Elle est inscrite à la date de sa réception sur un registre spécial et il en est donné récépissé daté et signé, avec indication des pièces jointes.

2. Le préfet soumet la demande avec ses annexes à une commission dont les membres sont nommés par lui. Cette commission est composée du secrétaire général de la préfecture ou d'un membre du conseil de préfecture et de deux agents du ministère des finances. Le président est désigné par le préfet.

Celui-ci joint au dossier un projet de liquidation établi en prenant pour base le dernier traitement payé par l'Etat, à l'exclusion de tout supplément ou indemnité accessoire. Les services admissibles sont arrêtés soit à la date de la promulgation de la loi, soit à celle de la cessation des fonctions ecclésiastiques rémunérées par l'Etat, si ces services ont pris fin antérieurement à cette promulgation.

Dans le cas où le préfet estime que l'intéressé n'a pas droit à pension, il propose soit le rejet pur et simple de la demande, soit l'attribution d'une allocation temporaire.

La commission, après avoir vérifié les pièces produites, émet un avis tant sur la demande de pension que sur les propositions du préfet.

Le préfet adresse ensuite le dossier au ministre des cultes avec ses observations.

3. Le ministre des cultes arrête la liquidation, en négligeant sur le résultat final du décompte les fractions de franc ; il la soumet au ministre des finances et prépare un décret de concession qui est contresigné par les deux ministres.

Le décret mentionne les nom, prénoms, qualité, date et lieu de naissance du pensionnaire, la nature et la durée de ses services ecclésiastiques rémunérés par l'Etat, la quotité du traitement qui a servi de base à la liquidation, le montant de la pension et le domicile de l'intéressé.

4. Si le ministre des cultes rejette la demande de pension, il fait notifier sa décision en la forme administrative à l'intéressé, sous réserve du recours devant le Conseil d'Etat.

Si le ministre estime que l'intéressé n'a droit qu'à une allocation temporaire, il est procédé comme il est dit au chapitre II du présent décret.

5. Dans le cas où un ministre du culte est titulaire d'une pension de l'Etat, d'un département ou d'une commune, il opte entre cette pension et celle à laquelle il peut avoir droit d'après l'article 11 susvisé.

La même faculté d'option est ouverte au titulaire d'une pension de la Caisse générale des retraites ecclésiastiques qui, lors de la promulgation de la loi, exerçait à titre de ministre du culte des fonctions rentrant dans l'organisation publique des cultes.

Le ministre du culte, qui, à cette date, remplissait des fonctions ecclésiastiques rémunérées concurremment par l'Etat et par un département ou une commune, peut cumuler les pensions, qui auront été liquidées à son profit d'après chacun des traitements qui lui étaient payés.

6. Le ministre du culte, qui, postérieurement à la promulgation de la loi, continue à jouir à un titre quelconque d'un traitement de l'Etat, d'un département ou d'une commune, peut néanmoins obtenir la concession d'une pension en vertu de l'article 11 susvisé, sauf suspension du paiement des arrérages à raison de la prohibition du cumul édictée par le paragraphe 9 dudit article.

7. Si un ministre du culte remplissant les conditions prescrites par les paragraphes 1er et 2 de l'article 11 susvisé décède avant l'expiration du délai fixé par le dernier paragraphe dudit article sans avoir demandé la pension à laquelle il pouvait prétendre, la liquidation en est opérée au profit des ayants droit et la réversion effectuée en faveur de la veuve et des orphelins mineurs dans les conditions prévues par le quatrième paragraphe du même article.

8. Pour que la réversion prévue par l'article 11 susvisé puisse avoir lieu, le mariage du titulaire de la pension doit avoir été célébré avant la promulgation de la loi.

9. Lorsqu'un pensionnaire est décédé laissant une veuve et des enfants mineurs, la pension concédée par réversion, jusqu'à concurrence de la moitié, se partage en deux parties égales, dont l'une est attribuée à la veuve et l'autre aux enfants mineurs. La fraction attribuée à ceux-ci est répartie par tête, avec réversion de la part de chacun d'eux sur les autres jusqu'à la majorité du dernier.

La veuve d'un pensionnaire mort sans laisser d'orphelins mineurs a droit à une pension égale au quart de celle du mari.

Les orphelins mineurs d'un pensionnaire décédé sans laisser de veuve obtiennent une pension égale au quart de celle de leur père.

10. La veuve et les orphelins mineurs prétendant à la réversion d'une pension adressent leur demande au ministre des finances en y joignant : 1° leur acte de naissance ; 2° l'acte de décès du pensionnaire ; 3° son acte de mariage ; 4° le brevet de pension qui lui a été délivré ou une déclaration constatant la perte de ce titre.

La veuve produit, en outre, un certificat de non-divorce.

Les orphelins produisent un extrait de la délibération du conseil de famille, relative à la constitution de la tutelle.

11. Le ministre des finances arrête la liquidation.

Le décret de concession, rendu sur sa proposition, indique les nom, prénoms, date et lieu de naissance de la veuve et des orphelins, le chiffre de la pension du mari ou du père, la quotité de la pension concédée à la veuve ou aux orphelins, la date d'entrée en jouissance et le domicile des intéressés.

12. Les décrets portant concession de pension sont publiés au *Journal officiel.*

Les pensions sont inscrites au livre des pensions du Trésor public. Un certificat d'inscription est établi par le ministre des finances et délivré par lui au titulaire, sous réserve du recours devant le Conseil d'Etat contre la liquidation.

13. La jouissance des pensions commence le 1er janvier 1906 pour les ministres du culte et, pour les veuves et orphelins, le lendemain du décès du mari ou du père.

Toutefois, conformément à l'article 40 de la loi du 16 avril 1895, il ne peut, en aucun cas, y avoir lieu, au profit des veuves et orphelins, au rappel de plus de trois années d'arrérages antérieurs à la date de la publication au *Journal officiel* du décret de concession.

14. En cas de condamnation faisant cesser de plein droit une pension en vertu du paragraphe 11 de l'article 11 susvisé, cette déchéance est, sur le vu d'un extrait du jugement ou de l'arrêt adressé au ministre des finances par les soins du ministre de la justice, constatée par un décret rendu sur la proposition du ministre des finances et la pension est rayée des livres du Trésor.

15. Lorsque le droit à l'obtention ou à la jouissance d'une pension a été suspendu par application du paragraphe 12 de l'article 11 susvisé, la liquidation de la pension, dans le délai prévu par le paragraphe 13, ou son rétablissement ne peut donner lieu à aucun rappel d'arrérages.

16. Les pensions sont payées par trimestre aux échéances des 1er mars, 1er juin, 1er septembre et 1er décembre.

Par exception et à titre transitoire, les deux premières échéances sont fixées aux 1er avril et 1er juillet.

Si pendant trois années consécutives les arrérages d'une pension ne sont pas réclamés, elle est rayée des registres du Trésor sans que son rétablissement donne lieu à aucun rappel d'arrérages antérieurs à la réclamation.

17. Tout titulaire d'une pension doit, pour le payement, produire, indépendamment de son titre, un certificat de vie établi par le maire du lieu de sa résidence et, sous réserve de la disposition du paragraphe 3 de l'article 5 du présent décret, une déclaration portant qu'il ne jouit pas d'une autre pension ou d'un traitement alloué à un titre quelconque par l'Etat, les départements ou les communes.

CHAPITRE II. — ALLOCATIONS TEMPORAIRES A LA CHARGE DE L'ÉTAT.

18. Les allocations temporaires prévues par les paragraphes 5 et 6 de l'article 11 de la loi du 9 décembre 1905 en faveur des ministres du culte qui, lors de la promulgation de la loi, étaient salariés par l'Etat, sont concédées soit sur la demande des intéressés, soit d'office, en cas de rejet d'une demande de pension viagère, comme il est dit à l'article 4.

19. Les demandes d'allocations temporaires sont soumises, pour leur introduction et leur instruction préliminaire, aux règles indiquées par les articles 1er et 2 du présent décret.

Les intéressés spécifient dans leur demande s'ils entendent réclamer le bénéfice du paragraphe 5 ou celui du paragraphe 6 de l'article 11 de la loi précitée.

Dans le cas prévu par le second paragraphe de l'article 4 du présent décret, ils sont mis en demeure par la voie administrative d'exercer cette option.

20. Le ministre des cultes fixe le montant des allocations et prépare un arrêté de concession qu'il soumet au ministre des finances ; l'arrêté est signé par les deux ministres.

Dans le cas où le ministre des cultes rejette une demande d'allocation, il fait notifier sa forme administrative sa décision à l'intéressé, sous réserve pour celui-ci du recours devant le Conseil d'Etat.

21. Les arrêtés de concession mentionnent les nom, prénoms, qualité, date et lieu de naissance du titulaire, son domicile, le chiffre de la population de la commune où il exerçait ses fonctions lors de la promulgation de la loi, la nature et la durée de ses services rémunérés par l'Etat, la quotité du traitement qui a servi de base au calcul de l'allocation, le montant de celle-ci, la durée de la jouissance.

22. La jouissance des allocations commence le 1er janvier 1906.

Elles sont payables par trimestre et à terme échu les 31 mars, 30 juin, 30 septembre et 31 décembre.

23. Il est établi, en faveur des titulaires d'allocations accordées par application du paragraphe 5 de l'article 11 susvisé, un livret muni de quittances à souche.

Ce livret, dont le modèle est déterminé par le ministre des finances, porte les mêmes mentions que l'arrêté de concession ; il est délivré par ce ministre à l'intéressé et cette remise fait courir le délai de recours devant le Conseil d'Etat contre la décision intervenue.

24. Les titulaires d'allocations mentionnées à l'article précédent produisent, pour le payement, indépendamment de leur livret dont le payeur détache les quittances, un certificat de vie délivré par le maire du lieu de leur résidence.

25. Il est délivré par le ministre des finances aux titulaires d'allocations accordées par application du paragraphe 6 de l'article 11 susvisé une ampliation de l'arrêté de concession ; la remise de cette ampliation fait courir le délai de recours devant le Conseil d'Etat.

26. Ces allocations sont mandatées trimestriellement par le préfet. En vue de ce mandatement, les titulaires produisent, pour l'année 1906, un certificat de vie délivré par le maire, et, pour les années 1907 et suivantes, un certificat constatant qu'ils ont rempli leurs fonctions sans interruption depuis le 1er janvier 1906 dans la commune où ils les exerçaient lors de la promulgation de la loi.

Ledit certificat est établi par le représentant de l'association cultuelle, qui assure la continuation de l'exercice public du culte dans la même commune. Le maire vise le certificat pour légalisation de signature et le complète par une attestation de résidence du ministre du culte.

27. Si, à raison de l'insuffisance des justifications produites, le préfet estime que l'allocation accordée par l'application du paragraphe 6 de l'article 11 susvisé ne doit pas être payée, il mandate au profit de l'intéressé l'allocation à laquelle celui-ci aurait droit, à la même échéance, s'il avait réclamé le bénéfice du paragraphe 5 dudit article.

Au cas où les justifications requises seraient ultérieurement produites, il y aurait lieu au rappel de la différence.

Si le titulaire de l'allocation attribuée par application du paragraphe 6 de l'article 11 susvisé cesse avant le 1er janvier 1910 de remplir ses fonctions dans la commune où il exerçait lors de la promulgation de la loi, il a droit, à partir de ce moment, à l'allocation prévue au paragraphe 5 dudit article, et il lui est délivré un livret dans les conditions indiquées par l'article 23 pour la période restant à courir jusqu'au 1er janvier 1910.

28. En cas de condamnation faisant cesser de plein droit une allocation, en vertu du paragraphe 11 de l'article 11 susvisé, cette déchéance est constatée par arrêté du ministre des finances, rendu sur le vu d'un extrait du jugement ou de l'arrêt qui lui est adressé par les soins du ministre de la justice.

CHAPITRE III. — PENSIONS ET ALLOCATIONS ACCORDÉES PAR LES DÉPARTEMENTS ET LES COMMUNES.

Section I. — *Pensions viagères.*

29. La concession des pensions, que les départements et les communes peuvent accorder, en vertu du paragraphe 7 de l'article 11 de la loi du 9 décembre 1905, aux ministres du culte qui étaient salariés par eux lors de la promulgation de la loi, est subordonnée à la justification des conditions d'âge et de durée de services ecclésiastiques exigées par les paragraphes 1 et 2 de cet article.

Les seuls services ecclésiastiques admissibles sont, suivant les cas, ceux qui ont été rémunérés par le département ou la commune.

La pension est fixée, conformément aux paragraphes 1 et 2 de l'article 11 susvisé, soit aux trois quarts, soit à la moitié du traitement qui était payé aux ministres du culte sur les fonds départementaux ou communaux.

30. Les demandes de pensions sont adressées, pour les départements, au préfet et, pour les communes, au maire, dans les formes prescrites par l'article 1er du présent décret ; il en est donné récépissé, daté et signé, avec indication des pièces jointes.

31. Lorsque les demandes ont été reçues par le préfet ou le maire, le conseil général ou le conseil municipal décide s'il y a lieu pour le département ou la commune d'user de la faculté ouverte par le paragraphe 7 de l'article 11 susvisé.

Dans le cas de l'affirmative, le conseil général ou le conseil municipal déterminе les formes suivant lesquelles les pensions sont liquidées, concédées et payées.

32. Les délibérations du conseil général ou du conseil municipal sont prises dans les conditions prévues par les lois des 10 août 1871 (art. 46) et 5 avril 1884 (art. 61).

33. Les pensions sont réversibles, dans les conditions fixées tant par le paragraphe 4 de l'article 11 susvisé que par les articles 7, 8 et 9 du présent décret, au profit de la veuve et des orphelins mineurs.

La demande de réversion est adressée, suivant les cas, au préfet ou au maire, dans les formes prescrites par l'article 10 du présent décret.

34. En cas de condamnation faisant cesser de plein droit une pension en vertu du paragraphe 11 de l'article 11 susvisé, cette déchéance est constatée par un arrêté préfectoral pris sur le vu d'un extrait du jugement ou de l'arrêt transmis par les soins du ministre de la justice.

35. En ce qui concerne les rappels d'arrérages, il est fait application des dispositions des articles 13, 15 et 16 du présent décret.

Section II. — *Allocations temporaires.*

36. Les ministres du culte, qui, lors de la promulgation de la loi, étaient salariés par un département ou une commune, mais ne remplissaient pas les conditions d'âge et de services ecclésiastiques exigées pour l'obtention d'une pension viagère, peuvent, s'il en est ainsi décidé par le conseil général ou par le conseil municipal, recevoir une allocation dont la quotité et la durée sont, suivant les cas, fixées conformément au paragraphe 5 ou au paragraphe 6 de l'article 11 susvisé.

Le conseil général ou le conseil municipal détermine les formes suivant lesquelles les allocations sont liquidées, concédées et payées.

37. Le paiement des allocations concédées conformément aux dispositions du paragraphe 6 de l'article 11 susvisé est subordonné, à partir du 1er janvier 1907, à la production du certificat prévu par le paragraphe 2 de l'article 26 du présent décret.

38. Sont applicables aux allocations temporaires les dispositions des articles 30, 32 et 34 du présent décret.

IV.

27 janvier 1906. — *CIRCULAIRE du ministre de l'Instruction publique aux préfets concernant les pensions et allocations ecclésiastiques à la charge de l'Etat.*

Le décret du 19 courant portant règlement d'administration publique en ce qui concerne les pensions viagères et allocations temporaires prévues par l'article 11 de la loi du 9 décembre 1905 sur la séparation des Eglises et de l'Etat dispose que les pensions seront payables pour la première fois le 1er avril prochain, et les allocations le 31 mars.

Il est essentiel que toutes diligences soient faites pour que ces dates soient, autant que possible, observées.

C'est en vue d'arriver à ce résultat que l'instruction, qui doit précéder la concession des pensions et allocations, a été décentralisée. Il vous incombe d'y pourvoir avec le concours de la commission consultative que l'article 2 du décret vous a chargé de nommer.

Le point de départ de la procédure, tant pour les allocations que pour les pensions, est une demande que l'intéressé adresse au préfet du département dans lequel il a rempli ses dernières fonctions ecclésiastiques rémunérées par l'Etat.

Vous remarquerez que, si les ministres du culte ne peuvent prétendre à l'allocation temporaire qu'autant qu'ils étaient salariés par l'Etat lors de la promulgation de la loi, ils n'ont pas à justifier de cette condition pour les pensions viagères. S'ils ont antérieurement rempli pendant trente ou vingt ans des fonctions ecclésiastiques rémunérées par l'Etat, ils sont fondés, bien que ces services aient pris fin, à réclamer une pension, du moment qu'à la date de la promulgation de la loi ils avaient l'âge prescrit et étaient investis, à titre de ministres du culte, de « fonctions rentrant dans l'organisation publique des cultes. »

L'article 1er du décret vise par cette expression les fonctions qui, sans être rétribuées par l'Etat, avaient cependant un caractère officiel et étaient consacrées par les lois et règlements ; je citerai, à titre d'exemples et sans que cette énumération soit limitative, les fonctions des chanoines agréés, des vicaires institués conformément à la loi du 18 germinal an X (art. 31) et au décret du 30 décembre 1809 (art. 38) et rétribués par les fabriques (décret de 1809, art. 40) ou par les communes, des pasteurs auxiliaires et des suffragants nommés ou agréés dans les formes voulues.

Ces fonctions n'entreront pas en compte pour la pension, puisqu'elles n'étaient pas rémunérées par l'Etat, mais leur exercice lors de la promulgation de la loi du 9 décembre 1905 permet d'établir qu'à cette date leurs titulaires étaient encore des ministres du culte au sens de l'article 11 de ladite loi.

Seront, au contraire, sans droit pour réclamer une pension en vertu de cet article, bien qu'ils aient précédemment rempli vingt ou trente ans des fonctions rémunérées par l'Etat, les ecclésiastiques qui, lors de la promulgation de la loi, n'étaient plus pourvus d'aucun emploi légalement reconnu, soit parce qu'ils étaient passés dans la catégorie des ecclésiastiques libres, soit parce qu'ils étaient retraités.

Ainsi les titulaires de pensions précédemment concédées par l'Etat, les départements et les communes ou servies par la caisse générale des retraites ecclésiastiques, établie par le décret du 28 juin 1853, n'auront pas droit, en principe, à une pension par application de l'article 11 de la loi du 9 décembre 1905 : ils n'y pourront prétendre qu'exceptionnellement dans le cas où, après leur mise à la retraite, ils auront été pourvus d'un nouvel emploi rentrant dans l'organisation publique des cultes. Ils auront alors la faculté d'opter, conformément aux paragraphes 1 et 2 de l'article 5 du décret, entre la pension qui leur a été accordée antérieurement et celle que l'ensemble de leurs services ecclésiastiques rémunérés par l'Etat leur permettra de réclamer en vertu de la loi du 9 décembre 1905.

Les titulaires de fonctions ecclésiastiques rémunérées par l'Etat seront admis à compter lesdites fonctions soit pour la pension viagère, soit pour l'allocation temporaire, alors même que leur traitement aurait été supprimé par mesure administrative. Il en sera différemment des ecclésiastiques qui, quoique nommés à une fonction de ministre du culte rémunérée par l'Etat, n'ont cependant pas touché de traitement à raison de l'illégalité de leur nomination : cette catégorie d'ecclésiastiques comprend un certain nombre de prêtres étrangers ou ordonnés à l'étranger et de membres de congrégations religieuses non autorisées.

Toutes fonctions ecclésiastiques rémunérées par l'Etat sont admissibles pour la pension. Mais, pour l'application de la loi du 9 décembre 1905, il n'y a lieu de considérer comme des fonctions rémunérées par l'Etat que celles auxquelles était attaché un véritable traitement ; il ne saurait être tenu compte des fonctions ecclésiastiques qui ne donnaient droit qu'à une indemnité. La distinction des traitements et des indemnités soulève une pure question d'espèce, dont la solution variera suivant les circonstances ; en ce qui concerne spécialement les aumôniers qui étaient rétribués par l'Etat, il suffira, en général, pour résoudre cette difficulté, de se reporter à l'acte de nomination, qui d'ordinaire spécifie la nature de la rémunération attachée à l'emploi.

Telles sont les conditions de fond, sous lesquelles les ecclésiastiques peuvent obtenir une pension viagère ou une allocation temporaire.

Il ne vous appartient pas d'écarter les demandes présentées par des ecclésiastiques qui vous paraîtraient ne pas remplir ces conditions ; vous devez recevoir et instruire toute demande de pension ou d'allocation qui vous aura été adressée dans les formes prescrites par l'article 1er du décret. Une décision de rejet ne peut émaner que du ministre des cultes (art. 4 et 20), après l'instruction préliminaire qui vous incombe.

Les ministres des cultes ne sont tenus, d'après l'article 1er du décret, de produire que leur acte de naissance, mais ils ont la faculté d'y joindre toutes les pièces qui seraient de nature à établir les services ecclésiastiques dont ils se prévalent. Leur intérêt est de les produire puisqu'ils faciliteront et hâteront ainsi l'examen dont vous êtes chargé, et celui de la commission.

Vous procéderez à l'instruction réglementaire des demandes, tant à l'aide des justifications fournies par l'intéressé qu'au moyen des pièces de comptabilité et autres existant dans les archives de la préfecture ; pour les services ecclésiastiques rendus dans d'autres départements, vous prierez vos collègues de vous adresser d'urgence des copies ou des extraits des documents qui sont en leur possession.

Au vu du dossier ainsi constitué, vous établirez un projet de liquidation fixant le chiffre de la pension ou de l'allocation. Au cas où la demande ne vous paraîtra pas justifiée, vous joindrez au dossier un avis motivé de rejet ; si la demande porte sur une pension viagère et que l'intéressé vous semble avoir droit à une allocation temporaire, vous établirez un projet de concession d'allocation.

Dans cette dernière hypothèse, vous aurez, conformément au troisième paragraphe de l'article 19 du décret, à mettre, par une notification administrative, l'intéressé en demeure de faire connaître s'il opte pour l'application du paragraphe 5 de l'article 11 de la loi du 9 décembre 1905 ou pour celle du paragraphe 6 du même article.

Les pensions et allocations doivent, aux termes de l'article 2 du décret, être calculées d'après le dernier traitement payé par l'Etat, à l'exclusion de tout supplément ou indemnité accessoire. Vous n'aurez donc pas à tenir compte des indemnités de binage qui, en exécution de l'ordonnance du 6 novembre 1814, étaient attribuées par l'Etat à certains ecclésiastiques en sus de leur traitement. Les émoluments complémentaires, qui pouvaient être payés aux ecclésiastiques par les départements, les communes ou les établissements publics du culte, ne devront pas non plus entrer en compte pour la fixation du montant des pensions et allocations à servir par l'Etat.

Vous soumettrez la demande de pension viagère ou d'allocation temporaire avec vos propositions à la commission consultative prévue par l'article 2 du décret.

Il devra être procédé, tant par vous que par la commission, à un contrôle minutieux des services ecclésiastiques invoqués pour la pension ; il conviendra, à cet effet, de déterminer d'une façon exacte les dates de commencement et de cessation de chacune des fonctions et de s'assurer si réellement elles ont été rémunérées par l'Etat. — A défaut d'états de services ou de documents de comptabilité, il pourra être justifié des fonctions ecclésiastiques et du traitement correspondant au moyen d'un certificat administratif ou d'un acte de notoriété, par analogie avec ce qui est décidé par l'article 31 du décret du 9 novembre 1853.

Quelque soin qu'il y ait lieu d'apporter dans l'instruction préliminaire des demandes de pension ou d'allocation, elle devra être conduite avec la plus grande célérité et, au fur et à mesure des avis émis par la commission, vous aurez à me transmettre sans retard les dossiers.

V.

16 mars 1906. — *DÉCRET portant règlement d'administration publique pour l'exécution de la loi du 9 décembre 1905 sur la séparation des Eglises et de l'Etat en ce qui concerne : 1° l'attribution des biens ; 2° les édifices des cultes ; 3° les associations cultuelles ; 4° la police des cultes.*

TITRE Iᵉʳ. — Attribution des biens

Chapitre Iᵉʳ. — *Attributions effectuées par les établissements ecclésiastiques.*

Art. **1ᵉʳ.** Les biens appartenant aux établissements ecclésiastiques et portés à l'inventaire ou à un supplément d'inventaire dressé en exécution de l'article 3 de la loi susvisée et du règlement d'administration publique du 29 décembre 1905, sont, sous réserve des biens devant faire retour à l'Etat, attribués, suivant les distinctions énoncées aux articles 4 et 7 de ladite loi, soit à des associations cultuelles, soit à des services ou établissements publics ou d'utilité publique, savoir :

1° Pour les fabriques des églises et chapelles paroissiales, par le bureau des marguilliers, en vertu d'une délibération du conseil de fabrique ;

2° Pour les menses curiales ou succursales, par le curé ou desservant et, en cas de vacance de la cure ou succursale, par le bureau des marguilliers, en vertu d'une délibération du conseil de fabrique ;

3° Pour les fabriques des églises métropolitaines ou cathédrales, par l'archevêque ou l'évêque, en vertu d'une délibération du conseil de fabrique, l'archevêque ou l'évêque étant, en cas de vacance du siège, suppléé par les vicaires capitulaires ou, à défaut de ceux-ci, par le doyen du chapitre ;

4° Pour les menses archiépiscopales ou épiscopales, par l'archevêque ou l'évêque ou, en cas de vacance du siège, par le commissaire administrateur, à charge par ce dernier de se concerter avec les vicaires capitulaires ou, à défaut de ceux-ci, avec le doyen du chapitre, pour la désignation de l'association, du service ou de l'établissement attributaire, et sous réserve, en cas de désaccord, de l'application de l'article 8 du présent règlement ;

5° Pour les chapitres, par le doyen, en vertu d'une délibération du chapitre ;

6° Pour les séminaires, par le président du bureau d'administration, en vertu d'une délibération de ce bureau ;

7° Pour les maisons et caisses diocésaines de retraite ou de secours pour les prêtres âgés ou infirmes, par le président du conseil d'administration, en vertu d'une délibération de ce conseil ;

8° Pour les conseils presbytéraux et consistoires des Eglises réformées, les conseils presbytéraux, consistoires et synodes particuliers de l'Eglise de la confession d'Augsbourg, les consistoires israélites, par le président, en vertu d'une délibération du conseil presbytéral, consistoire ou synode.

Ne peuvent agir comme représentants légaux des établissements ci-dessus énumérés que les personnes régulièrement désignées en cette qualité soit avant la promulgation de la loi du 9 décembre 1905, soit après, par application du paragraphe 1ᵉʳ de l'article 3 de ladite loi.

2. Les délibérations par lesquelles les conseils mentionnés à l'article précédent statuent sur l'attribution des biens des établissements ecclésiastiques sont exécutoires par elles-mêmes et l'acte d'attribution est passé par les personnes désignées audit article, sans qu'il soit besoin d'aucune autre autorisation, sauf dans les cas prévus à l'article 7 de la loi susvisée.

Sous cette même réserve, sont également dispensés de toute approbation les actes par lesquels les archevêques, évêques, curés et desservants, ou leurs suppléants légaux, font attribution des biens des menses.

3. Les biens d'un établissement ecclésiastique, autres que ceux qui sont grevés d'une affectation étrangère à l'exercice du culte ou qui doivent faire retour à l'Etat, sont attribués à une ou plusieurs associations formées dans la circonscription dudit établissement.

Les biens de plusieurs établissements ayant la même circonscription peuvent être attribués à une seule association.

Les biens d'un ou plusieurs établissements dépendant d'une même paroisse, et les biens d'établissements paroissiaux dont la circonscription est limitrophe de cette paroisse, peuvent être attribués concurremment à une seule association s'étendant à l'ensemble des circonscriptions intéressées et destinée à assurer l'exercice du culte dans chacune d'elles.

Si des associations formées soit dans une même circonscription, soit dans des circonscriptions limitrophes, viennent à fusionner, les biens qui ont été attribués à chacune des associations, en vertu de l'article 4 de la loi susvisée, peuvent être transférés, dans les formes prévues par le second paragraphe de l'article 9 de la même loi, à l'association unique résultant de cette fusion.

Les associations attributaires doivent remplir les conditions prescrites par l'article 4 de la loi susvisée.

Les biens provenant d'établissements différents et attribués à une même association restent distincts avec leur affectation spéciale dans le patrimoine de cette association.

4. L'attribution faite par un établissement ecclésiastique, en vertu de l'article 4 de la loi susvisée, est constatée au moyen d'un procès-verbal administratif dressé par les représentants légaux de l'établissement contradictoirement avec les directeurs ou administrateurs de l'association munis à cet effet des pouvoirs nécessaires, qui resteront annexés à l'acte.

Le procès-verbal est établi après récolement de l'inventaire par les représentants de l'établissement et ceux de l'association ; il mentionne les additions et retranchements, ainsi que les modifications d'estimation que comporte l'inventaire.

Il indique soit directement, soit par référence à l'inventaire, les biens attribués.

Il contient, en outre, un état détaillé des dettes de l'établissement avec indication de leur cause, de leur montant et de la date de leur exigibilité.

Il est dressé sur papier libre en double minute et signé des parties.

L'un des exemplaires est remis, avec tous titres et documents concernant les biens et det-

tes, aux directeurs ou administrateurs de l'association.

L'autre est transmis dans le délai d'un mois par les représentants légaux de l'établissement avec, le cas échéant, la délibération visée aux articles 1 et 2 du présent règlement, au préfet qui leur en délivre récépissé, et dépose cet exemplaire aux archives de la préfecture.

Extrait de l'acte d'attribution ainsi notifié est publié, avec indication de la date de la notification, dans le délai d'un mois au *Recueil des actes administratifs de la préfecture* et, dans le délai de trois mois, au *Journal officiel*.

5. L'attribution soit à un service public national, départemental ou communal, soit à un établissement public ou d'utilité publique, de biens d'un établissement ecclésiastique, par application de l'article 7 de la loi susvisée, doit être faite avant que tous les biens destinés aux associations cultuelles leur aient été attribués.

Elle est constatée par un procès-verbal administratif dressé par les représentants de l'établissement ecclésiastique, contradictoirement avec ceux du service public ou de l'établissement public ou d'utilité publique, dans les mêmes formes que celles énoncées à l'article précédent.

Les dettes portées au procès-verbal sont celles de l'établissement ecclésiastique qui sont spéciales aux biens attribués.

L'un des exemplaires est remis au service ou à l'établissement attributaire.

L'autre est transmis par les représentants légaux de l'établissement ecclésiastique au préfet avec tous titres et documents concernant les biens et, le cas échéant, la délibération visée aux articles 1 et 2 du présent règlement.

Le préfet statue dans les deux mois de la réception du procès-verbal, faute de quoi l'attribution est considérée comme approuvée.

Si le préfet refuse d'approuver l'attribution, il en avise l'établissement ecclésiastique, s'il existe encore, et le service ou l'établissement attributaire, en les invitant à lui présenter dans un délai de quinze jours leurs observations écrites.

A l'expiration de ce délai, il transmet le dossier au ministre des cultes.

Il est statué sur l'attribution par décret rendu en Conseil d'Etat.

Notification est faite aux intéressés en la forme administrative, soit de l'arrêté d'approbation de l'attribution, soit du décret intervenu.

L'arrêté d'approbation ou le décret est publié au *Journal officiel*.

6. La reprise des biens destinés à faire retour à l'Etat est constatée au moyen d'un procès-verbal administratif dressé par l'administration des domaines.

Ce procès-verbal indique lesdits biens soit directement, soit par référence à l'inventaire dressé en exécution de l'article 3 de la loi susvisée, et il contient un état des dettes de l'établissement spéciales à ces biens. Il constate la remise à l'administration des domaines de tous titres et documents concernant les biens repris. Il est dressé sur papier libre en simple minute.

Si les représentants légaux de l'établissement ecclésiastique sont d'accord avec l'administra-

tion des domaines sur la reprise des biens par l'Etat, le procès-verbal est dressé contradictoirement avant que tous les biens destinés à des associations cultuelles leur aient été attribués.

En cas de désaccord, il est dressé sur le vu de la décision judiciaire intervenue et en présence des intéressés ou eux dûment appelés.

Dans tous les cas, la reprise n'a effet que du jour de la suppression de l'établissement.

7. Lors de la suppression des établissements antérieurement soumis aux règles de la comptabilité publique en exécution de l'article 78 de la loi du 26 janvier 1892 et des décrets du 27 mars 1893, les registres des comptables seront arrêtés par les représentants de ces établissements.

Les comptables rendront immédiatement leurs comptes ; ils seront dispensés de produire à l'appui le compte administratif et la délibération mentionnés dans les décrets du 27 mars 1893.

Si les justifications réclamées par injonctions du juge des comptes ne peuvent être produites parce qu'elles exigeraient l'intervention des établissements susindiqués, il y est suppléé par tous autres actes et documents.

CHAPITRE II. — *Dispositions spéciales aux biens non attribués par les établissements ecclésiastiques.*

8. A l'expiration du délai fixé par l'article 4 de la loi du 9 décembre 1905, les biens qui, pour une cause quelconque, et notamment à raison du désaccord entre le commissaire administrateur d'une mense et les vicaires capitulaires ou le doyen du chapitre, n'ont pas fait l'objet d'une attribution en exécution dudit article ou de l'article 7 de la loi susvisée, sont placés sous séquestre par un arrêté préfectoral. Cet arrêté en confie la conservation et la gestion à l'administration des domaines jusqu'à ce qu'ils aient été attribués par décret en exécution soit de l'article 8, paragraphe 1er, soit de l'article 9, paragraphe 1er, de cette loi.

Dans le cas où, après l'expiration du délai précité, les attributions effectuées par application des articles 4 et 7 de la loi susvisée viennent à être annulées, les biens qui ont fait l'objet desdites attributions sont placés sous séquestre suivant les formes et dans les conditions indiquées par le premier paragraphe du présent article.

Les règles relatives à la conservation et à la gestion des biens placés sous séquestre sont fixées par arrêté du ministre des finances.

9. Si, à l'expiration du délai précité, la reprise des biens destinés à faire retour à l'Etat n'a pas encore eu lieu, elle est effectuée par l'administration des domaines suivant procès-verbal dressé en simple minute.

10. L'arrêté de mise sous séquestre prévu à l'article 8 du présent règlement est publié au *Recueil des actes administratifs de la préfecture* avec un avis faisant connaître que les associations cultuelles ont un délai de deux ans, compté à partir de la promulgation de la loi, pour demander l'attribution à leur profit des biens autres que ceux qui sont grevés d'une affectation étrangère à l'exercice du culte.

Les demandes sont adressées au préfet, qui en délivre récépissé et les transmet au ministre des cultes, sur le rapport duquel sont rendus les décrets portant attribution des biens.

11. Si, dans le délai de deux ans à partir de la promulgation de la loi susvisée, les biens susceptibles d'être attribués à des associations cultuelles n'ont pas été réclamés par une de ces associations ou si les demandes formées dans ce délai ont été rejetées, il peut être procédé à l'attribution desdits biens au profit d'établissements communaux d'assistance ou de bienfaisance, dans les conditions et suivant les formes prescrites par le premier paragraphe de l'article 9 de la loi susvisée.

12. En cas d'attributions ordonnées par décret, conformément aux articles 8 et 9 de la loi susvisée, il est procédé à la remise des biens suivant procès-verbal dressé par l'administration des domaines contradictoirement avec les représentants du service, de l'établissement ou de l'association attributaire.

Les décrets portant attribution de biens sont publiés au *Journal officiel*.

CHAPITRE III. — *Dispositions communes aux divers modes d'attributions.*

13. La mutation des rentes sur l'Etat attribuées par un établissement public du culte à une association cultuelle est opérée sur la production d'un extrait, délivré par le préfet, du procès-verbal d'attribution.

La mutation des rentes grevées d'une affectation étrangère à l'exercice du culte et attribuées par un établissement ecclésiastique à un service ou établissement public ou d'utilité publique est opérée sur la production de l'arrêté préfectoral ou du décret approuvant l'attribution.

Dans les cas prévus par les articles 8 et 9 de la loi susvisée, la mutation est opérée sur la production soit du décret portant attribution des rentes, soit d'un arrêté ministériel pris en exécution de la décision du conseil d'Etat statuant au contentieux.

Le décret, l'arrêté ministériel, l'arrêté préfectoral ou l'extrait du procès-verbal d'attribution indiquent le libellé complet des nouvelles inscriptions à délivrer.

14. Les actions en reprise ou en revendication devant les tribunaux civils, auxquelles peuvent donner lieu de la part de l'Etat, des départements, des communes ou de tous autres intéressés les attributions faites en vertu des articles 4 et 7 de la loi du 9 décembre 1905, sont exercées contre les associations, services ou établissements attributaires après suppression des établissements ecclésiastiques.

Il en est de même pour les actions en nullité prévues par le second paragraphe de l'article 5 de ladite loi.

15. Le délai du recours au Conseil d'Etat en annulation de l'acte d'attribution pour excès de pouvoir ou violation de la loi, que le recours soit formé par le ministre des cultes ou par une partie intéressée, a pour point de départ l'insertion faite au *Journal officiel* en vertu des articles 4, 5 ou 12 du présent règlement.

CHAPITRE IV. — *Acquittement des dettes.*

16 Quand, par application de l'article 6, paragraphe 1er, de la loi susvisée, une association cultuelle, à laquelle ont été attribués les biens d'un établissement ecclésiastique supprimé, réclame, à l'effet de pourvoir à l'acquittement des dettes de cet établissement, l'abandon provisoire à son profit de la jouissance des biens productifs de revenus, destinés à faire retour à l'Etat, cet abandon est décidé, sur justification du passif, par le ministre des finances, qui arrête l'état des dettes payables sur les revenus desdits biens.

Il est constaté par un procès-verbal dressé en double minute et sur papier libre par l'administration des domaines contradictoirement avec les représentants de l'association.

La reprise par l'Etat de la libre disposition des biens, après extinction du passif, est constatée dans la même forme.

17. S'il s'est formé dans l'ancienne circonscription d'un établissement ecclésiastique supprimé une association cultuelle qui, tout en étant apte à recueillir le patrimoine de cet établissement, ne l'a pas réclamé, il est pourvu à l'acquittement du passif au moyen des biens dudit établissement placés sous séquestre à l'expiration du délai fixé par l'article 4 de la loi susvisée, et des revenus des biens destinés à faire retour à l'Etat, à l'exclusion de tout recours au fonds commun prévu à l'article 19 ci-après.

18. Dans le cas où il ne s'est formé dans l'ancienne circonscription d'un établissement supprimé aucune association apte à recueillir le patrimoine de cet établissement, les biens placés sous séquestre et les revenus des biens destinés à faire retour à l'Etat servent au paiement des dettes de l'établissement.

Si le passif ne peut être payé intégralement au moyen desdites ressources, le reliquat est acquitté par prélèvement sur le fonds commun.

19. En vue de l'application des dispositions du second paragraphe de l'article 6 de la loi susvisée, il est constitué un fonds commun alimenté au moyen des revenus de l'ensemble des biens d'établissements ecclésiastiques qui ont fait retour à l'Etat et dont celui-ci a repris la libre disposition.

A cet effet, il est ouvert un compte spécial dans les écritures du Trésor.

Sont portés en recette à ce compte : 1° les revenus nets, déduction faite de la gestion, des biens qui sont visés au premier paragraphe du présent article et dont la gestion est confiée à l'administration des domaines ; 2° les arrérages des rentes sur l'Etat acquises en remploi du produit net de la vente desdits biens, déduction faite des frais de gestion restant dus.

Les ressources constatées au crédit du compte spécial, au 31 décembre de chaque année, sont employées, conformément à l'article précédent, au paiement du reliquat des dettes régulières et légales des établissements supprimés.

Le paiement de ces dettes au moyen desdites ressources n'a lieu qu'autant que la demande en a été faite, avec justifications à l'appui, au ministre des finances par les créanciers des établissements ecclésiastiques dans les deux années qui suivront la suppression de ces établissements.

Le ministre des finances arrête l'état des dettes payables sur le fonds commun et si, au 31 décembre, les ressources de ce fonds sont insuffisantes pour acquitter intégralement le passif admis, elles sont réparties entre les créanciers au prorata du montant respectif des sommes qui leur sont dues.

Chapitre v. — *Archives ecclésiastiques et bibliothèques.*

20. Lorsqu'il y a lieu de procéder à l'inventaire prescrit par le dernier paragraphe de l'article 16 de la loi du 9 décembre 1905, pour les archives et bibliothèques des établissements ecclésiastiques ainsi que pour celles qui étaient détenues par les anciens titulaires ecclésiastiques à raison de leurs fonctions, un arrêté préfectoral désigne à cet effet l'archiviste départemental ou toute autre personne compétente; l'inventaire est dressé en présence soit des représentants légaux des établissements ecclésiastiques, soit des anciens titulaires ecclésiastiques ou eux dûment appelés dans les formes prévues par l'article 2 du décret du 29 décembre 1905.

21. L'inventaire des archives porte sur :
1° Les titres et papiers visés par les lois des 7 messidor an II et 5 brumaire an V;
2° Les registres paroissiaux antérieurs à l'entrée en vigueur des dispositions législatives concernant la tenue des actes de l'état civil, et, notamment, ceux détenus par les anciens titulaires ecclésiastiques dans les départements de la Savoie, de la Haute-Savoie et des Alpes-Maritimes;
3° Tous autres titres ou papiers provenant de l'État, des départements ou des communes.

22. Les documents précités sont remis, suivant les cas, au préfet ou au maire pour être versés dans les dépôts publics.

Cette remise, constatée par procès-verbal, doit être effectuée par les représentants légaux des établissements ecclésiastiques au plus tard au moment de la suppression de ces établissements et, par les anciens titulaires ecclésiastiques, dans les six mois qui suivront la publication du présent décret.

23. Après inventaire des bibliothèques, la reprise par l'État, les départements ou les communes des livres et manuscrits leur appartenant a lieu suivant procès-verbal dressé d'un commun accord ou, en cas de contestation, sur le vu de la décision judiciaire intervenue.

Les autres livres et manuscrits contenus dans les bibliothèques sont transmis aux associations cultuelles, conformément aux règles applicables à l'attribution des biens des établissements ecclésiastiques.

24. Les documents, livres et manuscrits attribués à des associations cultuelles ou laissés aux anciens titulaires ecclésiastiques peuvent être classés, en vertu de la loi du 30 mars 1887 et de l'article 16 de la loi du 9 décembre 1905, dans les mêmes conditions que s'ils appartenaient à des établissements publics.

Chapitre vi. — *Attribution de biens à des unions d'associations.*

25. Les biens des établissements ecclésiastiques supprimés peuvent être attribués, dans les conditions et suivant les formes prévues par le présent titre, à des unions d'associations cultuelles constituées conformément aux articles 4 et 20 de la loi du 9 décembre 1905.

Les règles formulées par le présent titre, en ce qui concerne l'acquittement des dettes, les archives et bibliothèques, sont également applicables à ces unions.

TITRE II. — **Édifices des cultes.**

26. Les édifices antérieurement affectés au culte et appartenant aux établissements ecclésiastiques sont attribués aux associations cultuelles dans les mêmes conditions et suivant les mêmes formes que les autres biens desdits établissements.

27. L'entrée en jouissance par les associations cultuelles des édifices du culte mentionnés dans les articles 13, 14 et 15 de la loi susvisée est constatée par un procès-verbal administratif dressé soit par le préfet, pour l'État et les départements, soit par le maire, pour les communes, contradictoirement avec les représentants des associations ou eux dûment appelés.

Il en est de même pour la mise à la disposition des associations des objets mobiliers appartenant à l'État, aux départements ou aux communes et garnissant ceux des édifices qui servent à l'exercice public du culte.

Le procès-verbal comporte un état de lieux si l'association en fait la demande et, dans tous les cas, un état desdits objets mobiliers dressé d'après les indications de l'inventaire prévu à l'article 3 de la loi susvisée.

Il est établi en double minute et sur papier libre.

28. Les réparations incombant aux associations cultuelles en vertu des articles 13 et 14 de la loi du 9 décembre 1905 doivent être exécutées, sous réserve de l'application de la législation sur les monuments historiques, de manière à ne préjudicier sous aucun rapport aux édifices cultuels.

Les projets de grosses réparations doivent, un mois au moins avant leur exécution, être communiqués au préfet, pour les édifices appartenant à l'État ou au département, et au maire, pour ceux qui sont la propriété de la commune.

29. Le ministre des beaux-arts est chargé d'assurer l'inspection des immeubles et objets mobiliers classés par application de la loi du 30 mars 1887 et de l'article 16 de la loi du 9 décembre 1905.

Les associations cultuelles fixent, sous réserve de l'approbation du préfet, les jours et heures auxquels auront lieu, conformément à l'article 17 de la loi du 9 décembre 1905, la visite des édifices et l'exposition des objets mobiliers classés.

Si l'association, bien que dûment mise en demeure par le préfet, n'a pris aucune disposition à cet effet, ou en cas de refus d'approbation, il est statué par le ministre des beaux-arts.

TITRE III. — **Associations pour l'exercice public des cultes.**

Chapitre Iᵉʳ. — *Constitution des associations.*

30. Les associations cultuelles se constituent, s'organisent et fonctionnent librement sous les seules restrictions résultant de la loi du 9 décembre 1905.

31. Les dispositions des articles 1ᵉʳ à 6 et de l'article 31 du règlement d'administration publique du 16 août 1901, auxquelles sont soumises les associations constituées en vertu du titre Iᵉʳ de la loi du 1ᵉʳ juillet 1901, sont applicables aux associations constituées en vertu de la loi du 9 décembre 1905.

La déclaration préalable, que doit faire toute association cultuelle, indique les limites territoriales de la circonscription dans laquelle fonctionnera l'association.

A cette déclaration est jointe une liste comprenant un nombre de membres majeurs et domiciliés ou résidant dans la circonscription d'au moins 7, 15 ou 25, suivant que l'association a son siège dans une commune de moins de 1,000 habitants, de 1,000 à 20,000 habitants ou de plus de 20,000 habitants.

Les pièces annexées sont certifiées sincères et véritables par les administrateurs ou directeurs de l'association.

32. Doivent faire l'objet d'une déclaration complémentaire, dans le délai prévu par l'article 5, paragraphe 4, de la loi du 1ᵉʳ juillet 1901, les modifications que l'association apporte aux limites territoriales de sa circonscription ainsi que les aliénations de tous biens meubles et immeubles attribués à l'association en exécution des articles 4, 8 et 9 de la loi du 9 décembre 1905.

En cas d'acquisition d'immeubles, l'association est dispensée de joindre à sa déclaration complémentaire l'état descriptif visé à l'article 3 du règlement d'administration publique du 16 août 1901.

Lorsque, par suite de démissions, de décès ou pour toute autre cause, le nombre des membres de l'association qui continuent à pouvoir figurer sur la liste prévue par l'article 31 du présent règlement est descendu au-dessous du minimum fixé par le premier paragraphe de l'article 19 de la loi susvisée, une déclaration effectuée dans les trois mois fait connaître, en même temps que les membres à retrancher de cette liste, ceux qui sont à y ajouter.

Toute déclaration complémentaire est faite dans les mêmes formes que la déclaration initiale.

Chapitre II. — *Recettes et dépenses. — Réserves.*

33. Les seules recettes de l'association sont celles qu'énumère le paragraphe 4 de l'article 19 de la loi du 9 décembre 1905.

Les recettes sont exclusivement affectées aux besoins du culte.

Les sommes à percevoir en vertu de fondations instituées pour cérémonies et services religieux tant par acte de dernière volonté que par acte entre vifs sont, dans tous les cas, déterminées par contrat commutatif et doivent représenter uniquement la rétribution des cérémonies et services.

Les revenus des biens attribués avec leur affectation spéciale à des associations, en vertu des articles 4, 8 et 9 de la loi susvisée, ne peuvent être employés à des subventions en faveur d'autres associations, ni au paiement de cotisations à des unions.

34. Le montant du revenu, dont il est fait état pour fixer le maximum de la réserve prévue par le paragraphe 1ᵉʳ de l'article 22 de la loi susvisée, est déterminé en prenant la moyenne annuelle des recettes de toute nature pendant les cinq dernières années.

Si le revenu d'une association ainsi calculé, après avoir été égal ou inférieur à 5,000 fr., vient à excéder cette somme, l'association a le droit de conserver la réserve qu'elle s'est constituée, alors même que cette réserve serait supérieure à trois fois la moyenne annuelle des dépenses. Aucune somme nouvelle ne peut être portée à la réserve tant que celle-ci n'a pas été ramenée au-dessous du maximum légal.

A titre transitoire et jusqu'à l'expiration de la cinquième année qui suivra celle où l'association s'est formée, la moyenne annuelle des revenus et celle des dépenses sont calculées d'après les années entières déjà écoulées.

35. Les fonds et valeurs constituant la réserve spéciale prévue par l'article 22, paragraphe 2, de la loi susvisée, sont reçus par la caisse des dépôts et consignations et sont déposés et régis par les dispositions des lois des 28 nivôse an XIII, 28 juillet 1875 et 26 juillet 1893.

Les remboursements de fonds ou remises de valeurs sont effectués par la caisse des dépôts dans un délai de dix jours, à la demande de l'association, visée par le directeur de l'enregistrement du département et sur la simple quittance de la personne ayant qualité pour opérer les retraits.

Sur la demande de l'association, la caisse des dépôts et consignations fait procéder, dans les trois jours de l'enregistrement de cette demande au secrétariat de l'administration de la caisse, à l'emploi de tout ou partie des sommes disponibles, ainsi qu'à la réalisation des valeurs déposées et aux changements à apporter dans la composition de ces valeurs.

36. Le visa prévu à l'article précédent est donné par le directeur de l'enregistrement sur la seule production des décomptes, mémoires ou factures des entrepreneurs ou des fournisseurs et d'une copie de la délibération de l'association approuvant la dépense; ce visa intervient dans le délai de quinzaine, à partir de la production desdites pièces.

Les pièces justificatives sont, après visa, renvoyées à l'association.

Chapitre III. — *Contrôle financier.*

37. Le contrôle financier est exercé sur les associations par l'administration de l'enregistrement.

Les associations sont également soumises aux vérifications de l'inspection générale des finances.

2

38. L'état des recettes et des dépenses des associations cultuelles, avec l'indication de la cause et de l'objet de chacune des recettes et des dépenses, est tenu sur un livre-journal de caisse coté et paraphé par le directeur de l'enregistrement du département ou par son délégué.

Ce livre est arrêté, chaque année, au 31 décembre.

39. Le compte financier porte sur la période écoulée du 1er janvier au 31 décembre de chaque année.

Il présente par nature les recettes et les dépenses effectuées et il se termine par une balance récapitulative.

Il indique les restes à recouvrer et à payer.

40. L'excédent des recettes sur les dépenses qui ressort de la balance doit être représenté par le solde en caisse au 31 décembre.

Il est réservé, en premier lieu et jusqu'à due concurrence, à l'acquittement des restes à payer au 31 décembre et des dettes restant à échoir des établissements supprimés dont les biens ont été attribués à l'association cultuelle, conformément aux articles 4, 8 et 9 de la loi du 9 décembre 1905.

Le surplus est affecté à la constitution des réserves prévues par l'article 22 de cette loi ou à l'attribution de subventions à d'autres associations ayant le même objet.

41. Lorsqu'une association, ayant à pourvoir à l'acquittement des dettes d'un établissement ecclésiastique supprimé, a obtenu à cet effet la jouissance provisoire de biens ayant fait retour à l'Etat, les revenus desdits biens ne peuvent être employés qu'à éteindre ce passif. Ils sont portés en recettes et en dépenses à des articles spéciaux du compte financier.

42. Le compte financier est appuyé d'un extrait, certifié conforme par les directeurs ou administrateurs, du procès-verbal de l'assemblée générale de l'association portant approbation, par application de l'article 19 de la loi susvisée, des actes de gestion financière et d'administration légale des biens accomplis par les directeurs ou administrateurs.

43. L'état inventorié prescrit par l'article 21 de la loi susvisée indique distinctement : 1° les biens attribués à l'association par application des articles 4, 8 et 9 de la loi susvisée ou ceux acquis en remploi conformément au paragraphe 3 de l'article 9; 2° les valeurs mobilières dont les revenus servent à l'acquit des fondations pour cérémonies et services religieux; 3° les valeurs placées en titres nominatifs qui constituent la réserve prévue au paragraphe 1er de l'article 22 de la loi susvisée; 4° le montant de la réserve spéciale prévue au second paragraphe du même article et placée à la caisse des dépôts et consignations; 5° tous autres biens meubles et immeubles de l'association.

Les biens portés sur l'état sont estimés article par article.

44. Le compte financier et l'état inventorié sont dressés, au plus tard, avant l'expiration du premier semestre de l'année qui suivra celle à laquelle ils s'appliquent.

Le compte financier est établi en double et l'un des exemplaires doit être adressé sur sa demande au représentant de l'administration de l'enregistrement, qui en délivre récépissé.

L'association conserve les comptes et états inventoriés s'appliquant aux cinq dernières années avec les pièces justificatives, registres et documents de comptabilité.

45. L'association est tenue de représenter aux agents de l'enregistrement et aux fonctionnaires de l'inspection générale des finances ses espèces, récépissés de dépôt et valeurs en portefeuille, ainsi que les livres, registres, titres, pièces de recettes et de dépenses ayant trait tant à l'année courante qu'à chacune des cinq années antérieures.

46. Si, à l'occasion de l'exercice de leur contrôle financier, les agents de l'administration de l'enregistrement constatent des infractions réprimées par l'article 23 de la loi susvisée, ils en dressent procès-verbal.

Leurs procès-verbaux sont transmis au procureur de la République de l'arrondissement dans lequel l'association a son siège.

La nullité des actes constituant les infractions visées au premier paragraphe du présent article pourra être demandée par toute partie intéressée ou par le ministère public.

CHAPITRE IV. — *Dissolution des associations.*

47. En cas de dissolution volontaire, statutaire, ou prononcée par justice, les biens qui auraient été attribués à une association, en vertu des articles 4, 8 et 9 de la loi du 9 décembre 1905, sont, jusqu'à ce qu'il ait été procédé à une nouvelle attribution conformément au second paragraphe dudit article 9, placés sous séquestre par un arrêté préfectoral qui en confie la conservation et la gestion à l'administration des domaines.

La dévolution des autres biens de l'association se fait conformément à l'article 9 de la loi du 1er juillet 1901 et à l'article 14 du décret du 16 août de la même année.

En aucun cas l'assemblée générale appelée à se prononcer sur la dévolution ne peut attribuer aux associés une part quelconque desdits biens.

CHAPITRE V. — *Unions.*

48. Les unions d'associations, prévues par l'article 20 de la loi du 9 décembre 1905, sont soumises aux dispositions contenues dans le présent titre.

Toutefois, elles n'ont pas à déposer la liste prévue par les articles 31 et 32 ci-dessus.

Elles déclarent l'objet et le siège des associations qui les composent.

Elles font connaître, dans les trois mois, les nouvelles associations adhérentes.

Le patrimoine et la caisse, les recettes et les dépenses d'une union sont entièrement distincts du patrimoine et de la caisse, des recettes et des dépenses de chacune des associations faisant partie de l'union.

TITRE IV. — **Police des cultes.**

49. La déclaration préalable prescrite par l'article 25 de la loi du 9 décembre 1905 est signée par deux délégués au moins de l'association cultuelle qui a la propriété ou la jouissance du local où le culte sera célébré ; l'un de ces délégués doit être domicilié dans la commune où le local est situé.

La célébration du culte ne peut avoir lieu qu'après un délai d'au moins vingt-quatre heures.

La surveillance des autorités s'exerce sur les réunions cultuelles publiques conformément aux dispositions des articles 9 de la loi du 30 juin 1881 et 97 de la loi du 5 avril 1884.

50. L'arrêté pris dans chaque commune par le maire à l'effet de régler l'usage des cloches tant pour les sonneries civiles que pour les sonneries religieuses est, avant transmission au préfet ou au sous-préfet, communiqué au président ou directeur de l'association cultuelle.

Un délai de quinze jours est laissé à celui-ci pour former à la mairie, s'il y a lieu, une opposition écrite et motivée, dont il lui est délivré récépissé.

A l'expiration dudit délai, le maire transmet au préfet son arrêté, qui, à défaut d'opposition, est exécutoire dans les conditions prévues par les articles 95 et 96 de la loi du 5 avril 1884.

En cas d'opposition, il est statué par arrêté préfectoral.

51. Les cloches des édifices servant à l'exercice public du culte peuvent être employées aux sonneries civiles dans les cas de péril commun qui exigent un prompt secours.

Si elles sont placées dans un édifice appartenant à l'Etat, au département ou à la commune ou attribué à l'association cultuelle en vertu des articles 4, 8 et 9 de la loi du 9 décembre 1905, elles peuvent, en outre, être utilisées dans les circonstances où cet emploi est prescrit par les dispositions des lois ou règlements, ou autorisé par les usages locaux.

52. Une clef du clocher est déposée entre les mains du président ou directeur de l'association cultuelle, une autre entre les mains du maire, qui ne peut en faire usage que pour les sonneries civiles mentionnées à l'article précédent et l'entretien de l'horloge publique.

Si l'entrée du clocher n'est pas indépendante de celle de l'église, une clef de la porte de l'église est déposée entre les mains du maire.

VI.

24 mars 1906. — *CIRCULAIRE du ministre de l'instruction publique, des beaux-arts et des cultes aux préfets, relative aux pensions et allocations qui peuvent être accordées par les communes aux ministres des cultes.*

La loi du 9 décembre 1905 a décidé, dans son article 2, qu'à partir du 1er janvier 1906 toutes dépenses relatives à l'exercice des cultes, à l'exception de celles qui s'appliquent à des services d'aumônerie, seraient supprimées des budgets des communes.

Dès lors, les crédits qui avaient été ouverts dans les budgets communaux de 1906 en faveur des ministres des différents cultes, autres que les aumôniers, se sont trouvés annulés de plein droit par le seul fait de la promulgation de la loi du 9 décembre 1905.

Mais certains des crédits ainsi supprimés peuvent être rétablis, au moins temporairement, sous une forme nouvelle, car le septième paragraphe de l'article 11 permet aux communes, sous les mêmes conditions que l'Etat, d'accorder aux ministres des cultes, qui étaient salariés par elles lors de la promulgation de la loi, des pensions ou allocations établies sur la même base et pour une égale durée.

Le règlement d'administration publique du 19 janvier 1906, dont le texte est annexé à la circulaire de mon prédécesseur du 27 du même mois, a précisé, dans son chapitre III (art. 29 et suiv.), les conditions de fond et de forme à observer par les communes pour la concession de ces pensions et allocations facultatives.

Des articles 29 et 36 de ce règlement, comme de la loi elle-même, il résulte que les pensions et allocations communales doivent être calculées d'après les traitements antérieurement payés sur les fonds des communes ; elles ne peuvent donc être concédées qu'aux ministres du culte qui touchaient un traitement sur ces fonds. Elles ne sauraient être attribuées à des ecclésiastiques qui ne recevaient qu'une indemnité.

Mais dans quels cas la rémunération servie par une commune à un ministre du culte constituait-elle un véritable traitement ? Dans quels cas, au contraire, y a-t-il lieu d'admettre qu'elle était une simple indemnité ? C'est là une pure question d'espèce, dont la solution variera suivant les circonstances.

En ce qui touche particulièrement les rétributions accordées pour binage sur fonds communaux, elles étaient d'ordinaire considérées comme un traitement par les communes qui en avaient assumé volontairement la charge, et elles se différenciaient ainsi, dans la plupart des cas, des indemnités de binage payées par l'Etat en exécution de l'ordonnance du 6 novembre 1814.

Dès lors, en général, rien ne s'oppose à ce qu'elles servent de base à la concession de pensions ou d'allocations communales.

L'article 5, paragraphe 3, du règlement d'administration publique du 19 janvier 1906 a prévu le cas où le traitement attaché à une fonction ecclésiastique était assuré partie par l'Etat et partie par la commune ; c'est ce qui se passait notamment pour certains vicariats, dont les titulaires touchaient un traitement se composant d'une allocation d'Etat montant à 450 fr. et d'une somme le plus souvent égale, que la commune avait prise à sa charge. Ces ecclésiastiques, en dehors de la pension ou de l'allocation à laquelle ils ont droit de la part de l'Etat, peuvent obtenir une pension ou une allocation de la commune ; la prohibition de cumul, édictée par le neuvième paragraphe de l'article 11 de la loi du 9 décembre 1905, n'est pas applicable dans cette hypothèse.

La concession de pensions viagères ou d'allocations temporaires, dans la mesure où elle est autorisée par la loi du 9 décembre 1905 et le décret du 19 janvier 1906, n'est qu'une faculté pour les communes. Mais elle est en même temps un droit absolu pour elles ; elle n'est, en effet, subordonnée à aucune approbation de l'autorité supérieure. Les délibérations prises en cette matière par les conseils municipaux sont placées, comme l'indiquent les articles 32 et 38 dudit décret, sous le régime de l'article 61 de la loi municipale du 5 avril 1884, c'est-à-dire qu'elles sont exécutoires par elles-mêmes et qu'elles ne pourraient être annulées par vous, suivant l'article 63 de la même loi, que dans le cas où elles violeraient une loi ou un règlement d'administration publique.

Il est à remarquer, d'ailleurs, que, quand un conseil municipal décide d'user de la faculté qui lui est ouverte par le septième paragraphe de l'article 11 de la loi du 9 décembre 1905, d'accorder des pensions viagères ou des allocations temporaires, cette mesure s'applique de plein droit et indistinctement à tous les ecclésiastiques qui justifient des conditions légales ; il ne saurait être fait un choix entre eux et, d'après le décret du 19 janvier 1906, il appartient seulement au conseil, après avoir émis un vote de principe tendant à l'application du paragraphe précité, de déterminer les formes suivant lesquelles les pensions ou allocations seront individuellement liquidées, concédées et payées.

Enfin, si la concession de pensions viagères ou d'allocations temporaires est facultative pour les communes, les pensions et allocations, une fois concédées régulièrement, deviennent, aux termes de l'article 136-7° de la loi du 5 avril 1884, une dépense obligatoire pour la commune.

VII.

4 avril 1906. — *CIRCULAIRE du ministre de l'instruction publique, des beaux-arts et des cultes, à MM. les Préfets, relative à l'attribution des biens des établissements ecclésiastiques grevés d'une affectation étrangère à l'exercice du culte.*

La loi du 9 décembre 1905, tout en supprimant les *établissements publics du culte*, dispose que, un mois après la promulgation du règlement d'administration publique prévu à l'article 43 et jusqu'à l'expiration de l'année qui suivra la promulgation de ladite loi, ces établissements pourront procéder eux-mêmes à l'*attribution des biens qui composent leur patrimoine*.

En principe, d'après l'article 4, c'est à des associations cultuelles, qui continueront à subvenir à l'exercice du culte au lieu et place des établissements ecclésiastiques supprimés, que ceux-ci transmettront leurs biens autres que ceux qui, provenant de l'Etat, doivent lui faire retour en vertu du premier paragraphe de l'article 5.

Il n'est fait exception que pour les biens grevés d'une affectation charitable ou de toute autre affectation étrangère à l'exercice du culte ; l'article 7 décide qu'ils seront attribués à des services ou établissements publics ou d'utilité publique, dont la destination est conforme à celle desdits biens.

Le décret du 16 mars 1906, portant règlement d'administration publique en exécution de l'article 43, a précisé les conditions de fond et de forme dans lesquelles les représentants légaux des établissements ecclésiastiques devront effectuer les attributions de biens prévues par les articles 4 et 7.

L'article 5 dudit décret contient, dans son premier paragraphe, au sujet de l'ordre à observer dans ces attributions, la prescription suivante : « L'attribution soit à un service public, national, départemental ou communal, soit à un établissement public ou d'utilité publique, de biens d'un établissement ecclésiastique, par application de l'article 7 de la loi susvisée (loi du 9 décembre 1905), doit être faite avant que tous les biens destinés aux associations cultuelles leur aient été attribués. »

On a donné de ce paragraphe une interprétation contre laquelle je crois devoir vous mettre en garde.

On a prétendu qu'il avait pour objet d'empêcher les établissements ecclésiastiques d'opérer aucune attribution de biens au profit d'associations cultuelles tant qu'ils n'auraient pas procédé, conformément à l'article 7 de la loi du 9 décembre 1905, à l'attribution de leurs biens grevés d'une affectation étrangère à l'exercice du culte.

Cette allégation est aussi contraire à l'esprit qu'à la lettre du texte ci-dessus rapporté.

Il résulte simplement du premier paragraphe de l'article 5 du décret du 16 mars 1906 que, quand un établissement n'aura pas effectué l'attribution de ses biens, grevés d'une affectation non cultuelle, avant celle de ses autres biens, il ne pourra plus la réaliser après.

Cette prescription n'a d'ailleurs rien d'arbitraire ; elle n'est que la conséquence logique et nécessaire de la disposition de l'article 3 de la loi du 9 décembre 1905, d'après laquelle les établissements publics du culte, supprimés en principe par l'article 2, ne continuent provisoirement de fonctionner que jusqu'à l'attribution de leurs biens aux associations cultuelles. Dès que les attributions prévues par l'article 4 ont été réalisées, ils sont définitivement supprimés et, par suite, ils ne peuvent plus accomplir aucun acte.

Dans ces conditions, rien ne s'oppose à ce que les établissements ecclésiastiques procèdent en faveur d'associations cultuelles aux attributions prévues par l'article 4 sans avoir préalablement opéré celles dont il est question à l'article 7 ; mais alors ces établissements se priveront de la faculté de réaliser ces dernières et il y sera pourvu par décret, conformément au premier paragraphe de l'article 8.

Au surplus, quand les établissements ecclésiastiques entendent user du pouvoir qui leur est conféré par l'article 7, ils ne sont pas contraints de transmettre ceux de leurs biens, auxquels s'applique cet article, à un service public national, départemental ou communal, représenté par l'Etat, le département ou la commune, ni même à un établissement public. S'ils ne veulent pas s'adresser aux organes de l'administration publique, ils ont le droit de faire porter leur choix sur une *œuvre* ou une *institution privée reconnue comme établissement d'utilité publique*.

Ils jouissent donc de la plus grande latitude pour l'attribution de leurs biens grevés d'affectations étrangères à l'exercice du culte.

COMMENTAIRE

CHAPITRE PREMIER

Origines historiques de la séparation. — Les précurseurs

§ 1er. — *Culte catholique*

1. On peut dire sans paradoxe que la séparation des Eglises et de l'Etat trouve sa cause originelle dans les conditions mêmes qui ont présidé à la signature du Concordat de 1801.

Bonaparte a fait le Concordat hors et contre la volonté nationale. Il avait pour adversaires le parti révolutionnaire qui considérait le rétablissement du catholicisme comme la contre-révolution tout entière, le clergé constitutionnel qui se sentait fortement menacé, le parti royaliste qui, par la pacification religieuse, perdait un puissant élément d'agitation, enfin, tous les esprits libéraux qui ne pouvaient admettre qu'après le régime de séparation inauguré par le décret du 3 ventôse an III, la religion catholique redevînt une sorte de religion d'Etat.

« C'est Bonaparte qui a pris l'initiative du Concordat, dit le cardinal Mathieu, c'est lui qui l'a voulu personnellement et absolument, qui l'a fait accepter par le pape, qui l'a imposé à ses ministres, aux grands corps de l'Etat, à ses compagnons d'armes qui n'en voulaient point, avec un courage et une persévérance qu'il faut reconnaître. Bonaparte est le seul qui désire la réunion avec Rome ; Consalvi et Spina le disent en vingt endroits, et leur témoignage est confirmé par tous les contemporains.... La plante a poussé sur le sol le plus ingrat, en dépit d'une atmosphère qui devait la tuer en germe [1].... »

« A l'époque de l'avènement de Bonaparte, écrit Mme de Staël [2], les partisans les plus sincères du catholicisme, après avoir été aussi longtemps victimes de l'inquisition politique, n'aspiraient qu'à une parfaite liberté religieuse. Le vœu général de la nation se bornait à ce que toute persécution cessât désormais contre les prêtres et qu'on n'exigeât plus d'eux aucune espèce de serment ; enfin que l'autorité ne se mêlât en rien des opinions religieuses de personne. Ainsi donc, le gouvernement consulaire eût contenté l'opinion en France en maintenant la tolérance telle qu'elle existe en Amérique. »

Et Napoléon à Sainte-Hélène nous révèle lui-même le but qu'il poursuivait : « Avec le catholicisme j'arrivais bien plus sûrement à tous mes grands résultats. Au dehors, le catholicisme me conservait le pape, et avec mon influence et mes forces en Italie, je ne désespérais pas, tôt ou tard, par un moyen ou par un autre, de finir par avoir à moi la direction de ce pape, et, dès lors, quelle influence, quel levier d'opinion sur le reste du monde !.... J'aurais dirigé le monde religieux ainsi que le monde politique. J'eusse eu mes sessions religieuses ainsi que mes sessions législatives. Mes conciles eussent été la représentation de la chrétienté. J'eusse ouvert et clos ces assemblées, approuvé et publié leurs décisions comme l'avaient fait Constantin et Charlemagne [1]. »

En un mot, le Concordat naquit de préoccupations strictement politiques. Bonaparte voulait mettre la main sur l'Eglise comme sur le reste du monde. Pas un instant il ne songea à travailler à la grandeur de la religion catholique qui ne l'intéressait que comme un moyen de dominer [2], ni même à reconnaître au clergé des droits acquis ou des avantages légitimement dus à titre de réparation.

2. Dès le lendemain de la victoire de Marengo, le Premier Consul voulut entrer en négociations avec le pape Pie VII. Celui-ci se montrait exigeant. Les pourparlers confiés aux cardinaux Spina et Consalvi, du côté du Saint-Siège, à Bernier, Portalis et Talleyrand, puis à Joseph Bonaparte et à Crétet, du côté de la France, furent longs et pénibles. Pour qu'ils aboutissent, il ne fallut rien moins que l'écrasement de l'Autriche, le traité de Lunéville et l'occupation par les armées françaises de tous les territoires de l'Eglise. Enfin, le Concordat était signé à Paris le 26 messidor an IX (15 juillet 1801), ratifié le 26 fructidor (10 septembre 1801) et publié comme loi d'Etat le 18 germinal an X (8 avril 1802) [3].

« Tel qu'il fut conclu, le Concordat comportait des avantages politiques pour les parties qui contractaient alors, mais avantages chèrement achetés, de part et d'autre, par des compromissions qui devaient entraîner les suites les plus graves et de perpétuels conflits [4]. » Napoléon, déçu dans ses projets

---

(1) Cardinal Mathieu : *Le Concordat de 1801*, cité dans le rapport de M. Maxime Lecomte au Sénat.

(2) Citée dans le discours de M. Barthou à la Chambre, séance du 28 mars 1905.

(1) *Eod. loco.*

(2) « Avec mes préfets, mes gendarmes et mes prêtres, je ferai ce que je voudrai, » dit Napoléon en plein Conseil d'Etat.

(3) Nous donnons *supra* le texte du Concordat de 1801 qui ne se trouve dans aucun recueil de lois usuelles.

(4) Rapport de M. Maxime Lecomte.

de mainmise sur la papauté, ne devait pas tarder à s'apercevoir « qu'en voulant reconstituer l'Eglise de France au profit exclusif de son despotisme, il avait fait la force des évêques et non celle de son gouvernement [1]. » Lui-même a jugé son œuvre dans le propos célèbre qu'il tint à l'abbé de Pradt au lendemain de la dissolution du concile de 1811 : « Je marchais vers un abîme sans m'en apercevoir.... On ne récolte que ce que l'on a semé ; le Concordat est la plus grande faute de ma vie [2] ! »

3. Le premier conflit prit immédiatement naissance à l'occasion de la loi du 18 germinal an X qui, en publiant le Concordat, y joignait, sous le nom d'articles organiques, soixante-dix-sept dispositions réglant l'application des principes qu'il posait. Ces articles organiques, rédigés en exécution de l'article 1er *in fine* du Concordat, qui permet au gouvernement « d'établir des règlements de police pour la tranquillité publique, » avaient seuls permis de faire accepter le Concordat par les grands corps de l'État. Mais la papauté se refusa obstinément à les admettre, leur reprochant d'avoir été faits en dehors d'elle, de méconnaître ses droits, et de violer les canons de l'Eglise et le Concordat lui-même. Sa résistance se traduisit par le refus de donner aux évêques nommés l'institution canonique. La querelle, dans ses détails, a perdu tout intérêt, puisque Concordat et articles organiques sont maintenant anéantis ; qu'il nous suffise de la constater pour montrer combien le Concordat fut un déplorable instrument de pacification.

4. Les démêlés entre Napoléon Ier et Pie VII, à peine suspendus lors du couronnement, durèrent tout le temps de l'empire. Ils eurent pour épisodes l'occupation des Etats du pape, l'excommunication de l'empereur, l'enlèvement de Pie VII et son transfèrement à Savone, puis à Fontainebleau. Vainement Napoléon reconnut-il le bien fondé de certaines critiques adressées aux articles organiques ; vainement certaines de leurs dispositions furent-elles atténuées par le décret du 28 février 1810. Le pape ne voulut rien entendre et l'empereur ne trouva plus d'autre moyen de vaincre sa résistance que de convoquer, à l'exemple de Charles VII et de Louis XIV, un concile national qui, lui non plus, ne réussit pas à mettre fin au conflit (9 juin et 5 août 1811).

Après le désastre de Russie, l'empereur espéra trouver une chance de salut en se réconciliant avec le Saint-Siège. Il se rendit lui-même auprès du pape qu'il gardait toujours prisonnier à Fontainebleau et, « par la force de sa conversation privée, » il lui arracha le Concordat du 25 janvier 1813, acceptant l'obligation de donner aux évêques nouvellement nommés l'institution canonique dans le délai de six mois, sans qu'aucune réserve soit admise touchant le pouvoir temporel que le Souverain Pontife avait hautement revendiqué jusque-là.

Mais, le 23 mars suivant, le pape envoyait par lettre à l'empereur sa rétractation : « C'est en présence de Dieu.... que nous déclarons, dans toute la sincérité apostolique, que notre conscience s'oppose invinciblement à l'exécution des divers articles contenus dans l'écrit du 25 janvier. » La crise reprenait à l'état aigu et la situation eût été sans issue, si les Alliés, en abattant l'empire, n'avaient, du même coup, rendu au chef de l'Eglise sa liberté et tout son prestige.

5. La Restauration amena le triomphe de l'Eglise catholique romaine et du clergé ultramontain.

« Les Bourbons reviennent ; ils reparaissent au milieu d'un peuple nouveau, entourés des solennelles antiquailles de l'ancien régime, de prélats anticoncordataires, pleins des idées serviles d'autrefois, ennemis de tout ce que n'avait pas vu leur jeunesse, fiers de n'avoir rien appris durant quarante ans, de vieux abbés, dont l'ambition moisie dans l'exil infecte les antichambres du château, de valets aux genoux d'autres valets. Tout cela se remuait et fourmillait à la cour des fils de Louis XIV, comme des vers dans un cadavre [1]. »

La charte de 1814, tout en reconnaissant le principe de la liberté des cultes, déclare la religion catholique *religion d'Etat*. Louis XVIII, nettement opposé à la convention de l'an IX et aux articles organiques, signe, le 11 juin 1817, un nouveau Concordat qu'il ne réussit pas à faire accepter par l'opinion publique, tellement il favorise l'Eglise. Cet échec ne décourage pas l'ultramontanisme ; des dispositions particulières viennent donner au clergé tous les avantages qu'on n'avait pu lui concéder par une loi générale [2].

6. La révolution de juillet eut des causes à la fois politiques et religieuses. Elle s'attaqua à cette « alliance du trône et de l'autel » qui avait été l'œuvre principale de la Restau-

---

(1) Exposé des motifs d'une proposition de loi sur la réforme du Concordat, présentée par M. Corentin Guyho, le 19 novembre 1882.
(2) De Pradt : *Les quatre Concordats.*

(1) Lamennais, *Affaires de Rome*, p. 264.
(2) Ordonnance du 20 mai 1818, loi du 20 août 1818, ordonnance du 21 novembre 1827, fondant des bourses dans les séminaires et élevant les traitements des chanoines, curés, desservants et vicaires ; — loi du 2 janvier 1817 sur les fondations. — loi du 4 juillet 1821 et ordonnance du 31 octobre 1822, créant dix-huit nouveaux sièges épiscopaux.

ration. La royauté s'abîmant parut devoir entraîner la religion avec elle. Tout au moins, l'avenir du catholicisme français sembla t-il fortement compromis. C'est alors que, pour rendre à l'Eglise la liberté nécessaire à l'accomplissement de ses destinées, un grand mouvement d'opinion se fit dans le sens de la rupture du lien concordataire. Ce mouvement fut dirigé par Lamennais, Montalembert, Lacordaire, tous ultramontains déterminés, et eut pour origine le journal *l'Avenir*, dont le premier numéro parut le 17 octobre 1830. Son programme, indiqué dans le prospectus annonçant sa publication, était bien net : « Le redressement de tout acte contre la liberté ; — le soutien des établissements d'instruction ; — la défense du droit de réunion, de la liberté de la presse et de l'enseignement ; — enfin la séparation de l'Eglise et de l'Etat. »

« Il existe deux libéralismes, dit le premier numéro de *l'Avenir*. Héritier des doctrines destructives de la philosophie du XVIIIᵉ siècle et en particulier de sa haine contre le christianisme, le libéralisme ancien ne respire qu'intolérance et oppression. Le jeune libéralisme, qui grandit et qui finira par étouffer l'autre, se borne, en ce qui concerne la religion, à réclamer la séparation de l'Eglise et de l'Etat, séparation nécessaire pour la liberté de l'Eglise et que tous les catholiques éclairés réclament également ... La religion n'a besoin que de liberté. Sa force est dans la conscience des peuples et non dans l'appui des gouvernements. Elle ne redoute de la part de ceux-ci que leur dangereuse protection, car le bras qui s'étend pour la défendre s'efforce, presque toujours, de l'asservir.... »

La charte de 1830 enlève à la religion catholique la qualité de religion d'Etat, et, revenant au Concordat de 1801, n'en fait plus que la religion « professée par la majorité des Français. » Lamennais s'en réjouit : « Il n'y a plus de religion d'Etat ; la nouvelle charte a décidément affranchi tous les cultes ; la même liberté leur est indistinctement garantie. A quel titre donc le gouvernement viendrait-il se mêler du catholicisme, commander ses prières, imposer des serments, instituer des évêques ou des curés, renouer, en un mot, tous les liens qui unissaient le clergé à l'administration, ou plutôt le lui soumettaient, mettant, pour le malheur de tous, la religion dans la politique et la politique dans la religion? »

Seule, la séparation est compatible avec la dignité et la morale chrétienne : « ils exigent de vous des prières dont votre conscience n'est pas juge et ils les exigent en n'invoquant qu'une raison : c'est que vous êtes payés ; ils n'ont pas besoin d'être justes : vous êtes payés. Ils n'ont point de compte à vous rendre : vous êtes payés.... Catholiques, voilà ce que

vous coûtent les millions de l'Etat : la liberté de conscience [1]. »

La campagne séparatiste de *l'Avenir* dura un an. Un grand nombre de catholiques l'encouragèrent et l'abbé Doney, vicaire de Besançon, écrivit à Lamennais « qu'il exprime les vrais sentiments du clergé, tout au moins des humbles curés qui aspirent à n'avoir que Dieu pour patrimoine. » Mais le haut clergé, effrayé à la pensée de perdre les avantages pécuniaires qu'il tirait du Concordat, se montra nettement hostile. Lamennais ambitionna l'approbation de Rome et déclara, par avance, s'en remettre à son jugement. Ce fut sa perte. Le Saint-Siège ne pouvait considérer de semblables appels à la liberté et à la démocratie que comme un encouragement à la révolution. La doctrine de *l'Avenir* fut sévèrement condamnée dans la célèbre encyclique *Mirari vos*, du 15 août 1832, qui proteste contre les principes de 1789, cependant acceptés par le Concordat, et déclare toute idée de séparation attentatoire à la puissance spirituelle de l'Eglise.

7. Les premiers actes de la monarchie de juillet eurent pour but de ramener la législation ecclésiastique aux limites concordataires. Mais le gouvernement de Louis-Philippe ne tarda pas à s'inféoder, lui aussi, au clergé, qui bientôt reconquit tout son pouvoir. « Grâce au nombre considérable des sociétés religieuses militantes, les associations s'emparaient de tout le territoire français. Les couvents et les fabriques ouvraient leurs caisses aux dons et aux legs ; la « mainmorte » devenait formidable. Les congrégations non autorisées violaient la loi, sûres de l'impunité, et essaimaient leurs établissements en tous les départements, en toutes les régions [2]. »

La lutte contre les institutions laïques eut surtout pour objectif l'Université, mais, grâce à l'énergique résistance de la Chambre des députés, sous la conduite de Thiers, les ministres Villemain et de Salvandy ne purent réussir à faire amender dans un sens clérical la loi du 28 juin 1833, par laquelle Guizot avait organisé l'enseignement secondaire.

8. En 1848, un comité des cultes nommé par l'Assemblée constituante eut à examiner diverses propositions tendant à modifier le Concordat. Aucune n'aboutit, les ecclésiastiques du Comité ayant fait ressortir que le législateur français ne pouvait, sans le consentement et les lumières du pape, s'autoriser à refondre les lois concordataires. L'Eglise catholique, ne désirant que le maintien du *statu quo*, soutint ouvertement la candidature de Louis-Napoléon à la présidence. Elle

[1] *L'Avenir*, octobre 1831.
[2] Rapport Briand.

en reçut sa récompense par la loi Falloux (15 mars 1850) qui lui livrait l'enseignement.

9. Au début du régime impérial, l'ultramontanisme est encore très puissant. Réguliers et séculiers s'ingèrent partout, dans les écoles, dans les hôpitaux, jusque dans les administrations et les familles. Ils sont les fidèles serviteurs de Rome dont nos troupes défendent, en Italie, le pouvoir temporel. De sa propre autorité, sans consulter aucun concile œcuménique et sans que l'épiscopat fasse entendre la moindre protestation, Pie IX proclame le dogme de l'Immaculée Conception de la Vierge, le 8 décembre 1854.

Mais les événements d'Italie amènent un changement dans la politique impériale. Napoléon se rapproche de Victor-Emmanuel ; il écrit lui-même à Pie IX de renoncer à ses légations qui, par la force des choses, se détachent de lui. Aussitôt le clergé français, obéissant à l'encyclique qui déclare qu'en vouloir au pouvoir temporel du pape équivaut à haïr son autorité spirituelle, se révolte contre l'Empire « fauteur de désordres », traître à ses engagements. En vain Napoléon proteste de son dévouement au Saint-Siège et lui promet l'intégrité de Rome et de ses possessions non encore confisquées. L'armée pontificale est vaincue à Castelfidardo et la France laisse Cavour réaliser son rêve : l'unité italienne.

« L'Eglise blessée au cœur gémit et se révolta. Les mandements épiscopaux prirent la couleur d'appels à la guerre civile ; ils suscitèrent parmi les croyants la plus vive émotion. Et bientôt toute la bourgeoisie conservatrice et même libérale manifesta à l'égard de l'empereur une indignation telle que celui-ci, en matière de réponse, tempéra son absolutisme gouvernemental. Le Sénat et le Corps législatif furent autorisés à juger la politique impériale, et le prince Napoléon eut toute liberté de combattre à la tribune la puissance temporelle de la papauté. On vit alors les partisans cléricaux de Napoléon, passés dans le camp de l'opposition, exhaler leurs lamentations en face de leurs espoirs ruinés.

« Napoléon, aigri par cette agitation, n'aurait pas répugné à se rapprocher de Rome ; mais Pie IX repoussait toutes les ouvertures de transactions comme injurieuses pour sa dignité. D'ailleurs, il n'était pas sans agir ; deux cent quatre-vingts ecclésiastiques venaient, par son ordre, d'affirmer l'inviolabilité des domaines pontificaux et de jurer fidélité à une théocratie absolue, négation radicale de tous les principes du droit moderne (1). »

10. Le 8 décembre 1864, Pie IX, décidé à se séparer avec éclat de la société civile qui

(1) Rapport Briand.

refusait de se soumettre à sa toute-puissance temporelle et spirituelle, publia l'encyclique *Quanta cura* suivie du *Syllabus*, ou liste de quatre-vingt-quatre propositions qualifiées : « Erreurs principales de notre temps », que Rome tiendra désormais pour hérétiques.

Le *Syllabus* condamne des propositions telles que celles-ci :

« Art. 34. — L'Etat, étant par soi-même « la source et le principe de tous les droits, « jouit d'un droit qui ne reconnaît aucune li- « mite. »

« Art. 19. — L'Eglise n'est pas la vraie « et parfaite société pleinement libre ; elle ne « possède point de droits propres et cons- « tants, à elle conférés par son divin fonda- « teur. »

C'est la négation du principe de la souveraineté nationale proclamé par l'article 3 de la Déclaration des droits de l'homme. De même, le *Syllabus* et l'Encyclique réprouvent la liberté de conscience, la liberté de discussion, la neutralité scolaire, le suffrage universel et tous les autres principes fondamentaux de notre droit public moderne.

Ils condamnent également le Concordat, puisque le *Syllabus* voue à l'anathème des propositions comme celles-ci :

« Art. 19. — Il appartient au pouvoir ci- « vil de déterminer quels sont les droits de « l'Eglise et dans quelles limites elle peut les « exercer. »

« Art. 20. — Le pouvoir ecclésiastique « ne doit point exercer son autorité sans la « permission et l'assentiment du gouverne- « ment civil. »

Tous les moyens de sanction donnés au gouvernement pour les articles organiques lui sont donc formellement déniés.

Enfin la séparation de l'Eglise et de l'Etat est condamnée par la cinquante-cinquième proposition du *Syllabus*.

11. Le gouvernement impérial chercha vainement à entraver la propagation du *Syllabus* et de l'encyclique ; des évêques lancèrent par toute la France des mandements destinés à les faire connaître aux fidèles. Pie IX lui-même en exalte l'esprit, au mois de juin 1867, devant quatre cent cinquante prélats. Puis, sentant le clergé entièrement soumis à sa domination absolue, il se décide à convoquer, pour le 8 décembre 1869, un concile œcuménique dont la mission sera de déterminer ce qu'il convient de faire « en ces « temps si calamiteux » pour « proscrire les « sectes impies » et « redresser les erreurs « qui bouleversent la société civile. »

Contrairement à tous les précédents, les « princes laïques » ne furent pas invités à prendre part aux travaux du concile, et Emile Ollivier lui-même, apprenant cette omission significative, déclara : « Je ne connais pas de plus grand événement politique depuis 1789. C'est la séparation des Eglises et de l'Etat opérée par le pape lui-même. »

Le 21 janvier 1870, Pie IX fait distribuer aux Pères du concile le schéma *De Ecclesia* résumant les principes qui doivent régir la constitution de l'Eglise, « corps mystique » parfait, surnaturel, indivisible dans son unité, infaillible dans ses enseignements. L'Etat a pour devoir primordial de la protéger, mais ses lois obligent alors même qu'elles n'ont pas été sanctionnées par le pouvoir civil, et celui-ci n'a aucun droit de décréter en matière de religion. L'Eglise, au contraire, est infaillible, non seulement lorsqu'elle se prononce sur les choses contenues dans la révélation, mais encore lorsqu'elle décide « sur toutes les vé-« rités nécessaires à la conservation intégrale « du dépôt de la révélation. »

Le concile devait aller plus loin encore et, le 18 juillet 1870, il adoptait la constitution instituant le dogme de l'infaillibilité pontificale (1).

« Le pape désormais ne consultera plus l'épiscopat avant de formuler ses définitions qui sont définitives, irréformables, obligatoires, grâce uniquement à « l'assistance divine » ; le pape demeure le seul maître. Contre lui les « princes laïques » ne sauraient opposer leurs théories, leur politique ; vainement ils prétendraient l'influencer, le circonvenir, l'amener à composition ; l'ère des pactes est définitivement close (2). »

En un mot, le pape se met en dehors et au-dessus de la société humaine ; celle-ci ne peut plus contracter avec lui.

Les évêques qui, au concile, avaient constitué la minorité, se soumirent. Le gouvernement français, préoccupé des événements qui allaient amener l'Année Terrible, ne mit aucun obstacle à la publication de la constitution.

12. La proclamation de la république n'affaiblit en rien l'autorité de l'Eglise. En 1873, elle est maîtresse de l'Assemblée nationale qui lui manifeste son attachement par diverses mesures législatives (3). Le 24 mai con-

sacre le règne du clergé. La constitution de 1875, muette sur la question religieuse, laisse subsister le régime concordataire.

Mais, depuis cette époque, des mesures ont été prises par tous les ministères républicains qui se sont succédé, pour assurer la défense de la société laïque contre l'ingérence religieuse, obliger le prêtre à demeurer dans son église et à ne jamais oublier la parole de Jésus-Christ que Bossuet rappelait au pape Innocent XI dans la célèbre déclaration de 1682 (1) : « Mon royaume n'est pas de ce monde. »

Nous ne retracerons pas les diverses phases de cette œuvre de laïcisation intégrale, à laquelle demeurent attachés les noms de Gambetta, de Jules Ferry, de Paul Bert, de Goblet, de Waldeck-Rousseau et de Combes. Les productions législatives qui en ont marqué les étapes sont présentes à tous les esprits : lois sur l'enseignement, sur le recrutement de l'armée, sur les associations. Montrons seulement combien cette tâche s'imposait à notre indépendance nationale en rappelant ces paroles de Gambetta à la Chambre : « Il faut savoir que depuis 1870, depuis qu'on a proclamé le dogme qui a fait du pape le docteur infaillible des vérités de l'Eglise, le clergé et l'épiscopat français ne comptent plus d'opposants, ne comptent plus de résistants, et, quand Rome a parlé, tous sans exception, les prêtres, les curés, les évêques, tout le monde obéit. L'esprit clérical, avec l'habileté et la souplesse qui le caractérisent, a commencé, au début, par être fort modeste en ses prétentions ; il s'est contenté de demander une humble place au soleil ; puis, quand cette place a été obtenue, il n'a cessé de ridiculiser, de couvrir de ses sarcasmes la Déclaration de 1682, c'est-à-dire les anciens principes de l'Eglise de France. » Telle était la situation en 1877 ; un quart de siècle s'est écoulé, le tableau reste encore aussi vrai.

13. Ce bref exposé de l'histoire moderne répond à ceux qui, gémissant sur « les malheurs des temps » (2), considèrent la loi du 9 dé-

---

(1) Le « magistère infaillible » du Souverain Pontife est ainsi défini :

« Le Pontife romain, lorsqu'il parle *ex cathedra*, « c'est-à-dire lorsque, remplissant la charge de pasteur « et de docteur de tous les chrétiens, en vertu de sa « suprême autorité apostolique, il définit qu'une doc-« trine sur la foi ou sur les mœurs doit être crue par « l'Eglise universelle, juge pleinement, par l'assistance « divine qui lui a été promise dans la personne du « bienheureux Pierre, de cette infaillibilité dont le « divin Rédempteur a voulu que son Eglise fût pour-« vue en définissant la doctrine touchant la foi et les « mœurs ; et, par conséquent, de telles définitions sont « irréformables d'elles-mêmes et non en vertu du con-« sentement de l'Eglise. »

(2) Rapport Briand.

(3) Loi du 20 mai 1874 sur l'organisation du service

religieux dans l'armée de terre ; — loi du 12 juillet 1875 sur l'enseignement supérieur, permettant à l'épiscopat de fonder les Universités catholiques, etc.

(1) La déclaration de 1682, œuvre de Bossuet sanctionnée par l'Assemblée générale du clergé de France, proclame les libertés de l'Eglise gallicane : indépendance du pouvoir civil au temporel ; — soumission du pape aux décisions du concile œcuménique ; — respect par le Saint-Siège des canons, constitutions et coutumes de l'Eglise gallicane ; — décisions du pape dans les questions de foi toujours réformables jusqu'à ce que le consentement des Eglises soit intervenu. Cette déclaration, contre-pied du dogme de l'infaillibilité, est toujours en vigueur, au moins théoriquement : l'article 24 des organiques en prescrivait l'enseignement dans les séminaires.

(2) Formule employée par les évêques français dans leurs lettres sécularisant des congréganistes, à la suite de la loi du 1er juillet 1901.

cembre 1905 comme une mesure de persécution contre l'Eglise, aussi imprévue qu'injuste et imméritée. Loin d'être le produit d'événements récents dont la contingence n'aurait soulevé qu'une émotion passagère, si l'on n'avait dû y voir les symptômes graves d'une situation de plus en plus intenable, la séparation procède de causes profondes et lointaines qui devaient l'amener tôt ou tard. De ces causes, la plus grave réside dans l'irrémédiable opposition d'intérêts et de doctrines qui, depuis 1789, existe entre l'Etat laïque et Rome, dont le clergé français admet et soutient aujourd'hui toutes les revendications. Il appartient à la conscience individuelle de dire qui a raison, de la démocratie, à évolution sans cesse progressive, ou de l'Eglise romaine, intangible et immuable ; il nous suffit de constater qu'elles ne peuvent s'entendre, car elles ne parlent plus la même langue (1).

§ 2. — *Culte protestant*

14. L'organisation des Eglises protestantes diffère essentiellement de celle de l'Eglise catholique. Tandis que l'Eglise catholique a une institution monarchique, qu'un seul chef y commande, le pape, maître absolu en matière religieuse, qui ne tient ses pouvoirs que de Dieu, et les délègue au clergé, les Eglises protestantes françaises ont une constitution démocratique et parlementaire. C'est le peuple qui choisit ses représentants et qui, par eux, nomme son clergé. La prédominance ou l'égalité de l'élément laïque est assurée dans tous les corps directeurs et dans toutes les assemblées délibérantes.

Ce principe de l'élection populaire, insuffisamment respecté par les articles organiques du 18 germinal an X, relatifs aux cultes protestants (Eglise de la confession d'Augsbourg ou luthérienne, Église réformée ou calviniste), a été mieux appliqué par le décret-loi du 26 mars 1852, et par le décret du 12 avril 1880. Un régime de liberté ne peut qu'être favorable à son plein développement.

15. Au point de vue spécial qui nous occupe, deux faits sont à noter :

1° Le protestantisme est, en très grande majorité, partisan de la séparation

Dès 1829, le pasteur Samuel Vincent écrivait, dans ses *Vues sur le protestantisme* : « Je suis fortement convaincu que la séparation finale de l'Eglise et de l'Etat doit se réaliser un jour.... Le changement sera sensible, sans doute, et beaucoup d'intérêts privés pour-

---

(1) Au début de sa lettre encyclique condamnant la loi de séparation, Pie X énumère « les coups si nombreux et si redoutables tour à tour portés par l'autorité publique à la religion. » On ne pouvait mieux faire ressortir l'irréductible antinomie qui sépare l'Eglise catholique de la société laïque.

---

ront en être lésés, mais le protestantisme n'a rien à craindre. La liberté sera pour lui la force et la vie, et c'est à ce prix peut-être qu'il peut voir s'accomplir les destinées que l'avenir lui prépare. »

Mais le théoricien protestant de la séparation des Eglises et de l'Etat fut le grand penseur Alexandre Vinet, dont les idées libérales exercèrent sur les Eglises réformées de langue française une influence profonde et qui subsiste encore. « Aucune religion, écrit-il, n'est digne du nom de religion si elle ne dit : « Mon « règne n'est pas de ce monde. » Aucune religion n'est une religion si elle se propose l'alliance du pouvoir civil comme moyen ou comme but. » Edmond de Pressensé qui, au cours de sa carrière politique, défendit avec tant d'autorité le principe de la séparation, était un disciple de Vinet.

Au synode national réuni à Paris en 1872, la question de la séparation fut posée par quatre propositions de vœux tous favorables au principe, et l'assemblée, après avoir entendu un rapport concluant dans le même sens, adopta un ordre du jour ainsi conçu : « Le « Synode général, reconnaissant que le prin- « cipe de l'indépendance réciproque des « Eglises et de l'Etat doit être inscrit dans le « droit des nations modernes ; convaincu « d'ailleurs que l'Eglise réformée de France « est disposée à accepter avec confiance, en « ce qui la concerne, la séparation d'avec « l'Etat, quand les pouvoirs publics la juge- « ront nécessaire pour tous les cultes ; — croit « bon d'inviter l'Eglise à s'y préparer. »

Enfin, le 11 mai 1905, à la veille même du vote de la loi nouvelle, M. Raoul Allier prononçait les paroles suivantes devant le Synode général officieux des Eglises réformées de France réuni à Reims : « Allons vers les multitudes, franchement, courageusement, et disons-leur : « Vous voulez la séparation des Eglises et de l'Etat parce que vous avez pris en horreur la théorie de la religion considérée comme un service public ? Soit, mais nous l'acceptons, cette séparation ! Elle vous est une façon de manifester contre les oppressions d'autrefois ? Soit, elle vous fournira l'occasion de regarder à l'œuvre des Eglises qui ne maudissent pas la liberté, mais qui la chérissent ; — des Eglises qui ne réclament pas la liberté seulement pour elles, mais qui la revendiquent pour tout le monde, y compris ceux qui la combattent ; — des Eglises qui veulent communier avec vous dans vos rêves les plus légitimes et dans vos ambitions les plus généreuses.... Nos Eglises veulent la vie, elles veulent la liberté, elles veulent la conquête ! »

2° Des groupes d'Eglises protestantes ou des Eglises isolées ont, depuis longtemps, réalisé la séparation. En 1849, à l'exemple de l'Eglise libre du canton de Vaud fondée par Vinet, treize Eglises réformées déjà constituées en France et dix-huit en formation se séparèrent de l'Eglise officielle, et se réunirent, sous la présidence du pasteur Frédéric Monod, pour former l'Union des Eglises évangéliques libres de France, qui adopta l'organisation presbytérienne synodale et ne reçut plus aucun subside de l'Etat. Elles sont aujourd'hui au nombre de soixante et une. De même, la Société évangélique de France, dite Société centrale, a fondé depuis 1880 un assez grand nombre d'Eglises indépendantes, officieusement rattachées à des consistoires reconnus par l'Etat, mais qu'elle entretient de ses propres ressources. Sur le littoral de la Méditerranée, on rencontre encore quelques Eglises qui ne font partie d'aucune organisation et ne dépendent que d'elles-mêmes.

Enfin, les églises baptistes, groupées en associations régionales du Nord, de l'Ouest, de l'Est et du Midi, ainsi que l'Eglise méthodiste de France, ont toujours été séparées de l'Etat et ne lui ont jamais demandé aucune reconnaissance officielle.

En résumé, le régime séparatif paraît le plus conforme à l'organisation démocratique et à l'esprit d'indépendance et de prosélytisme qui caractérise les Eglises protestantes françaises. Loin de nuire à leur prospérité, il leur donnera une vigueur nouvelle, les obligera à s'entr'aider et atténuera ainsi les conséquences de leurs discussions en matière de doctrine, inévitables avec la faculté de libre examen qui est l'essence même de la religion réformée.

§ 3. — Culte israélite

16. Jusqu'au 1er janvier 1831, les israélites ont dû subvenir eux-mêmes à tous les besoins de leur culte, qu'ils entretenaient au moyen de taxes rituelles et de contributions volontaires. Les rabbins ne recevaient, en effet, un traitement de l'Etat que depuis cette date. Comme les églises protestantes, les communautés juives ont une organisation démocratique et les ministres du culte y sont élus, eux aussi.

L'ordonnance du 25 mai 1844, charte du culte mosaïque, a institué un régime parlementaire que la séparation n'obligera nullement à changer.

La loi du 9 décembre 1905 n'aura pour effet que de faire à nouveau supporter par les juifs la totalité de leurs dépenses cultuelles.

Très attachés à leurs pratiques religieuses, nul doute qu'ils n'en reprennent la charge sans la moindre récrimination.

CHAPITRE II

Travaux préparatoires de la loi du 9 décembre 1905

17. Depuis la constitution de 1875 jusqu'à ces dernières années, un assez grand nombre de propositions ont été présentées à la Chambre des députés, dans le but soit de séparer les Eglises de l'Etat, soit de modifier leurs rapports. Nous citerons, dans l'ordre chronologique :

1° *Proposition de M. Boysset*, du 17 novembre 1881 (rapport sommaire de M. Jules Steeg, le 30 janvier 1882 ; rapport sur le fond de M. Paul Bert, le 31 mai 1883). Elle comprenait un article unique abrogeant le Concordat ainsi que les articles organiques et ajoutant qu'à partir du 1er janvier 1883, aucun ministre du culte ne serait plus rétribué par l'Etat.

2° *Proposition de M. Corentin-Guyho*, du 19 novembre 1881, portant garanties supplémentaires : 1° au profit du pouvoir civil vis-à-vis du clergé des paroisses ; 2° au profit des membres du clergé séculier vis-à-vis du pouvoir épiscopal.

3° *Proposition de M. Paul Bert*, du 7 février 1882, concernant l'exercice du culte catholique en France. Cette proposition avait pour but de soumettre le clergé catholique à l'application stricte du Concordat, en supprimant tous les avantages pécuniaires et autres qui lui avaient été accordés par la suite, et en attachant une sanction pénale à la violation de certaines dispositions concordataires.

4° *Proposition de M. Jules Roche*, du 10 février 1882, relative aux congrégations religieuses et « aux associations faites dans un but religieux. » Elle établit le régime de séparation et remet à la nation les biens meubles et immeubles des fabriques, séminaires et consistoires, qui seront vendus au profit de la caisse des écoles.

5° *Proposition de M. Bernard Lavergne*, du 14 mars 1882, modifiant plusieurs articles organiques, en vue d'y ajouter de nouvelles sanctions pénales.

L'examen de ces cinq propositions fut renvoyé à une commission de vingt-deux membres présidée par M. Paul Bert. Elle se prononça d'abord pour le maintien du Concordat et contre la séparation. Cette solution lui fut dictée par la crainte qu'une trop grande liberté laissée au clergé ne présentât de réels dangers pour la paix publique et l'avenir des institutions républicaines [1]. Mais, tout en reconnaissant que des abus étaient commis par le clergé et que le *statu quo* ne pouvait

---

[1] Rapport de M. Paul Bert.

subsister, la commission repoussa l'idée d'entamer des négociations avec le Saint-Siège, en vue de la rédaction d'un nouveau Concordat. Elle écarta la plus grande partie des modifications demandées par MM. Corentin-Guyho et Bernard Lavergne, comme contraires au système concordataire, et rédigea une proposition, rapportée en 1882 par M. Paul Bert, et destinée à garantir plus efficacement le respect des articles organiques, en même temps qu'à réduire les charges de l'Etat aux limites qui leur sont assignées par la convention de l'an X. Cette proposition n'est, d'ailleurs, jamais venue en discussion devant la Chambre.

6° *Proposition de MM. Planteau et Michelin*, du 27 décembre 1885, relative à la séparation des Eglises et de l'Etat.

7° *Proposition de M. Yves Guyot*, du 27 mai 1886, dénonçant le Concordat et abrogeant les articles organiques. Le service des cultes devient communal. Les crédits affectés au budget des cultes sont répartis entre les communes, et chacune de celles-ci subventionne les associations cultuelles, assimilées aux syndicats professionnels, lorsque la majorité de ses habitants consent à subvenir aux frais de culte.

8° *Proposition de MM. Pichon, Clémenceau et Camille Pelletan*, du 12 décembre 1891, sur la séparation des Eglises et de l'Etat.

9° *Proposition de M. Paul Lafargue* tendant à la séparation des Eglises et de l'Etat, du 17 décembre 1891. — Le dépôt de ces deux dernières propositions fut motivé par l'émotion que souleva dans le pays et au Parlement la réponse de l'évêque Goulhe-Soulard à la circulaire ministérielle demandant la suppression de pèlerinages à Rome dans lesquels on avait acclamé le « pape-roi. » Mgr Goulhe-Soulard ayant été condamné par la cour d'appel de Paris, plusieurs évêques protestèrent. Le gouvernement fut interpellé ; M. René Goblet au Sénat et M. Pichon à la Chambre soutinrent la thèse de la séparation.

10° *Proposition de résolution déposée par M. Michelin*, le 6 mars 1897, ayant pour objet d'inviter le gouvernement à présenter à la Chambre des députés un projet de loi sur la liberté d'association, l'abrogation du Concordat et la séparation des Eglises et de l'Etat. La commission d'initiative conclut au rejet de la prise en considération, par ce motif que la question de séparation ne pouvait être résolue avant que la Chambre ait statué sur les diverses propositions dont elle se trouvait alors saisie en vue de réglementer le droit d'association.

18. Chaque fois, en effet, que le problème se posait avec précision, la nécessité d'une loi préalable sur les associations apparaissait à l'esprit. La loi du 1er juillet 1901 fut donc l'indispensable préface de la loi du 9 décembre 1905.

Les manifestations hostiles que motiva, sur divers points du territoire, l'application de cette loi aux congrégations, manifestations auxquelles le clergé séculier prit une part active, remirent à l'ordre du jour la question des rapports de l'Etat et des Eglises. A la Chambre des députés, les propositions réclamant la séparation se renouvelèrent plus nombreuses que jamais.

1° *Proposition de M. Dejeante*. La première en date est celle de M. Dejeante, déposée le 27 juin 1902. Elle a pour objet la dénonciation du Concordat, la suppression immédiate de toutes les congrégations religieuses, la reprise par l'Etat des biens appartenant aux congrégations et aux établissements ecclésiastiques. Les capitaux et les ressources rendus disponibles par la suppression du budget des cultes serviraient à la constitution d'une caisse des retraites ouvrières.

2° *Proposition de M. Ernest Roche*, du 20 octobre 1902. Elle prononce la dénonciation du Concordat, supprime le budget des cultes et l'ambassade auprès du Vatican. Les associations formées pour l'exercice des cultes seront soumises au droit commun. Ici encore les ressources devenues disponibles seront remises, comme premier apport, à une caisse des retraites ouvrières constituée sans délai.

3° *Proposition de M. de Pressensé*. Déposée le 7 avril 1903, elle ne comprend pas moins de quatre-vingt-dix-huit articles. Elle pose nettement toutes les principales difficultés qui peuvent se présenter en la matière et leur donne une solution. Inviolabilité de la liberté de conscience, libre exercice des cultes dans les limites de l'ordre public et suivant des règles de police minutieusement fixées, dénonciation du Concordat, cessation de l'usage gratuit des immeubles affectés aux services religieux, suppression du budget des cultes et de toutes les subventions des départements et des communes, tels sont les traits caractéristiques de cette proposition.

4° *Proposition de M. Hubbard*, en date du 26 mai 1903, dénonçant le Concordat et abrogeant, dans une longue énumération, toute la législation antérieure. La République ne reconnaît et ne salarie aucun culte, sauf certaines allocations accordées, à titre transitoire, aux ecclésiastiques privés de ressources, âgés ou infirmes. La partie originale de la proposition est la création, dans chaque commune et chaque arrondissement urbain, d'un conseil communal d'éducation sociale, composé en partie de femmes et chargé d'administrer, sous le contrôle du conseil municipal, la gestion des bâtiments affectés aux cultes, ainsi que de surveiller le fonctionnement de toutes les associations d'enseignement ou de prédication morale, philosophique ou religieuse qui peuvent se former suivant le droit commun.

5° *Proposition de M. Flourens*, déposée le 9 juin 1903. Comme les précédentes, elle dénonce le Concordat, mais elle admet un régime de séparation beaucoup plus favorable aux Eglises, tant au point de vue des traitements et pensions que l'Etat continuera à servir aux ecclésiastiques, qu'au point de vue de la police des cultes et du régime auquel seront soumises les associations cultuelles.

6° *Proposition de M. Réveillaud*, présentée le 25 juin 1903. Suivant un plan très net, cette proposition garantit la liberté religieuse et n'y marque d'autres limites que celles demandées par l'intérêt public. Les associations cultuelles sont régies par la loi de 1901. Les édifices religieux ou affectés au logement des ministres des cultes, qui appartiennent actuellement à l'Etat et aux communes, sont laissés à la disposition des associations cultuelles, sous la condition de payer une redevance annuelle de 1 fr. par an destinée à assurer la pérennité du droit de propriété des concédants. Les ministres des cultes actuellement salariés par l'Etat toucheront la totalité de leur traitement, leur vie durant, s'ils ont plus de cinquante ans d'âge, la moitié s'ils ont de trente-cinq à cinquante ans, et le quart s'ils ont moins de trente-cinq ans. La police des cultes est strictement assurée et fixe, pour chaque infraction, des peines modérées.

7° *Proposition de MM. Grosjean et Berthoulat*, déposée le 29 juin 1903. Les auteurs, partisans convaincus de la séparation, admettent cependant un régime qui, sur beaucoup de points, sacrifie les intérêts de l'Etat et des communes aux intérêts des Eglises. C'est ainsi que les ministres du culte ayant dix ans de fonctions jouiraient à vie du traitement qu'ils reçoivent actuellement. Les édifices appartenant à l'Etat ou aux communes seraient mis gratuitement à la disposition des associations formées suivant la loi de 1901, et il résulte du silence de la proposition que les grosses réparations de ces édifices gratuitement concédés resteraient à la charge de l'Etat ou des communes propriétaires. — Les associations cultuelles reconnues d'utilité publique pourraient posséder sans autres limites que celles fixées par le titre II de la loi de 1902. Enfin les peines en matière de police des cultes sont des plus minimes.

8° *Proposition de M. Sénac*, du 31 janvier 1903. En maintenant provisoirement l'état actuel, cette proposition donne, à toute heure, au gouvernement le droit de briser l'action individuelle ou collective du clergé qui pourrait être contraire aux intérêts de la Répu-

blique. — L'Etat, les départements et les communes auraient la propriété de tous les édifices religieux. Ceux-ci resteraient à la disposition des cultes qui en jouissent actuellement, mais les propriétaires pourraient leur en retirer à volonté l'usage. Les ministres des cultes conserveraient, à titre de subvention, leurs traitements actuels, mais ils devraient leur être annuellement accordés. Les ministres des cultes non encore en fonctions pourraient recevoir des indemnités de l'Etat, lorsque les communes offriraient de prendre à leur charge le quart de l'allocation totale. — Les ministres auxquels l'indemnité aurait été supprimée ne pourraient plus exercer leur ministère dans un édifice public affecté au culte.

19. Le 20 octobre 1902, l'urgence demandée pour les propositions Dejeante et Ernest Roche fut repoussée, mais la Chambre adopta une motion de M. Réveillaud instituant une commission de trente-trois membres, dite *Commission relative à la séparation des Eglises et de l'Etat et à la dénonciation du Concordat*, chargée d'examiner tous les projets et propositions sur la matière. Nommée le 18 juin 1903, cette commission choisit pour président M. Ferdinand Buisson, et pour rapporteur provisoire, puis définitif, M. Aristide Briand [1]. A la majorité d'une voix, ses membres se déclarèrent favorables au principe de la séparation.

Elle semblait devoir s'acquitter de sa tâche avec une lente circonspection, lorsque les événements politiques dont on a gardé le souvenir vinrent l'obliger à hâter ses travaux. Le 19 mai 1903, M. E. Combes, répondant à une interpellation de M. Gayraud, sur « la légalité des circulaires par lesquelles était « interdite la prédication dans les églises aux « moines sécularisés, » indiquait deux solutions possibles à la situation résultant de l'insuffisance des moyens actuels de défense de la société laïque, soit la séparation des Eglises et de l'Etat, soit une revision sérieuse des textes relatifs à la police des cultes, mais il ne laissait pas entrevoir vers lequel de ces moyens penchaient les préférences du gouvernement.

Bientôt des incidents imprévus vinrent aggraver la situation et imposer au gouvernement l'obligation de prendre parti. Ce fut le conflit entre la France et le Saint-Siège au sujet du *Nobis nominavit* employé de nouveau dans les bulles d'institution canonique,

---

(1) Elle était ainsi composée : MM. Ferd. Buisson, président; Bepmale, Baudon, vice-présidents; Gabriel Deville, Albert Sarraut, secrétaires; Cazeneuve, Loup, Lefas, baron Reille, Prache, Rouanet, Catalogne, Trannoy, Rose, Audiffred, Ballande, H. Boucher, G. Grosjean, Allard, Vaillant, Krantz, Dèche, A. Briand, Trouin, Gervais, Dejeante, Colliard, Bussière, Minier, G. Berger, G. Berry, Cachet.

d'où il avait disparu depuis 1872 ; puis la protestation de Pie X contre le voyage du président de la République à Rome (28 avril 1904), qui eut pour conséquence le rappel de notre ambassadeur auprès du Vatican ; la comparution des évêques de Dijon et de Laval devant le Saint-Office, malgré la défense formelle qui leur en avait été faite par le ministre des cultes ; enfin le refus systématique opposé par la papauté à l'institution de nouveaux titulaires aux huit sièges épiscopaux devenus vacants.

20. Devant ces faits, la commission comprit qu'il n'y avait plus de temps à perdre et qu'une solution très prochaine s'imposait. Prenant comme base de discussion un avant-projet présenté par M. Aristide Briand, elle rédigea une proposition de loi dont les derniers articles furent adoptés le 6 juillet 1904. C'est cette proposition qu'on a pris l'habitude de désigner sous le nom de « projet de la commission » ou « projet Briand [1] ».

Le 4 septembre 1904, dans un discours prononcé à Auxerre, M. Combes, président du conseil, se prononçait nettement en faveur d'une rupture immédiate du lien concordataire. Le 29 octobre suivant, il communiquait à la commission de séparation un contre-projet qu'en réponse à une interpellation de M. Rabier, il déposait, le 10 novembre, sur le bureau de la Chambre, comme un projet de loi émanant régulièrement de l'initiative gouvernementale (Annexes, Chambre, n° 2043). Sur beaucoup de points, ce projet était en désaccord avec celui de la commission et celle-ci ne consentit à en discuter les articles qu'après la promesse faite par le gouvernement de se prêter à toutes les transactions qui seraient jugées nécessaires. M. Briand fut chargé des négociations ; l'entente s'établit facilement et il ne restait plus qu'à se mettre d'accord sur la question des pensions ecclésiastiques, lorsque le ministère Combes quitta le pouvoir.

L'un des premiers actes du ministère Rouvier fut de saisir la Chambre d'un nouveau projet qu'il déposa le 9 février 1905 (Annexes, Chambre, n° 2243), et dont la plupart des dispositions essentielles rappelaient le projet Briand [2].

A la séance du 10 février 1905, la Chambre, sur une interpellation de M. Morlot, relative à la situation ecclésiastique, adoptait, par 343 voix contre 189, un ordre du jour constatant que l'attitude du Vatican avait rendu nécessaire la séparation des Eglises et de l'Etat et comptant sur le gouvernement pour en assurer le vote immédiatement après le budget et la loi militaire.

21. Le 4 mars, M. Briand déposait son rapport sur un texte en trente-sept articles rédigé d'accord entre le gouvernement et la commission et que cette dernière avait accepté, sous réserve faite par les membres de la minorité et plusieurs membres de la majorité, de leur droit de soutenir devant la Chambre, par le moyen d'amendements ou de contre-projets, leur opinion personnelle sur la question (Annexes, Chambre, n° 2302).

Les débats s'ouvrirent le 21 mars 1905 et, malgré plusieurs demandes d'ajournement, l'urgence fut déclarée le 8 avril suivant. La discussion générale tint huit séances, dans lesquelles de remarquables discours furent prononcés par MM. Deschanel, Gabriel Deville, Boni de Castellane, Charles Benoist, Zévaès, Groussau, Barthou, Denys Cochin, Regnier, Raiberti, Ribot, Réveillaud, Maurice Colin, Bienvenu-Martin, ministre de l'instruction publique et des cultes, et A. Briand, rapporteur. C'est dire toute l'ampleur que prit immédiatement le débat. A l'examen de contre-projets présentés par MM. Sénac, Allard, Archdéacon, Réveillaud, furent consacrées les séances des 8, 10 et 11 avril. Enfin, l'examen des articles occupa trente-huit séances, du 11 avril au 3 juillet 1905. Le texte de la commission en sortit amendé et complété sur des points importants et nombreux : des articles tout entiers, émanant de l'initiative parlementaire ou de la Commission elle-même, y furent insérés, de sorte que l'ensemble du projet, voté par 341 voix contre 233, comprit, en fin de compte, quarante-quatre articles, dont les trente-sept primitivement soumis à la Chambre.

La transmission au Sénat eut lieu le 4 juillet 1905 (Doc. parl., Sénat, n° 200). Là Commission, immédiatement nommée, prit pour président M. Vallé, et pour rapporteur M. Maxime Lecomte. Celui-ci déposa, le 30 novembre 1905, un rapport concluant à l'adoption pure et simple du texte voté par la Chambre (Doc. parl., Sénat, n° 260). Les débats, ouverts le 9 novembre 1905, se terminèrent le 6 décembre ; ils occupèrent dix-huit séances, dont sept pour la discussion générale. L'ensemble de la loi fut voté par 179 voix contre 103.

22. La loi a été promulguée le 9 décembre 1905 et un décret du même jour a nommé, sous la présidence du ministre de l'instruction publique et des cultes, une commission chargée de préparer les règlements d'administration publique prévus à l'article 43. Le

---

(1) On en trouvera le texte au rapport Briand (J. off., annexes. Chambre, n° 2302, p. 285).
(2) Nous n'indiquerons pas, quant à présent, les points sur lesquels les projets Combes et Bienvenu-Martin diffèrent du projet Briand et du texte définitivement voté par la Chambre. En commentant les articles, nous aurons fréquemment l'occasion de comparer ces rédactions successives pour préciser le sens des dispositions adoptées en fin de compte.

premier de ces règlements, relatif aux formalités de l'inventaire prescrit par l'article 3, a été publié le 29 décembre 1905. Le second, en date du 19 janvier 1906, concerne les pensions et allocations prévues par l'article 11. Enfin, le dernier règlement sur l'attribution des biens, les associations cultuelles et la police des cultes, a paru le 16 mars 1906 (voir *supra*).

CHAPITRE III

Liberté de conscience. — Liberté des cultes (art. 1er)

23. « Au moment où il pénètre dans le domaine sacré de la conscience, dit M. Briand dans son rapport, où il pose et résout un problème aussi complexe que celui de l'organisation des cultes et se prépare à régler les manifestations collectives de sentiments aussi intimes que les croyances religieuses, le législateur a pour premier devoir d'indiquer les principes qui l'ont inspiré et qu'il a voulu appliquer. »

Tel est le but de l'article 1er de la loi du 9 décembre 1905, ainsi conçu :

« La République assure la liberté de cons-
« cience. Elle garantit le libre exercice des
« cultes, sous les seules restrictions édictées
« ci après dans l'intérêt de l'ordre public. »

Cette disposition, qui reproduit textuellement l'article 1er du projet Briand, établit une distinction entre la liberté de conscience et la liberté des cultes. Il ne faut pas, en effet, confondre ces deux libertés politiques, ainsi que paraît le faire Vinet lorsqu'il dit : « La liberté de former et de suivre sa conviction s'appelle, dans son principe, liberté de conscience et, dans ses effets, liberté des cultes (1). »

24. Juridiquement, la liberté de conscience consiste dans le droit, pour chaque individu, d'adopter telle opinion religieuse qui lui plaît, ou même de n'en avoir aucune. Elle peut et doit être absolue, car les croyances personnelles, demeurant dans le for intérieur de chacun, ne portent aucune atteinte à la liberté d'autrui. Elle est violée lorsque la loi impose aux citoyens l'accomplissement de certains actes extérieurs impliquant adhésion à telle religion déterminée. C'est ainsi que la Cour suprême a décidé : 1° qu'on ne peut être contraint de tapisser le devant de sa maison sur le passage d'une procession (Cass., 26 novembre 1819, D. alph., 2, 193); 2° qu'on ne peut être obligé à se découvrir sur le passage d'une procession (Cass., 16 avril 1880, D. 80, 1, 234).

Par respect pour la liberté de conscience,

le décret du 23 octobre 1884 (art. 280 et 296), sur le service des places, a abrogé les dispositions du décret du 13 octobre 1863 relatif aux honneurs militaires à rendre aux processions et au saint Sacrement; la loi du 14 août 1884 a aboli les prières publiques. De même, une circulaire du ministre de la justice du 23 mai 1880 a invité les Cours et tribunaux à s'abstenir désormais de prendre part aux processions de la Fête-Dieu.

La liberté de conscience doit être reconnue aux citoyens, même au delà de la tombe. C'est pourquoi la loi du 15 novembre 1881, confirmée par l'article 97 de la loi municipale du 5 avril 1884, abroge l'article 15 du décret du 23 prairial an XII, qui établissait dans les cimetières autant de divisions que de cultes reconnus, et assignait un emplacement spécial pour les sectateurs d'un culte non reconnu, ainsi que pour la sépulture des personnes n'en pratiquant aucun. La loi du 28 décembre 1904, qui a enlevé aux fabriques et consistoires, pour le remettre aux communes, le monopole des inhumations, est une application du même principe (1). Dans ses articles 35 à 39, le projet Briand contenait une réforme de la législation relative aux cimetières, mais cette partie a été disjointe du projet définitif comme ayant un objet trop spécial. Rien n'est donc modifié à la législation antérieure comprise dans la loi du 23 prairial an XII, le décret du 18 mai 1806, la loi du 15 novembre 1881 et celle du 5 avril 1884 (art. 97, § 4, 133, § 9, 136, § 13), sur l'établissement, la police et l'entretien des cimetières, la loi du 15 novembre 1887, sur la liberté des funérailles, la loi du 28 décembre 1904, sur le monopole des inhumations, et l'article 360 du Code pénal, sur la violation de sépulture.

L'article 2 de la loi nouvelle, qui maintient les dépenses budgétaires afférentes aux services d'aumônerie, et l'article 42, qui confirme la législation antérieure relative aux jours actuellement fériés, ont leur but, eux aussi, d'assurer la liberté de conscience (2).

Le principe de la liberté de conscience a été inscrit dans l'article 10 de la Déclaration des droits de l'homme : « Nul ne doit être in-
« quiété pour ses opinions même religieuses,
« pourvu que leur manifestation ne trouble
« pas l'ordre public établi par la loi, » et l'ar-
ticle 6 de la même déclaration en a fait une première application en décidant que « tous
« les citoyens, étant égaux aux yeux de la loi,
« sont également admissibles à toutes les di-
« gnités, places et emplois publics, selon leur
« capacité et sans autre distinction que celle
« de leurs talents. » L'Edit de Nantes l'avait

---

(1) Vinet, *Essai de philosophie morale*, p. 151.

(1) Voir le commentaire de cette loi dans notre recueil, numéro de mars 1905, p. 285 et suiv.
(2) Voir *infra* le commentaire de ces articles.

admis dès 1598, mais, par la révocation de cet édit, en 1685, les protestants s'étaient vu interdire toute fonction et emploi publics et se trouvaient frappés d'une véritable mort civile. L'édit du 17 novembre 1787 leur rendit la jouissance des droits naturels, notamment l'état civil, mais laissa subsister leur incapacité politique qui ne disparut qu'en 1789 par l'effet des dispositions précitées. La charte de 1814, tout en déclarant la religion catholique « religion d'État, » maintint la liberté de conscience, en spécifiant, dans son article 5, que « chacun professe sa religion avec « une égale liberté et obtient pour son culte « la même protection. »

L'article 1er de la loi du 9 décembre 1905 confirme l'article 10 de la Déclaration des droits que la constitution de 1852 a expressément reconnue comme constituant la base de notre droit public et qu'aucun texte postérieur n'est venu abroger.

25. La disposition qui nous occupe, de même que l'article 10 de la Déclaration, assure également la liberté des cultes « sous les seules restrictions édictées *ci-après* dans l'intérêt de l'ordre public », c'est-à-dire sous les seules réserves contenues dans le titre V de la loi, relatif à la police des cultes.

La liberté des cultes ne saurait être, en effet, aussi absolue que la liberté de conscience. Elle consiste dans le droit de manifester, par des pratiques et des actes extérieurs, ses croyances religieuses. L'État a le devoir de surveiller ces manifestations et d'interdire toutes celles qui seraient contraires à l'ordre public et à la morale ou porteraient atteinte à la liberté de conscience des autres citoyens.

On doit, néanmoins, se montrer très circonspect dans la réglementation de la liberté des cultes, car il faut se garder de violer la liberté de conscience. Ces deux libertés diffèrent théoriquement, mais, de fait, la première n'est qu'une mise en pratique de la seconde. « Libre dans le secret de ma pensée, dit M. Jules Simon, serai-je réduit à un culte muet ? Ne pourrai-je exprimer ce que je pense ? La foi est expansive et veut être manifestée au dehors. Je ne puis lui refuser son expression sans la violenter, sans offenser Dieu, sans me rendre coupable d'ingratitude. Je ne puis surtout adorer un Dieu qui n'est pas le mien. Ainsi la liberté de croire n'est qu'un leurre sans la liberté de prier [1]. » Et Eugène Pelletan n'hésitait pas à déclarer que la liberté de conscience sans la liberté du culte n'est « qu'une hypocrisie du libéralisme qui refuse en réalité ce qu'il a l'air d'accorder. »

La liberté des cultes, admise en principe

par notre droit public, était-elle suffisamment respectée jusqu'à ces derniers temps, notamment par les articles 291, 293, 294 du Code pénal, qui n'ont disparu de notre législation que depuis la loi du 1er juillet 1901, et par l'article 294 du même Code, que la loi du 9 décembre 1905 vient seulement d'abroger ? C'est une question que nous aurons à examiner quand, sur les articles 25 et 26, nous étudierons le régime auquel se trouvent maintenant soumises les réunions cultuelles. Mais quels que soient les progrès réalisés par ces dispositions nouvelles, on doit féliciter le législateur d'avoir tenu à formuler, au début même de son œuvre, la double idée qui l'inspire. Ainsi, les tribunaux appelés à statuer sur les difficultés nombreuses qui pourront surgir en pratique, et qu'il était impossible de solutionner à l'avance par des dispositions légales, trouveront une règle d'interprétation sûre et sauront que, suivant l'esprit de la loi, les cas douteux doivent toujours se résoudre dans le sens le plus favorable à la liberté de conscience et à la liberté des cultes.

CHAPITRE IV

Principe de laïcité. — Séparation des Églises et de l'État. — Abrogation du Concordat (art. 2)

26. Ainsi que l'indique M. Batbie [1], les rapports de l'État avec les différents cultes peuvent se concevoir suivant quatre systèmes :

1° Une religion d'État avec exclusion de toute autre. C'est le régime qui a été établi en France par la révocation de l'Édit de Nantes. Jusqu'à la Révolution, le roi, dans la cérémonie du sacre, jurait d'exterminer les hérétiques.

2° Le second système consiste, au contraire, à séparer l'Église de l'État, à n'avoir pas de religion officielle, à n'exclure aucune secte, mais à protéger la liberté religieuse des citoyens, à quelque culte qu'ils appartiennent. C'est le régime qui a été suivi aux États-Unis depuis 1833, au Mexique depuis la loi du 14 décembre 1874, à Cuba depuis 1899, au Brésil depuis la constitution du 24 février 1891, dans la république de l'Équateur depuis la loi du 12 octobre 1904 [2]. En France le régime séparatif a duré du 23 ventôse an III (21 février 1795) au Concordat de 1801.

3° Un troisième système institue une religion d'État, en laissant une liberté plus ou moins grande aux autres cultes. C'est le système admis par l'Angleterre où, à côté de la religion anglicane, religion officielle, coexis-

---

[1] *La liberté de conscience,* 4e leçon, p. 244.

[1] Batbie, t. II, n° 254.
[2] Voir, sur la législation des cultes dans ces divers pays, le rapport de M. Briand (*J. off.,* Chambre, *Annexes,* p. 280 et suiv.).

tent le judaïsme et les autres sectes chrétiennes. C'était aussi le régime de la charte de 1814 qui, en reconnaissant la religion catholique comme religion d'Etat, proclamait, en même temps, la liberté des cultes.

4° Enfin, une dernière combinaison répudie toute religion officielle et reconnaît différents cultes en les protégeant d'une manière spéciale et en les subventionnant. C'est le système résultant du Concordat et de la charte de 1830 et qui est resté en vigueur jusqu'à la loi de séparation. Il s'appliquait au culte catholique, aux cultes protestants de la confession d'Augsbourg et réformé, au culte israélite, au culte musulman (sectes malékite et hanéfite). enfin, pour les natifs indiens, aux cultes bouddhistes et brahmanites.

A ce régime, la loi du 9 décembre 1905 vient substituer le second système, celui de la séparation complète des Eglises et de l'Etat. Tel est l'objet de la première phrase de l'article 2, ainsi conçue : « La République ne re- « connaît, ne salarie ni ne subventionne aucun « culte. » C'est le principe de la neutralité de l'Etat en matière religieuse, de la laïcité absolue.

Examinons rapidement ce principe, dans sa valeur intrinsèque et dans ses conséquences.

SECTION Iʳᵉ

PRINCIPE DE LAÏCITÉ

27. Les arguments invoqués pour soutenir que l'Etat a le devoir de subventionner les cultes, parce qu'ils constituent un véritable service public, ont été résumés de la sorte par M. Emile Ollivier [1] : « Il est inadmissible, disent les partisans de la séparation, que celui qui ne professe pas un culte, qui n'y croit pas, soit obligé de contribuer à ses frais. La belle raison, et qu'il resterait peu de chose d'une notable partie du budget si on l'accueillait ! La majorité des Français fréquente-t-elle les théâtres subventionnés de Paris ? Tel cours du Collège de France ne compte pas plus d'une douzaine d'auditeurs. Un nombre considérable de Français n'ont jamais eu à mettre le pied devant le pied d'un tribunal. En quoi la route construite sur le littoral de la Méditerranée sert-elle aux pécheurs de l'Océan ?.... »

Le défaut d'un tel raisonnement s'aperçoit sans peine. Si l'on assimile les cultes aux beaux-arts, aux travaux publics ou à la justice, on suppose qu'ils constituent, au même titre, des services publics dont le fonctionnement, sous la direction et la tutelle de l'Etat, est essentiel pour le bien-être de tous les ci-

toyens. Or, c'est précisément ce qu'il s'agit de démontrer. Il est un grand nombre de manifestations de la vie sociale, autres que la religion, et de première importance, qui ont, de tout temps, été abandonnées à l'initiative privée, sous les seules restrictions nécessaires pour le maintien de l'ordre. Les médecins, les banquiers, les commerçants de toute espèce, sont-ils des fonctionnaires ? Pourtant, médecine, crédit et commerce répondent à des besoins généraux auxquels personne n'échappe. On peut contester l'utilité de tel ou tel service comme indispensable, qui ont, suivant qu'on se fait une idée plus ou moins large du domaine dans lequel l'Etat doit porter son action, mais alors il faut envisager ce service en lui-même, d'après son objet et l'étendue du besoin auquel il doit satisfaire, au lieu de procéder par voie de comparaisons toujours fort périlleuses et qui ne prouvent rien.

Ainsi posée pour le service des cultes, la question recevra une réponse différente suivant que les croyances religieuses apparaîtront comme indispensables ou superflues pour assurer l'ordre et la protection des droits individuels dont l'Etat a la sauvegarde. Or, par suite d'une lente évolution à travers les siècles, le droit public et le droit privé de notre pays reposent aujourd'hui sur des bases strictement laïques et font abstraction de toute idée confessionnelle. L'organisation de la famille, les divers actes de la vie civile, la délégation des pouvoirs publics, la justice, l'instruction, l'assistance, ne se fondent plus sur aucun dogme religieux ; beaucoup de nos institutions sont en contradiction flagrante avec les enseignements de l'Eglise qui se refuse à les admettre. L'expérience a prouvé que les idées de liberté et d'égalité dont s'inspire la Déclaration des droits suffisent pour assurer l'équilibre social, sans qu'il soit besoin de faire appel à aucun appui divin. L'heure était donc venue de ramener les choses de la religion aux limites de la conscience individuelle, puisqu'elles sortaient du domaine de l'Etat laïque. En principe, toute doctrine métaphysique, toute philosophie, toute science se refuse à l'ingérence, à la réglementation de l'Etat qui ordonne et ne convainc pas. Son intervention en matière religieuse ne pourrait se justifier que par des nécessités de gouvernement ; dès que ces nécessités disparaissent, le divin lui échappe et le surhumain lui échappe : « il ne doit pas y être hostile ou indifférent, il doit y rester étranger [1]. »

Ajoutons que le régime des cultes reconnus aboutit forcément à favoriser certains dogmes aux dépens d'autres tout aussi respectables. Entre l'ancienne religion dominante et les

(1) Emile Ollivier, *Nouveau manuel de droit ecclésiastique*, p. 581.

(1) Grunebaum-Ballin, *La séparation des Eglises et de l'Etat*, p. 25.

religions « protégées » il n'y a qu'une différence de degré, ainsi que le fait très bien remarquer Portalis dans un de ses rapports sur le Concordat [1]. Comment décider qu'on soutiendra tel culte plutôt que tel autre, sans sortir de la neutralité religieuse que l'Etat moderne prétend conserver ? En subventionnant certains cultes, non seulement l'Etat ne rend aucun service aux citoyens qui professent des idées contraires, mais il les atteint dans leurs convictions intimes, ce qu'il ne fait par aucun autre service public, pas même par l'enseignement, puisqu'il n'y a plus de philosophie ni de littérature officielles et que l'Etat n'impose aucune doctrine aux professeurs qu'il rétribue.

Enfin, et, dans la réalité des choses, ce dernier argument nous paraît décisif, l'histoire démontre que l'Eglise et l'Etat ne peuvent rester associés sans éprouver une invincible tendance à empiéter sur leurs terrains respectifs. Pour les rendre mutuellement libres, il faut qu'ils s'ignorent, et ne doit-on pas voir la formule même de leur séparation dans ce précepte de l'Evangile si souvent cité et bien rarement compris : « Rendez à César ce qui « appartient à César, et à Dieu ce qui appar- « tient à Dieu ? »

SECTION II

CONSÉQUENCES DU PRINCIPE DE LAÏCITÉ

§ 1er. — *Situation personnelle du clergé sous le régime de séparation*

28. L'article 2 du premier projet de la commission contenait un second paragraphe ainsi conçu : « Elle (la république) ne reconnaît « aucun ministre du culte. » Cette disposition conçue en termes trop absolus a été rayée du projet définitif. Mais il ne s'ensuit pas que la situation des ministres des divers cultes antérieurement reconnus ne se trouve profondément modifiée. D'une manière générale, ils perdent tous les droits et prérogatives dont ils jouissaient en tant qu'assimilés à des fonctionnaires de l'Etat, et restent soumis, à raison de leurs fonctions particulières, à certaines règles de police dont nous aurons à démontrer la nécessité lorsque nous étudierons les articles 32 à 35 de la loi.

29. Nous indiquerons seulement ici les modifications apportées par la loi du 9 décembre 1905 aux droits et prérogatives dont jouissaient antérieurement les ministres du culte.

1° L'article 44 de la loi nouvelle abroge purement et simplement les articles 262 et 264 du Code pénal qui punissaient d'une amende

de 16 fr. à 500 fr. et d'un emprisonnement de quinze jours à six mois, *les outrages adressés, par paroles ou gestes, aux ministres du culte dans leurs fonctions*, et de la dégradation civique les *violences* exercées sur la personne de ces mêmes ministres. Ceux-ci, n'étant plus chargés d'un ministère de service public, ne pourront non plus se prévaloir des articles 224 et 230 du Code pénal ; ce sont de simples citoyens protégés contre les injures par l'article 471, paragraphe 11, du Code pénal et l'article 33 de la loi du 29 juillet 1881, contre les menaces par les articles 305 à 308 du Code pénal et contre les violences par les articles 309 et suivants du même Code.

2° Les articles 31 et 47, paragraphe 3, de la loi du 29 juillet 1881 assimilaient les *diffamations commises envers les ministres d'un culte « salarié par l'Etat »* à celles adressées à tout citoyen chargé d'un service ou d'un mandat public. Cette assimilation disparaît naturellement. Les diffamations dont seront désormais victimes les ecclésiastiques ne tomberont plus que sous l'application de l'article 32 de la loi de 1881, et seront de la compétence des tribunaux correctionnels.

3° Les ministres du culte ne jouiront plus d'aucun des *honneurs, préséances* et droits à des visites de corps qui leur étaient reconnus par les décrets des 24 messidor an XII, 28 décembre 1875 et 23 octobre 1883.

4° Le *privilège de juridiction* accordé aux archevêques, évêques et présidents de consistoires par l'article 10 de la loi du 20 avril 1810, qui confiait aux Cours d'appel la connaissance des délits par eux commis, disparaît également.

5° Si l'on admet que la loi du 30 novembre 1892 sur *l'exercice de la médecine* n'a pas abrogé les dispositions de l'avis du Conseil d'Etat du 4 vendémiaire an XIV, qui atténuait, en faveur des ministres du culte, les prohibitions de la loi du 19 ventôse an XI, il est certain que les ecclésiastiques ne peuvent plus aujourd'hui se prévaloir d'une tolérance quelconque, s'ils pratiquent la médecine ou la pharmacie sans remplir les conditions exigées par les lois et règlements.

6° Les ministres d'un culte pourront faire partie du *jury criminel*, fonctions dont ils étaient précédemment écartés par les articles 383 du Code d'instruction criminelle et 3 de la loi du 21 novembre 1872.

7° Les ministres du culte, n'étant plus assimilés aux fonctionnaires publics, cessent d'être inscrits d'office, sans la condition de six mois d'habitation dans la commune, sur les *listes électorales* (loi du 5 avril 1884, art. 14, § 4).

8° Ils ne sont plus frappés d'aucune des *inéligibilités* et *incompatibilités* établies par les articles 21 de la loi du 2 août 1875 et 8 de

---

[1] Cité par E. Ollivier, *Man. de droit ecclés.*, p. 156 à 179.

la loi du 30 novembre 1875, en matière d'é-lections à la Chambre des députés et au Sénat, l'article 8, paragraphe 12, de la loi du 10 août 1871, sur les élections aux conseils généraux; l'article 33, paragraphe 9, de la loi du 5 avril 1884, sur les élections municipales. Toutefois, l'article 40 de notre loi apporte une restriction temporaire à cette éligibilité : « Pendant huit « années à partir de la promulgation de la « présente loi, les ministres du culte seront « inéligibles au conseil municipal dans les « communes où ils exerceront leurs fonc-« tions. » Cette disposition, née d'un amen-dement présenté par M. Albert Le-Roy [1] tendant à l'inéligibilité absolue des ecclésias-tiques dans la circonscription où ils exercent leurs fonctions, a pour but de faciliter la so-lution des conflits qui, dans la période de mise en œuvre de la loi, pourront s'élever en-tre les ministres du culte et l'autorité muni-cipale. Lorsque ces conflits ne seront plus à craindre, les ecclésiastiques jouiront de droits politiques absolument égaux à ceux des autres citoyens. Cette inéligibilité temporaire est, d'ailleurs, limitée au mandat de conseiller municipal dans la commune où l'ecclésiasti-que exerce son ministère.

9° Ils ne jouissent plus de la *franchise pos-tale* dont ils bénéficiaient dans certaines li-mites, en leur qualité de salariés par l'Etat.

10° Ils ne sont plus dispensés de la *tutelle*, ainsi qu'ils l'étaient précédemment, aux termes d'un avis du Conseil d'Etat du 20 novembre 1806 qui les avait admis à bénéficier de l'ar-ticle 427 du Code civil.

11° L'article 259 du Code pénal, qui punit de six mois à deux ans de prison toute per-sonne coupable « d'avoir porté publiquement « un costume, un uniforme ou une décora-« tion qui ne lui appartiendrait pas », n'est plus applicable au *port du costume ecclésias-tique* (en ce sens : rapport Briand) [2]. A plus forte raison, la jurisprudence n'aura plus à sanctionner, ainsi qu'elle l'a fait jusqu'alors, en appliquant l'article précité, les décisions des évêques interdisant à un ecclésiastique le port du costume. Tous les règlements relatifs au costume sont implicitement abrogés, no-tamment l'arrêté du 17 nivôse an XII, qui avait modifié l'article 43 de la loi organique de l'an X.

12° La question ne se posera plus de savoir si la loi civile doit sanctionner les prohibi-tions canoniques qui s'opposent au *mariage des prêtres*. La Cour de cassation avait fini par adopter la négative (Cass., 28 février 1888,

(1) Chambre, séance du 30 juin 1905.
(2) *J. off. Annexes*, Chambre, p. 290. Explications du rapporteur sur un article additionnel présenté par M. Dejeante pour interdire le port du costume ecclé-siastique hors des édifices du culte, repoussé par la Chambre (séance du 26 juin 1905).

Pand. fr. pér., 88, 1, 49). Tous les argu-ments invoqués à l'appui de la thèse contraire tombent par l'abrogation du Concordat.

13° L'article 23 de la loi du 15 juillet 1889 dispensait de deux ans de *service militaire* les jeunes gens admis à titre d'élèves ecclésias-tiques à continuer leurs études en vue d'exer-cer le ministère dans l'un des cultes reconnus par l'Etat, et l'article 99 de la loi du 21 mars 1905 maintient le bénéfice de cette dispense au profit de tous les jeunes gens qui, avant la promulgation de la loi, avaient terminé l'année de présence sous les drapeaux à la-quelle ils restaient assujettis. En principe, la séparation, supprimant la reconnaissance des cultes par l'Etat, devait annuler la dispense de l'article 23. Mais cette conséquence trop rigoureuse a été écartée par l'article 39 de notre loi, voté sur la proposition de M. Ru-delle : « Les jeunes gens qui ont obtenu, à « titre d'élèves ecclésiastiques, la dispense « prévue par l'article 23 de la loi du 15 juil-« let 1889, continueront à en bénéficier con-« formément à l'article 99 de la loi du 21 mars « 1905, à la condition qu'à l'âge de vingt-six « ans ils soient pourvus d'un emploi de mi-« nistre du culte rétribué par une association « cultuelle et sous réserve des justifications « qui seront fixées par un règlement d'admi-« nistration publique. »

14° L'article 909 du Code civil interdit aux ministres du culte, comme aux médecins et pharmaciens, de *recevoir des dons et legs de personnes qu'ils ont assistées pendant leur dernière maladie*. Cette défense se justifie par l'ascendant que l'ecclésiastique peut prendre sur l'esprit du malade, grâce à sa qualité spé-ciale, et non sur le fait qu'il est rétribué par l'Etat. La même raison de décider subsiste sous le régime séparatif; et, dès lors, nous pensons que la loi du 9 décembre 1905 n'em-porte nullement abrogation de cette disposi-tion.

15° Nous donnerons une solution identique en ce qui concerne la circonstance aggravante au crime d'*attentat à la pudeur* que l'arti-cle 333 du Code pénal tire de ce que l'accusé est ministre d'un culte. Ici encore, c'est le caractère sacerdotal qui motive l'aggravation, peu importe qu'il soit ou non reconnu par l'Etat.

§ 2. — *Abrogation du Concordat, des articles organiques et de toutes les dispositions rela-tives aux cultes protestant et israélite.*

30. L'Etat cessant de reconnaître les cultes, il fallait rayer de la législation tous les textes qui les reconnaissaient jusqu'ici. Tel est le but de l'article 44 de la loi, aux termes du-quel « sont et demeurent abrogées toutes les « dispositions relatives à l'organisation pu-« blique des cultes antérieurement reconnus

« par l'Etat, ainsi que les dispositions con-
« traires à la présente loi et notamment :
« 1° la loi du 18 germinal an X, portant que
« la convention passée le 26 messidor an IX
« entre le pape et le gouvernement français,
« ensemble les articles organiques de ladite
« convention et des cultes protestants, seront
« exécutés comme loi d'Etat; 2° le décret du
« 26 mars 1852 et la loi du 1er août 1879 sur
« les cultes protestants; 3° les décrets du
« 17 mars 1808, la loi du 8 février 1831 et
« l'ordonnance du 25 mai 1844 sur le culte
« israélite.... »

L'abrogation des lois et décrets concernant les cultes protestants et israélite, ainsi
que des articles organiques du culte catholique, ne peut soulever, en droit, aucune
controverse; œuvre exclusive du pouvoir législatif, celui-ci avait toute liberté de les remplacer par d'autres dispositions ou de les
anéantir, par la seule expression d'une volonté unilatérale. Mais que dire de l'abrogation
de la loi du 18 germinal an X, en ce qu'elle
déclarait exécutoire la convention du 26 messidor an IX? Elle signifie que le gouvernement
français ne se considère plus comme lié
par le Concordat, qu'il se refuse à en remplir
les obligations, et cela sans avoir préalablement entamé avec le Vatican des négociations
en vue d'aboutir à la résiliation de ce pacte par
consentement mutuel, sans même avoir dé-
noncé à l'avance le traité par une déclaration
formelle notifiée à l'autre partie contractante.

« Le Souverain Pontife, a dit M. de Chamaillard au Sénat, partie à l'acte du Concordat, ayant signé la convention la plus
solennelle qui se puisse faire, n'a pas été mis
au courant des délibérations auxquelles le
Parlement a été convié. On n'a pas entrepris
avec lui ces négociations et ces conversations
utiles pour amener au moins une réglementation transitoire et honnête de l'état de choses
nouveau. Vous ne traitez pas ainsi avec ceux
qui sont forts[1]! »

Telle est la thèse des adversaires de la procédure suivie par le gouvernement pour
réaliser la séparation. Il importe de l'examiner
en restant sur le terrain juridique et sans que
nous ayons à rechercher ici, ainsi qu'on l'a
fait longuement dans la discussion générale
à la Chambre puis au Sénat, si la rupture du
Concordat était ou non opportune, soit au
point de vue de l'état des esprits en France,
soit au point de vue de la sauvegarde de nos
intérêts à l'étranger.

31. Remarquons d'abord qu'en admettant
la nécessité d'une entente avec la papauté, ou
d'une dénonciation du Concordat par voie
diplomatique, l'initiative de ces mesures,

préalables à la loi de séparation, n'apparte-
nait qu'au pouvoir exécutif. Le Parlement,
s'il les estimait indispensables, ne pouvait que
se refuser au vote de la loi, tant qu'elles
n'auraient pas été prises, mais il n'avait
pas qualité pour y suppléer, même par une
déclaration formelle insérée dans la loi. C'est
donc avec raison qu'on n'a pas maintenu, dans
le texte définitif, une disposition de l'article
3 du projet Briand, dénonçant le Concordat
à dater de la promulgation de la loi.

D'autre part, il est certain que le gouvernement n'était pas obligé, s'il le jugeait inutile, d'entamer des négociations avec Rome
pour déterminer, d'un commun accord, les
conditions dans lesquelles il pourrait sortir
des liens créés par la convention du 26 messidor an IX. Un traité international, tout
aussi bien qu'une convention entre particuliers, se dénoue tantôt par une entente mutuelle, tantôt par une manifestation de volonté
unilatérale de l'une des parties qui est seulement tenue d'observer certaines formes et
certains délais. Ce dernier mode de résolution s'emploie surtout pour les contrats d'où
naissent des obligations successives, dans la
catégorie desquels rentre justement le Concordat. En droit civil, on le nomme congé; en
droit international, il s'appelle dénonciation.

Mais il est une troisième cause de résiliation résultant de l'inexécution par l'une des
parties des obligations qui lui incombent
(art. 1184, C. civ.). Ce motif de rupture s'applique également aux traités[1], avec cette
différence qu'on n'a pas besoin, comme en
droit privé, de s'adresser à un tribunal pour
le faire constater et qu'il suffit qu'il existe pour
qu'il produise effet. Or, le gouvernement a
persisté à prétendre, et le Parlement n'a
pas hésité à adopter cette manière de voir,
que le pape avait rompu lui-même le Concordat, en portant atteinte, de propos délibéré,
aux droits qu'il conférait à l'Etat. Cette thèse
soutenue devant la Chambre, le 22 octobre
1904, par le président du Conseil, a rallié
318 suffrages contre 230. En ne tenant compte
que des incidents les plus récents, elle repose
sur l'attitude du Saint-Siège dans l'affaire des
évêques de Laval et de Dijon, obligés de se
rendre à Rome malgré la défense qui leur en
avait été faite par le ministre des cultes, usant
de son droit concordataire, puis de se dé-
mettre de leurs fonctions à l'insu du gouvernement français qui avait cependant coopéré
à leur nomination. Ces faits avaient été sui-
vis de la rupture de nos relations diplomatiques avec le Vatican, mais ils appelaient une
sanction plus directe : la rupture du Concordat lui-même qu'ils avaient manifestement
violé.

---

(1) *Sénat*, séance du 5 décembre 1905.

(1) Bluntschli, *Droit international codifié*, n° 455.

32. Au surplus, les événements auxquels nous venons de faire allusion avaient motivé, de la part du gouvernement français, avant le rappel de son ambassadeur, des protestations formelles que l'on doit considérer comme contenant une véritable dénonciation du Concordat pour le cas où le Saint-Siège persisterait dans ses décisions. Une note adressée, le 23 juillet 1904, par notre chargé d'affaires au cardinal Merry del Val, secrétaire d'Etat, se terminait ainsi : « En enjoignant à l'évêque de Dijon de se rendre à Rome dans le délai de quinze jours, sous peine de la suspension *latæ sententiæ ab exercitio ordinis et jurisdictionis*, qui serait encourue *ipso facto* dès l'expiration du délai précité, le Saint-Siège méconnaît la disposition du Concordat, de laquelle il résulte qu'un évêque ne peut être suspendu et déposé sans l'accord des deux autorités qui ont contribué à le créer. *Une pareille attitude dicte la conduite du gouvernement de la République.* C'est pourquoi le soussigné a l'honneur de déclarer à S. Em. le cardinal secrétaire d'Etat que si la lettre du 9 juillet à l'évêque de Dijon n'est pas retirée, si une suite est donnée aux menaces qui y sont exprimées, le gouvernement français devra comprendre que le Saint-Siège n'a plus souci de ses relations avec le pouvoir qui, remplissant les obligations du Concordat, a le devoir de défendre les prérogatives que le Concordat lui confère. *Et le gouvernement de la République laisse au Saint-Siège toute la responsabilité des résolutions auxquelles on l'aura réduit* » Une autre note du même jour, relative à l'évêque de Laval, s'exprimait en termes aussi nets.

En réponse à cet *ultimatum*, la diplomatie pontificale, avec sa souplesse habituelle, s'efforça de démontrer que les mesures prises contre les deux prélats ne portaient aucune atteinte aux droits du gouvernement tels qu'ils résultaient de la convention de messidor, et refusa de s'incliner (note du cardinal secrétaire d'Etat à notre chargé d'affaires, du 26 juillet 1904). C'est alors que fut décidé le rappel de notre ambassadeur. Dans la note verbale notifiée à ce sujet, le 30 juillet, à la curie romaine, on lit ceci : « Après avoir, à plusieurs reprises, signalé les graves atteintes que l'initiative du Saint-Siège. s'exerçant directement auprès des évêques français, porte aux droits concordataires de l'Etat, le gouvernement de la République a, par deux notes en date du 23 juillet courant, prévenu le Saint-Siège de la conclusion qu'il serait amené à tirer de la méconnaissance persistante de ses droits. Obligé de constater, par la réponse de S. Em. le cardinal secrétaire d'Etat, en date du 26 juillet, que le Saint-Siège maintient les actes accomplis à l'insu du pouvoir avec lequel il a signé le Concordat, le gouvernement de la République a décidé de mettre fin à des relations officielles qui, par la volonté du Saint-Siège. se trouvent être sans objet (1). »

En un mot, les deux notes du 23 juillet 1904 font connaître que le gouvernement français est résolu à rompre toutes relations avec le Saint-Siège. s'il n'obtient pas satisfaction. Que veut-on de plus net pour dénoncer la convention même qui règle ces relations ? Celle-ci ne fixe ni forme ni délais pour sa dénonciation. Et après le rappel de notre ambassadeur et le départ du nonce, alors que tous les rapports diplomatiques sont rompus, comment procéder à une nouvelle signification de cette même volonté désormais bien arrêtée ? La note du 30 juillet suffit, puisqu'en maintenant les termes de celles du 23, elle constate qu'il n'a pas été fait droit à nos réclamations. Enfin, le dépôt par le gouvernement d'un projet de loi sur la séparation ne pouvait plus laisser aucun doute au Saint-Siège. Dans la réalité des choses, il est donc inexact de prétendre, avec M. de Chamaillard, que le Souverain Pontife n'a pas été, dans la mesure du possible, « mis au courant des délibérations auxquelles le Parlement a été convié. »

§ 3. — *Suppression du budget des cultes*

33. L'article 2, après avoir posé le principe de laïcité, continue ainsi : « En conséquence, après le 1er janvier qui suivra la promulgation de la présente loi, seront supprimés des budgets de l'Etat, des départements et des communes toutes dépenses relatives à l'exercice des cultes. »

Ici encore. aucune difficulté ne s'élève pour les cultes protestants et israélite. Il n'est pas douteux que les traitements et allocations que recevaient leurs ministres n'avaient d'autre raison d'être que la volonté du législateur. Consentis d'année en année, ils pouvaient être supprimés en fin d'exercice.

Mais, pour le clergé catholique, on soutient que son traitement avait un caractère indemnitaire qui s'opposait à sa suppression. Loin de constituer une allocation librement accordée par l'Etat, à titre de rémunération des services rendus, il ne serait que le paiement annuel des arrérages d'une dette perpétuelle contractée par l'Assemblée constituante, le jour où elle confisqua les biens ecclésiastiques. En se refusant à acquitter cette dette, l'Etat méconnaît ses engagements, dénie ses obligations, « fait banqueroute » en un mot.

34. Pour apprécier la valeur de ces accusations, il faut savoir dans quelles circonstances et surtout dans quel esprit le décret des 2-4 novembre 1789 prononça la natio-

---

(1) Voir ces textes dans le *Livre blanc du Saint-Siège*, documents sur la séparation. p. 162 et suiv.

nalisation des biens du clergé. Cette nationalisation fut-elle, comme on le prétend, une expropriation à charge d'indemnité payée, sous forme de rente perpétuelle, aux légitimes propriétaires des biens expropriés et à leurs successeurs, ou ne se réduisit-elle pas au simple exercice d'un droit supérieur de propriété appartenant à l'Etat sur les biens ecclésiastiques en raison de l'origine et de la destination de ces biens? Toute la controverse est là; on ne peut la résoudre qu'en interrogeant l'histoire.

C'est le 10 octobre 1789 que Talleyrand, évêque d'Autun, posa la question de la sécularisation des biens du clergé. Pour assumer les lourdes charges qu'imposent les impérieuses transformations de la société, il faut des ressources extraordinaires. Ces ressources, on les trouvera dans les biens ecclésiastiques que la nation a le droit de s'approprier. En effet, la nation peut, sans conteste, mettre la main sur les biens vacants des associations qu'elle juge inutiles. Elle peut aussi réduire le revenu des bénéfices ecclésiastiques, à condition de laisser au clergé ce qui est nécessaire à sa subsistance. Le surplus, elle l'emploiera au soulagement des déshérités de la nature, se substituant, de cette manière, à l'Eglise qui, jusqu'alors, avait le soin de l'assistance et qui y était tenue selon les intentions premières des donateurs du clergé.

Deux jours plus tard Mirabeau, reprenant la proposition, demanda que la propriété du clergé fasse retour à la nation, « à charge par elle de pourvoir à l'existence des membres de cet ordre », et quand la discussion s'ouvrit le lendemain, les orateurs partisans de la nationalisation en posèrent nettement le principe.

Pour démontrer que la distribution des fonds assignés au service religieux appartient à la nation, Barnave raisonne ainsi : ces biens sont de deux sortes, ceux qui ont pour source la nation et ceux qui viennent des fondateurs. Or, ces derniers appartiennent également de droit à la nation. Les fondations ayant, en effet, pour double objet l'assistance et le paiement d'un service public ne sont qu'un dépôt entre les mains du clergé. Sans le bon vouloir de l'Etat, le clergé ne pourrait manifester aucune activité propre; donc les biens ecclésiastiques ne peuvent lui appartenir. Thouret proclame que le clergé ayant cessé d'être un corps politique, son droit de propriété est inexistant, puisque la loi ne connaît que les propriétaires réels. Ce corps ne peut plus posséder ; la nation peut reprendre au clergé les biens qu'elle lui avait seulement permis de détenir. Dupont de Nemours, Garat, le Chapelier s'expriment dans le même sens. Malouet lui-même, l'un des plus modérés de l'Assemblée, reconnaît que les biens ecclésiastiques appartiennent aux pauvres et que,

sous réserve de cette affectation spéciale, ils sont une propriété nationale.

L'abbé Maury et les adversaires de la sécularisation ne protestent pas contre ce qu'on prétend aujourd'hui avoir été une confiscation ; ils soutiennent simplement qu'il est périlleux de remonter à l'origine des propriétés et surtout qu'ôter les biens-fonds au clergé pour y substituer l'argent nécessaire à son entretien, ce serait l'avilir et le dégrader, le réduire « à la triste condition de commis salariés » et lui enlever toute indépendance à l'égard de la nation.

Le 30 octobre, puis le 2 novembre, Mirabeau prend part au débat, et, avec sa force de dialectique ordinaire, il pose nettement le problème. « Vous allez décider une grande question, dit-il. Elle intéresse la religion et l'Etat. C'est moi, messieurs, qui ai eu l'honneur de vous proposer de décider que la nation est propriétaire des biens du clergé. Ce n'est point un nouveau droit que j'ai voulu faire acquérir à la nation ; j'ai seulement voulu constater celui qu'elle a, qu'elle a toujours eu, qu'elle aura toujours, et j'ai désiré que cette justice lui fût rendue, parce que ce sont les principes qui sauvent les peuples et les erreurs qui les détruisent. »

Suivant Mirabeau, « la nation a le droit d'établir ou de ne pas établir des corps et de décider si les corps qu'elle admet doivent être propriétaires ou ne l'être pas. » L'abbé Maury avait prétendu qu'aucun corps ne peut exister sans propriété ; Mirabeau lui répond : « Quels sont les domaines de la magistrature et de l'armée? Quelles étaient donc les propriétés du clergé dans la primitive Eglise? Quels étaient les domaines des membres des premiers conciles? On peut supposer un état social sans propriété, même individuelle, tel que celui de Lacédémone, pendant la législation de Lycurgue. Pourquoi donc ne pourrait-on pas supposer un corps quelconque, et surtout un corps de clergé sans propriétés ? »

Mirabeau continue en disant que partout où des corps existent, « la nation a le droit de les détruire comme elle a celui de ne pas les établir. » Il ajoute que l'assemblée devant laquelle il parle n'est pas seulement législative mais constituante, et qu'elle a, par cela seul, tous les droits que pouvaient exercer les premiers individus qui formèrent la nation française. Appliquant ces principes au clergé, il en déduit que la nation a le droit de décider que « le clergé ne doit plus exister comme une agrégation politique. »

Si elle exerce ce droit, que deviendront les biens du clergé? Mirabeau envisage plusieurs hypothèses. Retourneront-ils aux fondateurs ? Seront-ils possédés par chaque église particulière ? Seront-ils partagés entre tous les ecclésiastiques? La nation en sera-t-elle propriétaire ?

Il lui paraît évident que la dernière solution est seule légitime. « Tous les biens de l'Eglise n'ont pas des titulaires; les titulaires mêmes n'ont pas des détenteurs, et il faut nécessairement que des biens qui ont une destination générale aient une administration commune. Il ne reste donc que la nation à qui la propriété des biens du clergé puisse appartenir; c'est là le résultat auquel conduisent tous les principes. »

Mais une question se pose alors : la nation en sera-t-elle propriétaire seulement de l'époque de la loi, ou l'aura-t-elle toujours été? Faut-il, comme le dit l'abbé Maury, tuer le corps du clergé pour s'emparer de ses domaines? Ou bien est-il vrai que l'Eglise n'a jamais eu que l'administration, que le dépôt de ces mêmes biens? Mirabeau soutient cette deuxième thèse : « C'est pour la nation entière que le clergé a recueilli ses richesses; c'est pour elle que la loi lui a permis de recevoir des domaines, puisque, sans les libéralités des fidèles, la société aurait été forcée elle-même de donner au clergé des revenus, dont ces propriétés, acquises de son consentement, n'ont été que le remplacement momentané. Et c'est pour cela que les propriétés de l'Eglise n'ont jamais eu le caractère de propriété particulière. » D'ailleurs, ne rentrent-elles point dans la même catégorie que celles qu'on a appelées le domaine de la couronne? C'est le roi qui disposait de tous les bénéfices et les distribuait selon sa volonté; il les remettait aux bénéficiaires non à titre de propriété avec faculté de les transmettre, mais seulement pour les administrer. « Ces biens, comme le domaine de la couronne, sont une grande ressource nationale. Les ecclésiastiques n'en sont ni les maîtres ni même les usufruitiers; leur produit est destiné à un service public; il tient lieu d'un impôt qu'il aurait fallu établir pour le service des autels, pour l'entretien de leurs ministres; il existe donc pour la décharge de la nation. C'est donc pour son intérêt personnel et, pour ainsi dire, en son nom que la nation a permis au clergé d'accepter les dons des fidèles; et, si le clergé cesse de posséder ces biens, la nation seule peut avoir le droit de les administrer, puisque leur destination est uniquement consacrée à l'utilité publique [1]. »

Sur ces considérations, l'Assemblée vota, par 568 voix contre 345, le décret du 2 novembre 1789, ainsi conçu : « Les biens ecclé- « siastiques sont à la disposition de la na- « tion, à la charge de pourvoir, d'une ma- « nière convenable, aux frais du culte, à l'en- « tretien de ses ministres et au soulagement « des pauvres. »

Quelle que soit la valeur juridique de la thèse soutenue par Mirabeau, elle révèle nettement l'état d'esprit des Constituants. Pour eux, la nation reprend possession des biens ecclésiastiques, « les remet à sa disposition » en vertu du droit de propriété qu'elle a toujours eu sur ces biens que précédemment elle laissait « à la disposition » du clergé. Pas un instant, ils n'ont l'idée de reconnaître à celui-ci un droit d'indemnité quelconque; ils ne le spolient ni ne l'exproprient; ils modifient seulement ses conditions d'existence, en inscrivant au budget général de la nation les frais de culte et le soulagement des pauvres, au lieu de maintenir, pour ce double service, l'affectation d'un patrimoine spécial.

Quant à la prise en charge des frais du culte et de l'entretien de ses ministres, il suffit, pour l'expliquer, de se rappeler que les hommes de 1789 considéraient la religion comme une nécessité sociale à laquelle la nation devait pourvoir. Puisqu'on privait le clergé des ressources qu'il tirait auparavant de la dîme et du revenu des biens mis jusqu'alors à sa disposition, il importait d'assurer autrement sa subsistance, mais cela sans engagement pour l'avenir et seulement jusqu'au jour où la nation estimerait que les cultes ne doivent plus constituer un service public. En supprimant leur budget, le législateur de 1905 s'est borné à déclarer qu'à son avis, ce jour était venu.

On sait, en effet, combien les esprits, en 1789, étaient opposés à tous les engagements perpétuels. Ceux qui avaient déclaré rachetables toutes les rentes perpétuelles dues par les particuliers auraient-ils pu contracter, vis-à-vis du clergé, un engagement de cette nature à la charge de la nation? Quand, au cours de la discussion, on parle d'indemnité, il est entendu qu'il ne s'agit que des détenteurs actuels. « La nation, dit M. de Montlosier, adversaire de la nationalisation, peut disposer des biens du clergé, mais en dédommageant les titulaires *actuels* [1]. » Durand de Maillane, membre du comité ecclésiastique, déclare, dans son rapport du 23 novembre 1789 : « Je suis du nombre de ceux qui inclinent pour les plus grands égards envers les possesseurs *actuels*, quels qu'ils soient. » Il s'agit donc bien d'une indemnité viagère due aux détenteurs de biens ecclésiastiques atteints par le décret du 2 novembre 1789 et non d'une dette perpétuelle vis-à-vis du clergé.

35. La même conclusion se tire de la Constitution de 1791. Son article 1er confirme le décret du 2 novembre 1789 : « Les biens destinés « aux dépenses du culte et à tous les services « d'utilité publique appartiennent à la nation

« et sont, dans tous les temps, à sa disposi-
« tion. » Ainsi, tout à la fois on affirme
le droit de propriété antérieur au décret, et,
pour la jouissance et l'usage, on maintient le
régime de la « mise à la disposition de la
nation » que le décret du 2 novembre avait
institué. Puis l'article 2 du titre V déclare :
« Sous aucun prétexte, les fonds nécessaires
« à l'acquittement de la dette nationale ne
« pourront être refusés ou suspendus. Le
« traitement des ministres du culte catholi-
« que pensionnés conservés, élus ou nommés
« en vertu des décrets de l'Assemblée cons-
« tituante, fait partie de la dette nationale. »
Le droit à un traitement est donc limité aux
seuls ecclésiastiques *conservés, élus ou nommés* en vertu des décrets de l'Assemblée constituante, c'est-à-dire au clergé constitutionnel.
Quant aux prêtres réfractaires à la constitution civile du 12 juillet 1790, ils ne recevront
aucune indemnité, alors même qu'avant le
décret du 2 novembre, ils étaient possesseurs
de biens dont la nation a repris la disposition.
Ce sont des fonctionnaires que la Constituante
salarie et non point des expropriés qu'elle in-
demnise.

Ce traitement lui-même disparut avec le
décret de séparation voté le 3 ventôse an III
et personne alors ne soutint que la Convention méconnaissait les engagements pris par
la Convention.

36. Le Concordat de 1801 règle la question
des biens nationalisés et du traitement des
ecclésiastiques dans ses articles 13 et 14, ainsi
conçus :

« Art. 13. — Sa Sainteté, pour le bien de la
« paix et l'heureux rétablissement de la reli-
« gion catholique, déclare que ni elle, ni ses
« successeurs, ne troubleront en aucune ma-
« nière les acquéreurs des biens ecclésiasti-
« ques aliénés, et qu'en conséquence la pro-
« priété de ces mêmes biens, les droits et
« revenus y attachés, demeureront incom-
« mutables entre leurs mains ou celles de
« leurs ayants cause. »

« Art. 14. — Le gouvernement assurera
« un traitement convenable aux évêques
« et aux curés dont les diocèses et les pa-
« roisses sont compris dans la circonscription
« nouvelle. »

Le voisinage de ces deux articles fournit
un argument à la thèse de l'indemnité. Le second n'est-il pas la contre-partie du premier,
la charge acceptée par le gouvernement en retour de la concession faite par le pape, au
profit des acquéreurs de biens ecclésiastiques?

Ce raisonnement serait juste si le texte ou
les travaux préparatoires démontraient qu'il
existe entre ces dispositions une corrélation
quelconque. Or le texte n'en marque aucune.
Le seul fait que les deux articles se suivent,

sans aucun mot qui les unisse, ne saurait
être concluant. Quant aux travaux préparatoires, jamais il n'y est fait allusion à une
indemnité. Voici, d'ailleurs, ce que pense de
ce système un partisan du maintien du budget des cultes, M. Léouzon Le Duc : « De tous
points il est erroné. En premier lieu, l'Eglise
fit un sacrifice et non un marché, lorsqu'elle
renonça à ses prétentions sur la propriété
des biens ecclésiastiques. Non seulement elle
ne subordonna point au paiement d'une indemnité l'abandon de ses revendications,
mais encore la forme qu'elle lui donna fut
celle d'une abdication pure et simple. « Dans
« le projet rejeté par le gouvernement, dit le
« cardinal Consalvi (*Mémoires* t. I, p. 401),
« l'Eglise promettait seulement de ne pas ré-
« clamer les biens vendus, lors de l'exa-
« men du Concordat par le Sacré Collège. On
« convint que la concession, ou plus exac-
« tement la non-réclamation par l'Eglise de
« ses biens est un sacrifice fait par elle au
« rétablissement de la religion. » C'est pourquoi l'article 14 du Concordat ne constitue pas
la charge de l'article 13 ; rien dans leurs
termes n'est pour autoriser à établir entre
eux un lien de droit. En second lieu, il n'était
point besoin de servir au clergé une partie de
l'ancienne indemnité pour l'empêcher de trou-
bler par ses revendications la possession des
détenteurs de biens nationaux. Toutes les
constitutions consacraient l'inviolabilité des
ventes des domaines nationaux. A leurs dispositions le droit du clergé pouvait survivre,
mais comme elles en paralysaient l'exercice,
il eût été inutile de l'indemniser pour l'amener à ne le point faire valoir. Enfin, par l'article 13 susvisé, c'est personnellement que le
pape s'engage à ne pas inquiéter les acquéreurs des biens ecclésiastiques, entendant
seulement par là ne point se servir des armes
que le pouvoir spirituel aurait été à même de
tourner contre eux.... En réalité, il n'est pas
question d'indemnité dans le Concordat ;
qu'on prenne les projets, les bulles, les discours et les commentaires dont il a été l'objet,
qu'on interroge les mémoires et les corres-
pondances de ceux qui l'ont négocié et rédigé,
nulle part on ne rencontre le mot d' « indemnité [1]. »

Cette opinion non suspecte de partialité
tranche le débat. Devant l'histoire, la thèse
de l' « indemnité » ou de la « dette perpétuelle » s'écroule et doit être abandonnée.

37. *Etendue de la suppression du budget
des cultes.* Les cultes cessant d'être un service d'Etat. celui-ci ne leur fournira plus
aucun subside. Mais ne devait-on pas laisser

---

[1] *Annales de l'Ecole libre des sciences politiques,*
avril 1899, t. IV, p. 291-293.

à des unités administratives plus restreintes, aux départements, aux communes, la faculté de subventionner les cultes, suivant les idées et les besoins régionaux ou locaux ?

Juridiquement, ce système aurait pu être admis. Les départements et les communes, surtout depuis les lois des 10 août 1871 et 5 avril 1884, jouissent d'une autonomie qui leur permet d'organiser des services particuliers qu'ils entretiennent de leurs propres ressources, sous le contrôle plus ou moins étroit de l'Etat. Le culte aurait pu, au moins à titre facultatif, être rangé au nombre de ces services.

Le 27 mars 1886, M. Yves Guyot avait déposé sur le bureau de la Chambre une proposition en ce sens[1]; M. Réveillaud, dans l'exposé des motifs de sa proposition du 25 juin 1903, en a fait ainsi la critique : « M. Yves Guyot distribue entre les communes le montant du budget des cultes, en laissant aux municipalités le soin de disposer à leur gré des fonds de cette répartition. Nous avons renoncé à ce système pour les trois considérations suivantes : d'abord il soulèverait dans la pratique de grandes difficultés d'application ; ensuite il introduirait dans les communes de fâcheux ferments de discussion et de discorde et créerait, selon la composition des municipalités, de grandes inégalités de traitement pour les ministres des différents cultes qui pourraient se voir, ici, comme proscrits, là réduits à la portion congrue, ailleurs, au contraire, comblés d'avantages et d'honneurs. Enfin, comme l'entretien des cultes n'est pas plus, en bonne doctrine, un service communal que départemental ou national, ce système irait contre l'intention du législateur, disposé à laisser les Eglises libres dans l'Etat libre et souverain, et retarderait, en l'empêtrant dans le gâchis d'une demi-solution bâtarde, équivoque et sans précédent dans l'histoire, le succès de la solution désirable, déjà pratiquée dans de grands pays et, après tout, facile à réaliser dans le nôtre, si l'on veut bien y apporter la prudence et les tempéraments nécessaires. »

Telles sont encore les considérations qui ont certainement décidé la Chambre à voter la rédaction de la deuxième phrase de l'article 2 présentée par la commission : « En conséquence.... seront supprimées des budgets « de l'Etat, des départements et des communes, toutes dépenses relatives à l'exercice des cultes. »

38. A la séance du 13 avril 1905, M. Dansette proposa à la Chambre d'autoriser les départements et les communes à voter aux associations cultuelles des subventions destinées à faciliter l'exercice du culte ; M. Lepelletier demanda qu'en cas d'insuffisance des ressources des associations cultuelles, les conseils municipaux puissent, à titre exceptionnel et comme allocation individuelle, accorder des subventions spéciales aux familles nécessiteuses, pour leur faciliter l'accomplissement des cérémonies religieuses qui accompagnent le baptême, la première communion, le mariage et les funérailles. Le surlendemain, M. Auffray demanda également qu'on puisse inscrire aux budgets départementaux et communaux les dépenses occasionnées pour assurer la liberté de conscience et l'exercice du culte aux familles d'indigents inscrites aux bureaux de bienfaisance ou sur les listes d'assistance médicale gratuite[1]. Ces trois amendements, repoussés par la commission et le gouvernement, ont été écartés. Les bureaux de bienfaisance donnent des secours aux nécessiteux, sans leur fixer un usage déterminé : ceux qui les reçoivent peuvent les appliquer à une dépense cultuelle. Il est d'ailleurs hors de doute que l'Eglise ne refusera jamais aux indigents les secours de la religion, parce qu'ils n'auront pas d'argent pour les payer.

Sur une question de M. Groussau, M. le ministre de l'instruction publique et des cultes, d'accord avec le rapporteur, a reconnu que les communes ayant accepté des libéralités avec charge d'employer une partie des revenus à faire dire des messes, continueraient à être tenues d'exécuter la condition imposée à la donation ou aux legs, laquelle constitue une obligation de droit civil et non une subvention au culte[2].

39. *Emploi des disponibilités résultant de la suppression du budget des cultes* (art. 41). Par suite des exceptions temporaires que l'article 11 apporte au principe de la suppression des traitements ecclésiastiques, l'extinction du budget des cultes s'effectuera progressivement, dans des conditions qui seront étudiées au chapitre suivant. Le dernier projet de la commission, ainsi que tous les précédents, restait muet sur l'emploi que devraient recevoir les fonds rendus disponibles au fur et à mesure de cette extinction des crédits affectés aux cultes. Le gouvernement estimait que la question serait mieux résolue par la loi de finances, et, sans être opposée à la fixation immédiate d'un principe de répartition, la commission n'avait pas voulu prendre parti. Mais de nombreuses dispositions additionnelles, émanées de l'initiative parlementaire, obligèrent la Chambre à donner immédiatement la solution du pro-

---

(1) Voir *supra*, n° 17.

(1) Cet amendement, repris au Sénat par M. Riou, a été également repoussé (séance du 21 novembre 1905).
(2) *Chambre*, séance du 13 avril 1905.

blème.. La majorité se forma sur un texte présenté par MM. Balitrand, Lacombe et Caillaux, qui est devenu provisoirement l'article 35 *ter* et définitivement l'article 41, ainsi conçu : « Les sommes rendues disponibles « par la suppression du budget des cultes « seront réparties entre les communes, au « prorata du contingent de la contribution « foncière des propriétés non bâties qui leur « aura été assigné pendant l'exercice qui pré- « cédera la promulgation de la présente loi. »

Cette disposition vise un double but :

1° Affirmer dans la loi que l'Etat ne réalisera aucun bénéfice du fait de la suppression du budget des cultes. L'entretien des associations cultuelles imposera aux citoyens des sacrifices nouveaux ; si l'Etat ne les appelait pas à bénéficier de l'économie, chaque année plus importante, qu'il réalisera par la séparation, il augmenterait, en fait, les charges déjà si lourdes qui pèsent sur le contribuable ;

2° Faire profiter de ces économies principalement les communes rurales, où la population est le moins dense et dans lesquelles, par suite, la part contributive de chaque habitant dans les frais du culte sera la plus élevée. Ce résultat, désirable en théorie, a-t-il été atteint par le texte voté? On peut en douter, à lire des chiffres donnés par M. Vidal de Saint-Urbain au Sénat [1]. D'autre part, les frais de culte varient beaucoup d'une commune à l'autre; s'il existe entre eux et le dégrèvement obtenu une proportionnalité quelconque, ce sera un pur effet du hasard. La base de répartition adoptée a donc le tort d'être arbitraire et inadéquate au but poursuivi. De plus, elle écarte trop complètement, selon nous, les agglomérations urbaines.

40. Quoi qu'il en soit, chaque commune aura la liberté de faire de la somme qui lui sera attribuée tel usage qui lui paraîtra bon, de dégrever telle catégorie de centimes additionnels qu'elle voudra, de supprimer les prestations, d'employer la disponibilité à tel objet d'utilité communale qui lui conviendra, sous réserve, bien entendu, qu'elle ne pourra, même indirectement et par personne interposée, subventionner les cultes, en violation de l'article 2 de notre loi [2].

Il convient de remarquer que c'est la commune qui bénéficie de l'économie réalisée et non le contribuable. Celui-ci ne verra donc diminuer ses impôts que si le conseil municipal décide de dégrever les centimes communaux ou de supprimer les prestations. Autrement il n'en profitera que par l'extension que pourront recevoir les services communaux.

(1) *Sénat*, séance du 5 décembre 1905.
(2) En ce sens, M. Caillaux à la *Chambre* (séance du 30 juin 1905), M. Le Chevalier au *Sénat* (séance du 5 décembre 1905).

Pour le calcul de la part revenant à chaque commune, on ne devra tenir compte que du contingent de la contribution foncière, c'est-à-dire du principal seulement et non des centimes additionnels [1].

Un amendement de M. Rouanet, repris au Sénat par M. Vidal de Saint-Urbain, tendait à répartir les sommes rendues disponibles entre les communes, au prorata des dépenses du culte faites dans chaque localité. Un autre amendement de M. Lasies proposait de les répartir entre les communes et une caisse des retraites ouvrières. Ces deux amendements ont été écartés presque sans discussion.

§ 4. — *Suppression des établissements publics du culte* (art. 2, § 2)

41. Une dernière conséquence de la séparation est la suppression des établissements publics du culte réalisée par le dernier alinéa de l'article 2 : « Les établissements publics « du culte sont supprimés, sous réserve des « dispositions énoncées à l'article 3. »

D'une façon générale, on nomme *établissements publics* des institutions douées de la personnalité civile, ayant une existence distincte ainsi que des ressources propres et créées pour la gestion d'un service public. Dans la hiérarchie des personnes morales, ils viennent en quatrième rang, après l'Etat, les départements et les communes. Les uns sont chargés de services d'assistance, comme les bureaux de bienfaisance, les hôpitaux ; d'autres de l'instruction, comme l'Institut, les Universités, les lycées ; d'autres de services généraux intéressant le commerce, l'industrie, comme les chambres de commerce, les chambres consultatives d'agriculture ; d'autres enfin, du service des cultes, du moins jusqu'à la loi du 9 décembre 1905.

Les établissements publics se distinguent des *établissements d'utilité publique* qui sont des établissements privés fondés par des associations de particuliers, mais auxquels il a paru convenable de conférer le bénéfice de l'existence civile, à cause de l'utilité qu'ils peuvent présenter. Au point de vue pratique, la différence réside en ce que les établissements publics étant des services publics érigés en personnes civiles, leurs deniers sont des deniers publics assujettis aux règles de la comptabilité publique. leurs travaux sont des travaux publics, et l'Etat exerce sur eux une tutelle administrative étroite. Les établissements d'utilité publique jouissent, à quelques exceptions près, d'une bien plus grande indépendance.

42. On peut répartir en trois groupes les

(1) M. le ministre de l'instruction publique et des cultes au *Sénat* (séance du 5 décembre 1905).

établissements publics du culte reconnus comme tels par la jurisprudence du Conseil d'Etat (1) :

1° *Etablissements publics chargés d'assurer l'exercice de la célébration des cultes, l'entretien et la conservation des églises et des temples.* Ce sont :

Les fabriques (décret du 30 décembre 1809);

Les consistoires et les conseils presbytéraux pour l'Eglise réformée (décret du 26 mars 1852);

Les synodes particuliers (décret du 12 mars 1880), les consistoires et les conseils presbytéraux (décret du 26 mars 1852) pour l'Eglise protestante de la confession d'Augsbourg ;

Les consistoires israélites (ord. du 25 mai 1844).

2° *Etablissements publics chargés d'assurer l'instruction professionnelle des futurs ecclésiastiques.* Ce sont :

Les grands et les petits séminaires catholiques (décret du 6 novembre 1813) ;

Les facultés de théologie protestante (loi du 18 germinal an X) ;

Le séminaire israélite (ord. du 25 mai 1844).

3° *Etablissements publics chargés d'assurer matériellement le sort des ministres des cultes en fonction ou dans une position analogue à celle de la retraite.* Ce sont :

Les menses archiépiscopales ou archevêchés ;

Les menses épiscopales ou évêchés ;

Les menses curiales ou cures ;

Les menses capitulaires ou chapitres de chanoines. Le décret du 6 novembre 1813 a réglé la gestion des biens compris dans ces quatre menses dont les titulaires sont usufruitiers et qui doivent servir exclusivement à améliorer la condition de ceux-ci ;

Les caisses de secours pour prêtres âgés et infirmes (décrets du 13 thermidor an XIII et du 31 mars 1884) ;

La caisse générale des retraites ecclésiastiques (décrets du 22 janvier 1852 et du 28 juin 1853).

Tous ces établissements disparaissent, par le fait de la loi, pour faire place aux associations cultuelles constituées dans les formes réglées au titre IV. Le titre II détermine les conditions dans lesquelles s'effectuera l'attribution de leurs biens auxdites associations.

43. Contrairement au projet Briand, la loi du 9 décembre 1905 est muette sur le rétablissement ou la suppression définitive de notre ambassade auprès du Saint-Siège. Cette question, toute diplomatique, est, en effet, étrangère à l'application du régime de la séparation.

_____

(1) Nous empruntons cette répartition à l'ouvrage de M. Grunebaum-Ballin, sur le projet de séparation, p. 91, note 1.

La Russie, la Prusse, le Brésil, qui n'ont pas de Concordat, sont cependant représentés au Vatican. M. Reille à la Chambre, et M. le vice-amiral de la Jaille au Sénat, ont insisté sans succès pour le rétablissement de notre ambassade.

Quant à la suppression de la direction des cultes, visée, elle aussi, par le projet Briand, elle ne serait pas opportune tant que durera la période de transition entre l'ancien régime et le nouveau. D'ailleurs, elle ressort moins du domaine du législateur que de celui du pouvoir exécutif chargé de régler, par décrets rendus en Conseil d'Etat, l'organisation intérieure des ministères. La loi du 9 décembre 1905 a donc eu raison de rester muette également sur ce point.

CHAPITRE V

Exceptions au principe de la suppression du budget des cultes. — Aumôneries (art. 2). — Pensions et allocations (art. 11)

SECTION Iʳᵉ

MAINTIEN DES DÉPENSES D'AUMÔNERIE

44. Sur la proposition de MM. Sibille et Legrand, la Chambre (1) a ajouté au paragraphe premier de l'article 2 une dernière phrase ainsi conçue : « Pourront toutefois « être inscrites auxdits budgets (de l'État, des « départements et des communes) les dé-« penses relatives à des services d'aumônerie « et destinées à assurer le libre exercice des « cultes dans les établissements publics, tels « que lycées, collèges, écoles, hospices, asiles « et prisons. »

Dans son rapport, M. Briand avait indiqué que la suppression du budget des cultes n'empêcherait pas de rémunérer, à titre occasionnel, les ecclésiastiques qui seraient appelés à exercer leur ministère auprès des pensionnaires d'un établissement que, par respect pour la liberté de conscience, il faut mettre en mesure de recevoir les secours de la religion autant qu'ils le désirent. Ces ecclésiastiques devraient être assimilés « à des fournisseurs ordinaires, par exemple à un médecin occasionnel. » C'est pourquoi le projet de la commission ne contenait aucune disposition expresse maintenant les dépenses d'aumônerie.

Devant la Chambre, le ministre des cultes s'efforça de démontrer également l'inutilité de l'amendement Sibille. « Les hospices, les lycées, les collèges, dit-il, ont des budgets spéciaux qui sont absolument distincts de ceux de l'Etat; ce sont des établissements

_____

(1) Séance du 13 avril 1905.

autonomes, et il n'y a pas, dans le budget de l'instruction publique, de crédits particuliers pour rémunérer leurs aumôniers. En ce qui concerne les prisons, je reconnais que la situation est différente, parce qu'il y a au budget du ministère de l'intérieur un chapitre sur lequel sont payés les prêtres attachés aux établissements pénitentiaires. Mais que fait l'Etat, quand il donne une rémunération à l'ecclésiastique qui dessert une prison? Est-ce qu'il intervient pour assurer le culte public? En aucune façon. Il rémunère ce service comme il rémunère d'autres services dans le même établissement, tel que le service du médecin par exemple. » Et le ministre concluait : « Nous voulons laisser aux établissements la faculté de rémunérer les prêtres dont les services seront réclamés, par le moyen qui leur paraîtra le meilleur, soit sous forme d'une indemnité forfaitaire, soit sous forme de vacations ou d'abonnement. »

Le texte voté n'a, d'ailleurs, pas d'autre but, ainsi que l'ont déclaré ses auteurs, en réponse aux explications du ministre. Il n'impose aucun mode spécial d'organisation des services d'aumônerie.

L'énumération donnée par notre texte n'est pas limitative, comme l'indiquent les mots : « tels que ». C'est ainsi qu'on doit y ajouter les dépenses d'aumônerie des armées de terre et de mer. Le rejet, comme inutiles, de deux amendements présentés au Sénat et les visant *in terminis*, ainsi que les explications données à cette occasion par le ministre des cultes, ne laissèrent aucun doute sur ce point [1]. Le décret du **27** avril **1881**, fixant l'effectif des ministres du culte attachés aux armées en campagne, reste en vigueur, d'après les propres déclarations du ministre.

A l'inverse, le mot « écoles » vise uniquement les écoles supérieures : normale, polytechnique, Saint-Cyr, etc., et non les écoles primaires, dans lesquelles la loi du **28** mars **1882** a institué un régime de laïcité absolue.

SECTION II

PENSIONS ET ALLOCATIONS

45. La suppression du budget des cultes ne pouvait se faire brusquement sans entraîner des infortunes individuelles que le législateur n'avait pas le droit de causer. Les ecclésiastiques âgés, ayant rempli leur ministère pendant de nombreuses années, se seraient vus privés de toutes ressources et dans l'impossibilité d'assurer leur subsistance en se livrant à une autre occupation. Sans doute, ils n'ont subi aucune retenue en vue de la constitution d'une pension de retraite ; mais

ils avaient l'espoir de rester en fonctions leur vie durant, et la loi de séparation les congédie. Quant aux prêtres plus jeunes, ils conserveront leurs emplois actuels ou en trouveront d'équivalents, et seront rétribués par les associations cultuelles, ou bien ils auront encore assez d'activité pour se consacrer à d'autres œuvres et choisir d'autres occupations. Mais il fallait prévoir une période de transition, pour leur laisser le temps de s'assurer de nouveaux moyens d'existence. Au début, les associations cultuelles auront à se constituer et ne disposeront pas de toutes les ressources sur lesquelles il leur sera permis de compter dans un avenir un peu plus éloigné. En limitant leurs charges dans les premières années, on facilitera pour les fidèles le passage de l'état ancien au régime nouveau.

Ces considérations suffirent pour décider le Parlement à consacrer le double principe d'une pension viagère aux ecclésiastiques âgés ayant, pendant de longues années, rempli des fonctions rémunérées par l'Etat, et d'une allocation temporaire à tous les autres ministres du culte qui, par l'effet de la séparation, cesseraient de recevoir un traitement de l'Etat [1].

En vain M. Allard fit-il valoir devant la Chambre [2] que l'Etat n'avait aucun engagement vis-à-vis des personnes atteintes par la loi, et qu'en leur accordant pensions ou allocations, on faisait « un nouveau cadeau à l'Eglise ». M. Briand lui répondit que du moment qu'on supprimait un service public, il était conforme à l'esprit de la Révolution d'indemniser, dans une certaine mesure, les fonctionnaires qui en avaient assumé la charge.

A l'inverse, M. Louis Ollivier, à la Chambre [3], et M. Ponthier de Chamaillard au Sénat [4], demandèrent que les indemnités concordataires soient totalisées par circonscriptions ecclésiastiques actuellement existantes, et transformées en rentes sur l'État, pour la nue propriété en être inscrite au nom de la Caisse des dépôts et consignations, et l'usufruit au nom des associations cultuelles formées dans l'étendue de ces circons-

---

[1] *Sénat*, séance du 21 novembre 1905.

[1] Au moment du vote de la loi du 9 décembre 1905, les archevêques recevaient 15,000 fr. de traitement, et les évêques 10,000 fr. — Les curés étaient répartis en deux classes, avec traitements de 1,500 fr. et 1,000 fr.; les simples desservants touchaient 900 fr. jusqu'à soixante ans; 1,100 fr. de soixante à soixante-dix ans; 1,200 fr. de soixante-dix à soixante-quinze ans; 1,300 fr. au-dessus de soixante-quinze ans. Les vicaires, dans les villes de moins de cinq mille habitants, recevaient 450 fr. par an. Les pasteurs protestants étaient répartis en quatre catégories, aux traitements de 3,000 fr., 2,200 fr., 2,000 fr. et 1,800 fr. Depuis la loi du 8 février 1831, les ministres du culte israélite étaient rétribués dans la même proportion.
[2] *Chambre*, séance du 5 juin 1905.
[3] *Chambre*, séance du 5 juin 1905.
[4] *Sénat*, séance du 28 novembre 1905.

criptions et désignées par l'évêque. C'était le rétablissement du budget des cultes sous une forme déguisée. L'article 2 de la loi avait tranché la question, on ne devait plus y revenir; aussi l'amendement fut-il écarté par les deux assemblées.

M. Mézières proposa au Sénat, sans plus de succès, de maintenir, à titre viager, les traitements actuels payés par l'Etat aux ministres du culte.

L'article 11, tel qu'il a été voté, établit des pensions viagères et des allocations temporaires. Il importe d'examiner séparément ces deux formes d'indemnités.

§ 1er. — *Pensions et allocations à la charge de l'Etat*

A. — Pensions

46. *Taux.* — Les ministres du culte qui, lors de la promulgation de la loi, étaient âgés de *plus de soixante ans révolus* et ont, pendant *trente ans au moins*, rempli des fonctions ecclésiastiques rémunérées par l'Etat, reçoivent une pension annuelle et viagère égale aux *trois quarts* de leur traitement (art. 11, § 1er).

Ceux qui n'étaient âgés que de *plus de quarante-cinq ans*, et ont rempli, pendant *vingt ans au moins*, des fonctions ecclésiastiques rémunérées par l'Etat, reçoivent une pension annuelle et viagère égale à la *moitié* de leur traitement (art. 11, § 2).

Le premier projet de la commission accordait aux ecclésiastiques ayant au moins quarante-cinq ans d'âge et vingt ans de services une pension « proportionnelle au nombre des années de fonctions rétribuées », en laissant à un règlement d'administration publique le soin de fixer les bases de cette proportionnalité.

L'article 4 du projet Combes donnait des pensions variant de 900 à 250 fr. aux curés et vicaires répartis en trois classes : soixante ans d'âge et vingt-cinq ans de services, cinquante ans d'âge et vingt ans de services, quarante ans d'âge et quinze ans de services.

Le projet Bienvenu-Martin (art. 8) attribuait aux ministres des cultes « actuellement salariés par l'Etat » une pension viagère égale à la moitié ou aux deux tiers de leur traitement, suivant qu'ils compteraient vingt ou trente ans de services rétribués par l'Etat, avec un minimum de 400 fr., et un maximum de 1,200 fr.

Enfin, le projet définitif de la commission (art. 9) n'accordait qu'une pension égale à la moitié de leur traitement aux ministres du culte comptant vingt-cinq années de services rémunérés par l'Etat, les départements ou les communes, dont vingt années au moins au service de l'Etat.

On voit que les dispositions adoptées en fin de compte, à la suite d'un accord intervenu en séance, entre la commission, le gouvernement et M. Albert Le-Roy, auteur d'un amendement pris en considération par la Chambre (1), est plus large que tous les projets antérieurs, puisque, dans aucun d'eux, la pension ne pouvait atteindre les trois quarts du traitement.

47. *Conditions.* — En dehors des conditions d'âge et de durée des services spécifiés ci-dessus, il est nécessaire, pour qu'une pension à la charge de l'Etat puisse être allouée, que ces services aient été « rémunérés par l'Etat ». Plusieurs députés et sénateurs demandèrent en vain la suppression de ces mots écartant les vicaires des villes de plus de 5,000 habitants, les professeurs des séminaires, certains aumôniers, etc. On leur répondit que la loi nouvelle ne changerait nullement la situation de ces ecclésiastiques qui, déjà auparavant, ne touchaient rien de l'Etat. Les ministres du culte rétribués par les départements et les communes peuvent, ainsi qu'on le verra plus loin, en recevoir des pensions équivalentes à celles payées par l'Etat aux ministres qu'il salariait; il n'y avait donc aucune raison pour tenir compte, dans l'allocation des pensions à la charge de l'Etat, de services communaux ou départementaux (rejet d'amendements présentés dans ce but par M. Lemire à la Chambre et M. Ponthier de Chamaillard au Sénat) (2).

48. Par *fonctions ecclésiastiques*, on doit entendre exclusivement des fonctions relatives à l'exercice du culte. Sur une question posée au Sénat par M. Ponthier de Chamaillard, le ministre des cultes a précisé que les prêtres, principaux ou professeurs dans les collèges de l'Etat, doivent être considérés comme exerçant des fonctions d'enseignement et non des fonctions ecclésiastiques (3).

49. Pour avoir droit à une pension, il n'est pas nécessaire que, le jour de la promulgation de la loi, le ministre du culte occupe encore des fonctions ecclésiastiques rémunérées par l'Etat. Il suffit qu'il compte dans le passé trente ou vingt ans de services salariés par l'Etat, alors même que ces services auraient depuis longtemps pris fin. Cela se conclut du silence gardé par les paragraphes 1 et 2 de l'article 11, qui ne disent pas, comme le paragraphe 5 du même article relatif aux allocations, que les pensions ne seront accordées qu'aux ecclésiastiques « *actuellement* salariés par l'Etat ».

(1) *Chambre*, séance du 6 juin 1905.
(2) *Chambre*, séance du 6 juin 1905; — *Sénat*, séance du 28 novembre 1905.
(3) *Sénat*, séance du 29 novembre 1905.

Mais il est du moins nécessaire que le demandeur ait toujours conservé son caractère d'ecclésiastique, et qu'il l'ait encore à l'instant où la loi est entrée en vigueur. Cette condition ressort du paragraphe 3 de l'article 1er du règlement d'administration publique du 19 janvier 1906, relatif aux pensions et allocations : « En outre, si, lors de la « promulgation de la loi, l'intéressé *n'était* « *plus pourvu de fonctions ecclésiastiques* « *rémunérées par l'État*, il doit faire connaître « *les fonctions rentrant dans l'organisation* « *publique des cultes qu'il exerçait à cette* « *date*, à titre de ministre du culte. » Et la circulaire adressée par le ministre des cultes aux préfets, le 27 janvier 1906, sur l'application du décret, commente ainsi cette disposition :

« L'article 1er vise, par cette expression (fonctions rentrant dans l'organisation publique des cultes), les fonctions qui, sans être rétribuées par l'État, avaient cependant un caractère officiel et étaient consacrées par les lois et règlements ; je citerai, à titre d'exemples et sans que cette énumération soit limitative, les fonctions des chanoines agréés, des vicaires institués conformément à la loi du 18 germinal an X (art. 31) et au décret du 30 décembre 1809 (art. 38) et rétribués par les fabriques (D. de 1809, art. 40) ou par les communes, des pasteurs auxiliaires et des suffragants nommés ou agréés dans les formes voulues. — Ces fonctions n'entreront pas en compte pour la pension, puisqu'elles n'étaient pas rémunérées par l'État, mais leur exercice, lors de la promulgation de la loi du 9 décembre 1905, permet d'établir qu'à cette date leurs titulaires étaient encore des ministres du culte au sens de l'article 11 de ladite loi.

« Seront, au contraire, sans droit pour réclamer une pension en vertu de cet article, bien qu'ils aient précédemment rempli, pendant vingt ou trente ans, des fonctions rémunérées par l'État, les ecclésiastiques qui, lors de la promulgation de la loi, n'étaient plus pourvus d'aucun emploi légalement reconnu, soit parce qu'ils étaient passés dans la catégorie des ecclésiastiques libres, soit parce qu'ils étaient retraités. Ainsi, les titulaires de pensions précédemment concédées par l'État, les départements et les communes ou servies par la Caisse générale des retraites ecclésiastiques, établie par le décret du 28 juin 1853, n'auront pas droit en principe à une pension par application de l'article 11 de la loi du 9 décembre 1905 ; ils n'y pourront prétendre qu'exceptionnellement dans le cas où, après leur mise à la retraite, ils auront été pourvus d'un nouvel emploi rentrant dans l'organisation publique des cultes. » Ils auront alors la faculté d'option prévue aux paragraphes

1 et 2 de l'article 5 du décret, sur lesquels nous reviendrons, en étudiant le principe du non-cumul.

50. Pour les ecclésiastiques ne touchant plus de traitement de l'État au moment de la promulgation de la loi, la pension sera calculée sur le dernier traitement qui leur avait été payé par l'État.

Les titulaires de fonctions ecclésiastiques rémunérées par l'État seront admis à compter lesdites fonctions soit pour la pension viagère, soit pour l'allocation temporaire, alors même que leur traitement aurait été supprimé par mesure administrative. Il en sera différemment des ecclésiastiques qui, quoique nommés à une fonction de ministre du culte rémunérée par l'État, n'ont cependant pas touché de traitement à raison de l'illégalité de leur nomination : cette catégorie d'ecclésiastiques comprend un certain nombre de prêtres étrangers ou ordonnés à l'étranger et de membres de congrégations religieuses non autorisées (Instruction précitée).

51. *Maximum.* — Le paragraphe 3 de l'article 11 de notre loi fixe à 1,500 fr. le maximum du chiffre de pension qui pourra être alloué.

52. *Procédure.* — Les articles 1 à 4 du décret du 19 janvier 1906 règlent les formes de l'instruction à laquelle doivent être soumises les demandes de pension.

Tout ministre d'un culte prétendant à une pension viagère adresse sa demande, sur papier timbré, au préfet du département dans lequel il a rempli ses dernières fonctions ecclésiastiques rémunérées par l'État. Cette demande indique le nom, prénoms et domicile de l'intéressé, ses services ecclésiastiques rétribués par l'État et le montant du dernier traitement correspondant. En outre, si, lors de la promulgation de la loi, l'intéressé n'était plus pourvu de fonctions ecclésiastiques rémunérées par l'État, il doit faire connaître, ainsi que nous l'avons dit plus haut, les fonctions rentrant dans l'organisation publique des cultes qu'il exerçait, à cette date, à titre de ministre du culte.

La demande porte la signature légalisée du ministre du culte ; elle est accompagnée d'une expédition de son acte de naissance. Elle est inscrite à la date de sa réception sur un registre spécial et il en est donné récépissé daté et signé, avec indication des pièces jointes.

Le préfet soumet la demande avec ses annexes à une commission dont les membres sont nommés par lui. Cette commission est composée du secrétaire général de la préfecture ou d'un membre du Conseil de préfecture et de deux agents du ministère des finances. Le président est désigné par le préfet.

Le préfet joint au dossier un projet de liquidation établi en prenant pour base le dernier traitement payé par l'Etat, à l'exclusion de tout supplément ou indemnité accessoire. C'est ainsi qu'on ne doit pas tenir compte des indemnités de binage qui, en exécution de l'ordonnance du 6 novembre 1848, étaient attribuées par l'Etat à certains ecclésiastiques en sus de leur traitement. Les émoluments complémentaires qui pouvaient être payés aux ecclésiastiques par les départements, les communes ou les établissements publics, ne devront pas non plus entrer en ligne de compte.

Il devra être procédé tant par le préfet que par la Commission à un contrôle minutieux des services ecclésiastiques invoqués; il conviendra, à cet effet, de déterminer d'une façon exacte les dates de commencement et de cessation de chacune des fonctions et de s'assurer si réellement elles ont été rémunérées par l'Etat. A défaut d'états de services ou de documents de comptabilité, il pourra être justifié des fonctions ecclésiastiques et du traitement correspondant au moyen d'un certificat administratif ou d'un acte de notoriété par analogie avec ce qui est décidé par l'article 31 du décret du 9 novembre 1853 sur les pensions civiles (Instruction aux préfets, du 27 janvier 1906).

Les services admissibles sont arrêtés soit à la date de la promulgation de la loi, soit à la cessation des fonctions ecclésiastiques rémunérées par l'Etat, si ces services ont pris fin antérieurement à cette promulgation.

Dans le cas où le préfet estime que l'intéressé n'a pas droit à pension, il propose soit le rejet pur et simple de la demande, soit l'attribution d'une allocation temporaire.

La commission, après avoir vérifié les pièces produites, émet un avis tant sur la demande de pension que sur les propositions du préfet. Le préfet adresse ensuite le dossier au ministre des cultes avec ses observations.

Le ministre des cultes arrête la liquidation, en négligeant sur le résultat final du décompte les fractions de franc; il la soumet au ministre des finances et prépare un décret de concession qui est contresigné par les deux ministres. Ce décret mentionne les nom, prénoms, qualité, date et lieu de naissance du pensionnaire, la nature et la durée des services ecclésiastiques rémunérés par l'Etat, la quotité du traitement qui a servi de base à la liquidation, le montant de la pension et le domicile de l'intéressé.

Si le ministre des cultes rejette la demande de pension, il fait notifier sa décision en la forme administrative à l'intéressé, sous réserve du recours devant le Conseil d'Etat. S'il estime que l'intéressé n'a droit qu'à une allocation temporaire, il est procédé comme il est dit au chapitre II du décret.

Les décrets portant concession de pension sont publiés au *Journal officiel* (art. 12 du décret).

Sur une question de M. Riou au Sénat, relative à la nature des pensions instituées par la loi, le ministre précisa qu'elles constituaient des pensions du Trésor et seraient inscrites au grand-livre de la dette nationale [1]. L'article 12 du règlement d'administration publique ordonne cette inscription. Il ajoute qu'un certificat d'inscription sera établi par le ministre des finances et délivré par lui au titulaire, sous réserve du recours devant le Conseil d'Etat contre la liquidation.

53. *Forclusion*. — « Les demandes de pension devront être, sous peine de forclusion, formées dans le délai d'un an après la promulgation de la présente loi. » (Art. 11, § 13.) Aucune demande ne sera donc plus admissible à partir du 10 décembre 1906.

54. *Paiement*. — La jouissance des pensions commence le 1er janvier 1906 (art. 13 du décret). Elles sont payables par trimestre, aux échéances des 1er mars, 1er juin, 1er septembre et 1er décembre. Par exception et à titre transitoire, les deux premières échéances ont été fixées aux 1er avril et 1er juillet (art. 16 du décret).

Tout titulaire d'une pension doit, pour le paiement, produire, indépendamment de son titre, un certificat de vie délivré par le maire du lieu de sa résidence, et une déclaration portant qu'il ne jouit pas d'une autre pension ou d'un traitement alloué par l'Etat, les départements ou les communes et dont le cumul est interdit avec la pension qui nous occupe (art. 17 du décret).

55. *Péremption*. — Si pendant trois années consécutives les arrérages d'une pension ne sont pas réclamés, elle est rayée des registres du Trésor, sans que son rétablissement donne lieu à aucun rappel d'arrérages antérieurs à la réclamation (art. 16, § 2, du décret). Cette disposition ne fait que reproduire l'article 30 de la loi du 9 juin 1853 sur les pensions civiles, placé sous la rubrique : « Dispositions applicables aux pensions de « toute nature. »

56. *Non-cumul*. — Les pensions ainsi allouées « ne pourront se cumuler avec toute « autre pension ou tout autre traitement al« loué, à un titre quelconque, par l'Etat, les « départements ou les communes » (art. 11, § 9).

Trois cas peuvent se présenter :
1° Le ministre du culte, postérieurement à la promulgation de la loi, continue à jouir, à un titre quelconque, *d'un traitement* de l'Etat,

(1) *Sénat*, séance du 29 novembre 1905.

d'un département ou d'une commune. Il lui est interdit de cumuler avec la pension, mais il pourra, néanmoins, obtenir la concession d'une pension en vertu de l'article 11, sauf suspension du paiement des arrérages jusqu'à la cessation des fonctions rétribuées. Cette solution, déjà indiquée par le ministre des cultes sur une question de M. Joseph Brisson [1], est consacrée par l'article 6 du règlement d'administration publique.

2° Le ministre du culte remplissant, au moment de la promulgation de la loi, des fonctions rémunérées concurremment par l'Etat et par un département ou une commune, a droit à une pension de l'Etat et peut demander, en même temps, une pension au département ou à la commune qui, aux termes de l'article 11, paragraphe 7, a la faculté de la lui allouer. Il pourra toucher à la fois ces deux pensions liquidées à son profit d'après chacun des traitements qui lui étaient payés, car, dans cette hypothèse, il n'y a pas, à proprement parler, cumul des pensions accordées par l'article 11 avec une autre rémunération (art. 5, § 3, du décret) [2].

3° Avant la promulgation de la loi, le ministre du culte était déjà titulaire d'une pension de l'Etat, d'un département ou d'une commune, ou encore d'une pension de la Caisse générale des retraites ecclésiastiques. Nous avons dit plus haut que, dans ce cas, il ne pourra prétendre à une pension en vertu de l'article 11 que si, après la liquidation de sa retraite, il a été pourvu d'un nouvel emploi rentrant dans l'exercice public des cultes, qu'il a conservé jusqu'à la promulgation de la loi. Cette condition remplie, il devra opter entre la pension antérieurement acquise et celle que lui accorde l'article 11. Pareille éventualité n'avait pas été prévue par la loi, mais le règlement d'administration publique a comblé cette lacune dans son article 4, paragraphes 1 et 2.

57. *Réserves des droits acquis.* — Sous le bénéfice de l'observation qui précède, l'article 11, paragraphe 8, réserve expressément « les « droits acquis en matière de pensions par « application de la législation antérieure, ainsi « que les secours accordés soit aux anciens « ministres des cultes, soit à leur famille. » Cette disposition vise les ministres du culte qui ont subi des retenues en vue d'une pension de retraite qui devra être liquidée d'après la loi du 9 juin 1853 et non d'après notre article 11. Tels sont les aumôniers des lycées et collèges, les ministres des cultes de la Martinique, de la Guadeloupe et de la Réunion. Elle concerne également les prêtres

pensionnés par la Caisse générale des retraites ecclésiastiques (décrets des 22 janvier 1852 et 28 juin 1853). Les pensions et secours payés sur cette caisse aux prêtres pauvres, âgés ou atteints de maladies ou d'infirmités, ainsi qu'à leurs familles, étant facultatifs et révocables par simple décision ministérielle, il y avait utilité à en assurer formellement le maintien.

58. *Réversibilité.* — Sur un amendement de M. Albert Le-Roy, accepté par la Commission, la Chambre a ajouté à l'article 11 un paragraphe 4 ainsi conçu : « En cas de décès « des titulaires, ces pensions seront réver- « sibles, jusqu'à concurrence de la moitié de « leur montant, au profit de la veuve et des « orphelins mineurs laissés par le défunt et, « jusqu'à concurrence du quart, au profit de « la veuve sans enfants mineurs. A la majo- « rité des orphelins, leur pension s'éteindra « de plein droit. »

En vain MM. Cachet et Auffray cherchèrent-ils à faire étendre la réversibilité de pensions allouées à des ecclésiastiques célibataires, à leurs ascendants — père et mère — qui, au moment de l'attribution de la pension, étaient à leur charge et habitaient avec eux. Cette mesure, rappelant les dispositions de la loi du 9 avril 1898 sur les accidents du travail, fut écartée comme non conforme à la règle générale de réversibilité en matière de pensions [1].

Pour que la réversion puisse avoir lieu, il faut que le mariage du titulaire ait été célébré avant la promulgation de la loi (art. 8 du décret du 19 janvier 1900).

Si un ministre du culte, remplissant les conditions nécessaires pour obtenir une pension, décède avant l'expiration du délai d'un an prévu par l'article 11, paragraphe 13, sans avoir formé sa demande, la liquidation sera opérée au profit des ayants droit et la réversion effectuée en faveur de la veuve et des orphelins mineurs dans les conditions indiquées par notre paragraphe 4 (art. 7 du même décret).

La veuve et les orphelins mineurs prétendant à la réversion d'une pension adressent leur demande au ministre des finances en y joignant : 1° leur acte de naissance ; 2° l'acte de décès du pensionnaire ; 3° son acte de mariage ; 4° le brevet de pension qui lui a été délivré ou une déclaration constatant la perte de ce titre. La veuve produit, en outre, un certificat de non-divorce. Les orphelins produisent un extrait de la délibération du conseil de famille relative à la constitution de la tutelle (art. 10 du décret).

Le ministre des finances arrête la liquidation. Le décret de concession, rendu sur sa proposition, indique les nom, prénoms, date et lieu de naissance de la veuve et des orphelins, le chif-

---

(1) *Chambre*, séance du 7 juin 1905.
(2) Instr. aux préfets du 24 mars 1906.

(1) *Chambre*, séance du 7 juin 1905.

fre de la pension du mari ou du père, la quotité de la pension concédée à la veuve ou aux orphelins, la date d'entrée en jouissance et le domicile des intéressés (art. 11).

La jouissance est fixée au lendemain du décès du mari ou du père. Toutefois, conformément à l'article 40 de la loi du 16 avril 1895, il ne peut, en aucun cas, y avoir lieu, au profit des veuves et des orphelins, au rappel de plus de trois années d'arrérages antérieurs à la date de publication au *Journal officiel* du décret de concession (art. 13).

La pension de moitié allouée à une veuve et à des orphelins se partage en deux parties égales dont l'une est attribuée à la veuve et l'autre aux enfants mineurs. La répartition ne doit pas s'effectuer par portions viriles ; l'article 9, paragraphe 1er, du règlement vient dissiper le doute qui pouvait naître sur ce point, dans le silence de la loi.

Si l'ecclésiastique décédé ne laisse que des mineurs, ils ont droit à une pension égale au quart de celle de leur père (art. 9, § 3, du décret).

Le quart attribué aux mineurs se divise lui-même par tête, mais avec réversion de la part de chacun d'eux sur les autres, jusqu'à la majorité du dernier (art. 9, § 1er, du décret) [1].

59. *Personnel des facultés de théologie protestante.* — « La loi du 27 juin 1885, relative au personnel des facultés de théologie catholique supprimées, est applicable aux professeurs, chargés de cours, maîtres de conférences et étudiants des facultés de théologie protestante. » (Art. 11, § 10, de la loi.)

Les facultés de théologie protestante de Paris et de Montauban se trouvant supprimées, comme établissements publics, par la loi de séparation, le législateur se réfère, pour les indemnités devant être accordées au personnel, aux mesures prises, en 1885, lors de la suppression des facultés de théologie catholique. Dès lors, les professeurs recevront une allocation annuelle de 3,000 fr. à Paris et de 2,500 fr. en province, les chargés de cours 2,500 fr. à Paris et 2,000 fr. en province (loi du 27 juin 1885, art. 1er.) Toute pension acquise d'autre part par l'un ou l'autre de ces fonctionnaires devra être complétée à ce chiffre si elle est inférieure (art. 2). Enfin l'allocation est suspendue dans le cas où le bénéficiaire continue à remplir d'autres fonctions publiques rémunérées (art. 3). Quant aux étudiants des facultés supprimées, ils peuvent demander le remboursement de tous les droits de bibliothèque et d'examen qu'ils ont versés (art. 5).

(1) En sens contraire : Lhopiteau et Thibault, *Les Eglises et l'Etat*, n° 166.

B. — Allocations

60. *Taux.* — « Les ministres des cultes « actuellement salariés par l'Etat, qui ne réu- « nissent pas les conditions nécessaires pour « obtenir une pension, recevront, pendant « quatre ans à partir de la suppression du « budget des cultes, une allocation égale à la « totalité de leur traitement pour la première « année, aux deux tiers pour la deuxième, à « la moitié pour la troisième, à un tiers pour « la quatrième.

« Toutefois, dans les communes de moins « de 1,000 habitants pour les ministres des « cultes qui continueront à y remplir leurs « fonctions, la durée de chacune des quatre « périodes ci-dessus indiquées sera dou- « blée. » Ainsi disposent les paragraphes 5 et 6 de l'article 11.

Ces allocations temporaires ont surtout pour but de rendre moins sensible aux fidèles la suppression du budget des cultes et de faciliter la formation des associations cultuelles en limitant leurs charges pendant les premières années. C'est ce qui explique la distinction faite entre les petites communes et celles plus importantes, où l'association pourra trouver plus facilement des ressources.

61. *Conditions.* — Deux conditions sont exigées des ministres du culte pour qu'ils aient droit à l'allocation. Il faut d'abord qu'au moment de la promulgation de la loi, ils soient « actuellement salariés par l'Etat. » On sait que cette condition n'est pas exigée pour les pensions. Elle n'a pas pour effet d'écarter les ecclésiastiques frappés d'une suspension temporaire de traitement ; ce point a été fixé au Sénat sur une question de M. Ponthier de Chamaillard [1].

Il faut ensuite que les ministres du culte n'aient pas droit à une pension de l'Etat. Mais, contrairement à ce qui a été dit pour les pensions, le cumul avec une autre pension ou un traitement alloué par l'Etat, les départements ou les communes, n'est pas interdit : le paragraphe 9 de l'article 11 ne vise, en effet, que les pensions prévues aux deux premiers paragraphes dudit article.

Quant aux conditions que le ministre du culte doit remplir dans l'avenir pour continuer à avoir droit à son allocation, on doit distinguer suivant qu'il s'agit du paragraphe 5 ou du paragraphe 6.

a) Si le ministre du culte ne reçoit que l'allocation de quatre années prévue par le paragraphe 5, il n'a pas besoin de rester dans le même emploi ou dans la même paroisse, ni même de continuer à remplir des fonctions ecclésiastiques. Le texte ne lui impose

(1) *Sénat*, séance du 20 novembre 1905.

4

aucune obligation pour l'avenir ; son droit à l'allocation est définitivement acquis au jour de la promulgation de la loi.

b) Si, exerçant son ministère dans une commune de moins de 1,000 habitants, il a obtenu une allocation de huit années, il doit, pendant tout ce temps, continuer à exercer ses fonctions dans la même commune. « La loi, dit M. Maxime Lecomte dans son rapport au Sénat, a voulu par là favoriser le maintien du *statu quo* dans les campagnes, par l'intérêt qu'aura le prêtre à se mettre à la disposition de l'association cultuelle, par l'intérêt qu'aura l'évêque à le maintenir. »

Par *commune* dont la population entre en ligne de compte et dans laquelle l'ecclésiastique doit séjourner, il faut entendre la commune où se trouve situé l'édifice dans lequel se célèbre le culte, car c'est là seulement que le ministre exerce ses fonctions. « Cette remarque n'est pas sans importance pour les ministres protestants et israélites, dont les circonscriptions se composent de nombreuses communes. En ce qui concerne le culte catholique, il nous apparaît qu'on devra faire entrer en compte la population des communes rattachées, mais, s'il y a simplement binage, on ne devra faire état que de la population de la seule paroisse à laquelle se trouve attaché le curé ou le desservant [1]. »

62. *Procédure.* — Les allocations temporaires sont accordées soit sur la demande des intéressés, soit d'office par le ministre des cultes, lorsque, saisi d'une demande de pension viagère, il estime que l'ecclésiastique n'a droit qu'à une allocation.

Les formes et l'instruction des demandes d'allocations sont réglées par les articles 18 et 19 du décret du 19 janvier 1906. Elles ne diffèrent en rien de celles des demandes de pensions [2]. Toutefois, dans sa demande l'intéressé ne doit pas omettre de spécifier s'il entend réclamer le bénéfice du paragraphe 5 ou celui du paragraphe 6 de l'article 11.

Comme pour les pensions viagères, le ministre des cultes fixe le montant des allocations et prépare un arrêté de concession qu'il soumet au ministre des finances ; l'arrêté est signé par les deux ministres. Dans le cas où le ministre des cultes rejette une demande d'allocation, il fait notifier en la forme administrative sa décision à l'intéressé, sous réserve pour celui-ci du recours devant le conseil d'État (art. 20 du décret).

Les arrêtés de concession mentionnent les nom, prénoms, qualité, date et lieu de naissance du titulaire, son domicile, le chiffre de la population de la commune où il exerçait ses fonctions lors de la promulgation de la loi, la nature et la durée de ses services rémunérés par l'État, la quotité du traitement qui a servi de base au calcul de l'allocation, le montant de celle-ci, la durée de la jouissance (art. 21).

63. *Paiement.* — La jouissance des allocations commence le 1er janvier 1906. Elles sont payables par trimestre et à terme échu les 31 mars, 30 juin, 30 septembre et 31 décembre (art. 22 du décret).

Les formalités pour obtenir le paiement varient suivant que l'allocation est accordée en vertu du paragraphe 5 ou du paragraphe 6 de l'article 11. Le titulaire doit fournir, en effet, dans le second cas, des justifications qu'il n'a pas à produire dans le premier.

a) Il est établi, en faveur des titulaires d'allocations accordées par application du paragraphe 5, un livret muni de quittances à souche. Ce livret, dont le modèle est déterminé par le ministre des finances, porte les mêmes mentions que l'arrêté de concession ; il est délivré par ce ministre à l'intéressé et cette remise fait courir le délai de recours devant le Conseil d'État contr ela décision intervenue (art. 23 du décret).

Les titulaires produisent, pour le paiement, indépendamment de leur livret dont le payeur détache les quittances, un certificat de vie délivré par le maire du lieu de leur résidence (art. 24).

b) Il est délivré par le ministre des finances aux titulaires d'allocations accordées par application du paragraphe 6 une ampliation de l'arrêté de concession ; la remise de cette ampliation fait courir le délai du recours devant le conseil d'État (art. 25).

Ces allocations sont ensuite mandatées trimestriellement par le préfet. En vue de ce mandatement, les titulaires produisent, pour l'année 1906, un certificat de vie délivré par le maire, et, pour les années 1907 et suivantes, un certificat constatant qu'ils ont rempli leurs fonctions sans interruption depuis le 1er janvier 1906 dans la commune où ils les exerçaient lors de la promulgation de la loi. Ledit certificat est établi par le représentant de l'association cultuelle, qui assure la continuation de l'exercice public du culte dans la même commune. Le maire vise le certificat pour légalisation de signature et le complète par une attestation de résidence du ministre du culte (art. 26).

Si, à raison de l'insuffisance des justifications produites, le préfet estime que l'allocation du paragraphe 6 ne doit pas être payée, il mandate, au profit de l'intéressé, l'allocation à laquelle celui-ci aurait en droit, à la même échéance, s'il n'avait réclamé que le bénéfice du paragraphe 5. Au cas où les justifications

---

(1) Lhopiteau et Thibault, *Les Églises et l'État*, n° 175.
(2) Voir *supra*, n° 56.

requises seraient ultérieurement produites, il y aurait lieu à rappel de la différence (art. **27**).

Si le titulaire d'une allocation attribuée en vertu du paragraphe 6 cesse avant le 1ᵉʳ janvier 1910 de remplir ses fonctions dans la même commune, il a droit, à partir de ce moment, à l'allocation prévue au paragraphe 5 et il lui est délivré un livret, dans les conditions indiquées ci-dessus, pour la période restant à courir jusqu'au 1ᵉʳ janvier 1910 (même article).

§ 2. — *Pensions et allocations payées par les départements et les communes*

64. Aux termes du paragraphe 7 de l'article 11, « les départements et les communes « *pourront*, sous les mêmes conditions que « l'Etat, accorder aux ministres des cultes « actuellement salariés par eux des pensions « ou des allocations établies sur la même « base et pour une égale durée. » C'est donc une simple faculté, une mesure de générosité qui n'a rien d'obligatoire pour les administrations départementales ou communales [1].

65. *Pensions*. — La concession des pensions, que les départements et les communes peuvent accorder, en vertu de ce texte, aux ministres du culte qui étaient salariés par eux lors de la promulgation de la loi, est subordonnée à la justification des conditions d'âge et de durée des services ecclésiastiques exigées par les paragraphes 1 et 2 de l'article 11. Les seuls services ecclésiastiques admissibles sont, suivant les cas, ceux qui ont été rémunérés par le département ou la commune. La pension est fixée, conformément aux mêmes paragraphes, soit aux trois quarts, soit à la moitié du traitement qui était payé aux ministres du culte sur les fonds départementaux ou communaux (art. 29 du décret du 19 janvier 1906) [2].

Les demandes de pension sont adressées, pour les départements, au préfet et, pour les communes, au maire, dans les formes prescrites par l'article 1ᵉʳ du règlement d'administration publique ; il en est donné récépissé, daté et signé, avec indication des pièces jointes (art. 30).

Lorsqu'une demande a été reçue par le préfet ou le maire, le conseil général ou le conseil municipal décide s'il y a lieu, pour le département ou la commune, d'accorder la pension. Dans le cas de l'affirmative, le conseil

général ou le conseil municipal détermine les formes suivant lesquelles la pension est liquidée, concédée et payée (art. 31).

Les délibérations du conseil général ou du conseil municipal sont prises dans les conditions prévues par les lois des 10 août 1871 (art. 46) et 5 avril 1884 (art. 32), c'est-à-dire que le conseil général statue définitivement, sauf recours du préfet, pour excès de pouvoir et violation de la loi (art. 47 de la loi de 1871), et que la délibération du conseil municipal est exécutoire par elle-même et annulable seulement pour violation de la loi (art. 63 de la loi de 1884. Instr. aux préfets du 24 mars 1906).

Les pensions payées par les départements et les communes sont réversibles, dans les conditions fixées par le paragraphe 4 de l'article 11, au profit de la veuve et des orphelins mineurs. La demande de réversion doit être adressée, suivant le cas, au préfet ou au maire, dans les mêmes formes que pour une pension de l'Etat (art. 33 du décret). Les rappels d'arrérages n'ont lieu que dans les cas où ils sont admis pour les pensions de l'Etat (art. 35 du décret).

66. *Allocations temporaires*. — Les ministres du culte rétribués par les départements et les communes, ne remplissant pas les conditions d'âge et de services prévues par les paragraphes 1 et 2 de l'article 11, peuvent recevoir des allocations temporaires, dans les limites fixées par les paragraphes 5 et 6 du même article. Le conseil général ou le conseil municipal détermine les formes suivant lesquelles ces allocations sont liquidées, concédées et payées (art. 36 du décret). Le paiement des arrérages est subordonné, à partir du 30 janvier 1907, à la production d'un certificat constatant que l'ecclésiastique continue à remplir ses fonctions dans la même commune, ainsi qu'il est prescrit par l'article 26 du décret, pour les allocations à la charge de l'Etat (art. 37 du décret).

Les formes des demandes d'allocations et des délibérations qui les accordent sont les mêmes que pour les pensions (art. 38 du décret).

§ 3. — *Dispositions communes aux pensions et aux allocations*

67. *Incessibilité et insaisissabilité*. — Le paragraphe 11 de l'article 11 établit l'incessibilité et l'insaisissabilité de toutes les pensions et allocations accordées aux ministres du culte. Pour les pensions à la charge de l'Etat, l'incessibilité et l'insaisissabilité étaient la règle, mais pour les pensions payées par les départements et les communes, ainsi que pour toutes les allocations temporaires, il

---

(1) Mais, la pension ou l'allocation, une fois concédée, devient une dépense obligatoire pour la commune (art. 136, 7°, de la loi du 5 avril 1884. Instr. aux préfets du 24 mars 1906).

(2) Les rétributions accordées pour binage sur les fonds communaux doivent entrer en ligne de compte, à la différence des indemnités de binage payées par l'Etat (Instr. aux préfets du 24 mars 1906).

pouvait s'élever un doute que fait disparaître la disposition susvisée.

L'insaisissabilité a été admise dans les limites fixées par l'article 26 de la loi du 9 juin 1853, sur les pensions civiles, c'est-à-dire que la saisie n'en pourra être pratiquée que jusqu'à concurrence d'un cinquième pour débet envers l'Etat ou pour les créances privilégiées, aux termes de l'article 2101 du Code civil et d'un tiers dans les circonstances prévues par les articles 203, 205, 206, 207 et 214 du même Code.

68. *Déchéance.* — Les pensions et allocations cessent de plein droit, aux termes de l'article 11, paragraphe 11, *in fine :*

1° En cas de condamnation à une peine afflictive ou infamante;

2° En cas de condamnation pour l'un des délits prévus aux articles 34 et 35 de la loi : outrage ou diffamation par discours, écrits ou affiches, envers un citoyen chargé d'un service public; — provocation publique à la résistance aux actes légaux de l'autorité.

Au Sénat [1], M. Guillier ayant insisté pour la suppression de ce deuxième motif de retrait, comme trop *rigoureux*, le président de la commission lui répondit « qu'il était bien le moins que l'Etat ne continue pas ses libéralités à l'égard d'un ecclésiastique qui outrage un fonctionnaire ou prêche la révolte, et supprime pensions et allocations qu'en droit strict il ne doit pas. » Dans son rapport, M. Maxime Lecomte avait déjà dit :

« On a remarqué que les délits visés ont une sérieuse gravité et que, du moment où une condamnation intervenait, il serait choquant de voir qu'un prêtre qui aurait à ce point méconnu la réserve imposée par le caractère de ses fonctions, pût continuer à jouir d'allocations qui ne peuvent être considérées que comme une faveur, alors qu'un traitement proprement dit aurait pu être supprimé. »

Lorsque intervient une condamnation faisant cesser de plein droit une pension ou une allocation à la charge de l'Etat, cette déchéance est, sur le vu d'un extrait du jugement ou de l'arrêt adressé au ministre des finances par les soins du ministre de la justice, constatée par un décret rendu sur la proposition du ministre des finances, s'il s'agit d'une pension (art. 14 du décret du 19 janvier 1906), ou par un simple arrêté du ministre des finances, s'il s'agit d'une allocation (art. 28 du même décret).

Si la déchéance frappe une pension ou une allocation payée par un département ou une commune, elle est constatée par un arrêté préfectoral (art. 34 et 38 du décret).

69. *Suspension.* — « Le droit à l'obtention ou à la jouissance d'une pension ou

« allocation est suspendu par les circonstances qui font perdre la qualité de Français, durant la privation de cette qualité. » (Art. 11, § 12.) Cette disposition a été ajoutée au texte de la commission sur la proposition de M. Caillaux [1], pour établir une analogie complète avec les pensions civiles régies par la loi du 9 juin 1853, dont l'article 29 s'exprime en termes identiques.

Ce même article 29 de la loi de 1853 ajoute que le rétablissement de la pension ne peut donner lieu à aucun rappel d'arrérages. Le paragraphe 12 de notre article 11 ne le disant pas, l'article 15 du règlement d'administration publique a dû venir le compléter sur ce point.

CHAPITRE VI

Exception au principe de la suppression des établissements publics du culte. — Survie temporaire de ces établissements. — Inventaire (art. 3)

70. Le paragraphe 2 de l'article 2, appliquant le principe de laïcité, supprime les établissements publics chargés du service des cultes. En disparaissant par la volonté du législateur, ces personnes civiles laissent des biens vacants qu'il faut attribuer à de nouveaux propriétaires. Tel est le but du titre II de la loi, dans ses articles 4 à 10, que nous examinerons ultérieurement. Mais quels que soient les individus ou associations appelés à recueillir ces biens, il est certain que leur attribution exigera un temps plus ou moins long, pendant lequel ils ne peuvent demeurer sans maîtres. Le service des cultes n'admet pas d'interruption; il doit être assuré pendant la période de passage de l'ancien régime au nouveau.

Il fallait donc admettre un état transitoire et c'est ce qu'on a fait par l'article 3, dont le paragraphe 1er décide que « les établissements « dont la suppression est ordonnée par l'ar- « ticle 2 continueront provisoirement de « fonctionner conformément aux dispositions « qui les régissent actuellement, jusqu'à l'at- « tribution de leurs biens aux associations « cultuelles prévues par le titre IV et au plus « tard jusqu'à l'expiration du délai ci-après. » Et l'article 4, dans ses premiers mots, fixe à *un an* à partir de la promulgation de la loi le délai dans lequel il devra être procédé à cette attribution, faute de quoi, dit l'article 8, paragraphe 2, les biens de l'établissement public seront mis sous séquestre jusqu'à ce que leur attribution ait été faite d'office, par décret.

71. *Inventaire.* — En outre, l'Etat ne devait pas se désintéresser complètement de ce qu'allaient devenir les biens des établisse-

---

ments publics du culte jusqu'au jour de leur remise aux associations cultuelles. Ces associations n'existent pas encore et ne peuvent défendre leur patrimoine futur. Que l'on donne à l'Etat un droit de propriété supérieur sur les biens d'église, ou qu'on n'y voie qu'une propriété privée destinée à un usage particulier, on doit reconnaître avec M. Briand qu'il s'agit, en tous cas, d'une propriété d'un caractère très spécial, marquée d'une affectation qui ne disparaîtra pas avec l'établissement public. Au moment où il règle l'attribution des biens ecclésiastiques, c'est donc un devoir pour le législateur de prendre toutes précautions pour qu'ils ne soient pas dilapidés[1].

Ainsi s'expliquent les formalités d'inventaire auxquelles l'article 3, paragraphes 2 et suivants, prescrit de procéder, dès la promulgation de la loi.

Ces dispositions n'existaient pas dans le projet définitif de la commission. Celle-ci n'entendait pas cependant dispenser l'Etat d'exercer son contrôle sur la dévolution des biens, en vue d'empêcher tout détournement, mais elle avait pensé qu'il pourrait être, sans inconvénient, sursis à l'inventaire, jusqu'au jour où l'association cultuelle définitivement constituée serait mise en possession des biens, et elle laissait au règlement d'administration publique le soin de le prescrire. Au cours de la discussion générale, plusieurs députés, MM. Deschanel, Barthou, Ribot et Lacombe, exprimèrent le désir qu'au moment de la dévolution il soit procédé à un inventaire descriptif et estimatif avec le concours de l'Etat[2]. C'est pour leur donner satisfaction qu'au lieu de laisser au règlement d'administration publique le soin de fixer les conditions de cette formalité, la commission les inscrivit dans un nouveau texte présenté en cours de discussion[3].

Le 29 décembre 1905 parut le premier des règlements d'administration publique, rendus en exécution de l'article 43 de la loi, relatif à l'inventaire des biens ecclésiastiques.

72. *Objet et caractères de l'inventaire.* — « Dès la promulgation de la présente loi, dit « l'article 3, paragraphes 2 à 4, il sera procédé, « par les agents de l'administration des do-« maines, à l'inventaire descriptif et esti-« matif : 1° des biens mobiliers et immo-« biliers desdits établissements ; 2° des biens « de l'Etat, des départements et des com-« munes, dont les mêmes établissements ont « la jouissance. »

« Cette mesure conservatoire », dit M. Guillier au Sénat, « présente des avantages mul-

tiples aussi bien pour l'Etat, les départements ou les communes propriétaires des biens qui vont être attribués aux associations cultuelles, que pour ces associations qui vont en recueillir la jouissance. L'inventaire aura pour effet de constater d'une façon régulière la consistance des biens que les associations prendront en charge. Il est bon — je suis le premier à le reconnaître — afin d'éviter dans l'avenir une discussion sur la nature et la réalité des biens ainsi abandonnés, qu'il soit dressé un acte en quelque sorte solennel et contradictoire établissant nettement la situation des parties intéressées[1]. »

L'inventaire est fait par les agents de l'administration des domaines. C'est donc un inventaire *administratif*, d'une nature spéciale et exceptionnelle, uniquement régi par l'article 3 de la loi et le décret du 29 décembre 1905, à l'exclusion de toutes les règles qui, en droit commun, s'appliquent aux inventaires. Les agents des domaines en ont été chargés, comme les plus compétents et aussi les mieux qualifiés pour faire valoir les droits éventuels que l'Etat aurait à revendiquer sur les biens inventoriés.

Il doit être procédé à l'inventaire « dès la promulgation de la loi ». C'est, en effet, une mesure urgente que le législateur n'a pas cru devoir faire précéder d'une apposition de scellés qui aurait entravé le libre exercice du culte.

73. *Agents chargés des inventaires.* — « Le directeur général des domaines désigne les agents des inventaires dans chaque département. S'il y a lieu, il commissionne des agents auxiliaires, lesquels sont choisis exclusivement parmi les fonctionnaires appartenant aux services de l'administration des finances, déterminés par arrêté ministériel. » (Art. 1er du décret.)

Une instruction de la direction générale des domaines, en date du 2 janvier 1906, a invité les directeurs départementaux à utiliser tout le personnel assermenté se trouvant actuellement sous leurs ordres : inspecteurs, sous-inspecteurs, receveurs et receveurs intérimaires. Ces agents devront toujours être pourvus de leur commission et de l'ordre spécial de service qu'ils auront reçu[2].

Quant aux agents auxiliaires spécialement commissionnés, la nécessité de leur emploi n'a pas tardé d'apparaître, en raison de l'étendue du travail qui devait être fait à bref délai, et des nécessités du service courant auxquelles les receveurs ne pouvaient se soustraire. Aussi, par arrêté du 16 janvier 1906, le ministre des finances désigna-t-il les per-

(1) *Chambre*, séance du 17 avril 1905.
(2) *Chambre*, séances des 3 et 6 avril 1905.
(3) Explications du rapporteur à la Chambre, séance du 17 avril 1905.

(1) *Sénat*, séance du 22 novembre 1905.
(2) Instr. Dir. gén. enreg., du 2 janvier 1906, p. 8.

cepteurs des contributions directes pour collaborer aux inventaires comme agents auxiliaires des domaines.

Chaque percepteur, chargé d'un ou plusieurs inventaires, reçoit une commission pour laquelle il devient, pour cette besogne spéciale, un véritable agent de l'administration des domaines. La correspondance des percepteurs relative aux inventaires doit, en conséquence, être remise, par l'intermédiaire du trésorier général, au directeur des domaines chargé de résoudre toutes les difficultés, de donner toutes les instructions nécessaires ; les trésoriers généraux et les receveurs particuliers n'ont aucune décision à prendre en cette matière [1].

74. *Convocation des intéressés.* — Aux termes du paragraphe 5 de l'article 3, l'inventaire doit être dressé contradictoirement avec les représentants légaux des établissements ecclésiastiques, ou eux dûment appelés par une notification faite en la forme administrative.

En conséquence, l'article 2 du règlement d'administration publique prescrit de convoquer :

1° Pour les fabriques des églises et chapelles paroissiales, et pour les menses curiales ou succursales, le curé ou desservant et le bureau des marguilliers en la personne de son président ;

2° Pour les fabriques des églises métropolitaines ou cathédrales, l'archevêque ou l'évêque ou, en cas de vacance du siège, les vicaires capitulaires ou, à défaut de ceux-ci, le doyen du chapitre ;

3° Pour les menses archiépiscopales ou épiscopales, l'archevêque ou l'évêque ou, en cas de vacance du siège, le commissaire administrateur ;

4° Pour les chapitres, le chapitre en la personne du doyen ;

5° Pour les séminaires, le bureau d'administration en la personne de son président ;

6° Pour les maisons et caisses diocésaines de retraite ou de secours pour les prêtres âgés ou infirmes, le conseil d'administration en la personne de son président ;

7° Pour les conseils presbytéraux et consistoires des Eglises réformées, les conseils presbytéraux, consistoires et synodes particuliers de l'Eglise de la confession d'Augsbourg, les consistoires israélites, le conseil, consistoire ou synode en la personne du président.

Les avis de convocation, rédigés par les directeurs des domaines, sont notifiés aux intéressés par le préfet « en la forme administrative, » c'est-à-dire par un agent de l'autorité (maire, garde champêtre, commissaire de police), qui dresse un procès-verbal de cette formalité, lequel est transmis au directeur des domaines [1].

75. *Délais de convocation.* — La notification doit avoir lieu *cinq jours* au moins à l'avance (art. 2 du décret). Comme les dispositions du Code de procédure civile ne s'appliquent pas en la matière, nous ne pensons pas qu'il s'agisse ici d'un délai *franc* [2], mais, dans le doute, il sera plus prudent de le considérer comme tel.

C'est au directeur des domaines qu'il appartient de fixer les jour et heure de l'ouverture des opérations. après s'être concerté avec le préfet (art. 2, § 1er, du décret).

Si, pour une raison quelconque, les opérations ne peuvent être achevées au jour fixé, elles seront renvoyées par l'agent qui en est chargé à une date ultérieure, qu'il ne lui est pas prescrit de faire connaître aux intéressés ; et sans qu'aucune nouvelle convocation ait besoin de leur être adressée.

76. *Avis au maire.* — Avis des opérations est donné par le préfet au maire, qui pourra y assister (art 2, § 9, du décret). La présence du maire sera des plus utiles, tant pour le maintien de l'ordre et de la tranquillité publique que pour exercer les revendications qu'il aurait à formuler au cours de l'inventaire, dans l'intérêt de la commune.

77. *Assistance des intéressés aux opérations.* — Les divers conseils administratifs convoqués en vertu des dispositions susvisées peuvent assister en corps aux opérations d'inventaire. Ils peuvent également s'y faire représenter par un ou plusieurs délégués désignés parmi leurs membres (art. 3, § 1er, du décret). Les bureaux des marguilliers peuvent même se faire représenter par un ou plusieurs membres du conseil de fabrique, non marguilliers, et les consistoires israélites par le commissaire administrateur ou par un ou plusieurs membres des commissions administratives prévues par l'article 21 de l'ordonnance du 25 mai 1844 (art. 3, § 2, du décret).

Les archevêques et évêques peuvent se faire représenter par un membre du chapitre, les curés et desservants par un membre du conseil de fabrique (art. 3, § 3, du décret).

Enfin, l'article 3, § 1er, du décret reconnaît à chacun des membres des conseils administratifs le droit d'assister à l'inventaire à titre individuel et sans aucune délégation spéciale.

Aucune autre personne n'a qualité pour assister à l'inventaire et y formuler des dires ou protestations quelconques.

---

[1] Instr. Dir. gén. enreg., du 2 janvier 1906, p. 6, et modèles joints.

---

[1] Instr. Dir. gén. enreg., du 29 janvier 1906, p. 4.

[2] *Contra* : Lhopiteau et Thibault, p. 322.

Quant aux agents des domaines, ils sont autorisés à se faire accompagner de l'archiviste départemental, lorsqu'il s'agira d'inventorier des archives ecclésiastiques ou des bibliothèques importantes, mais en aucun cas ils ne peuvent faire appel au concours d'experts salariés [1].

78. *Absence des représentants des établissements inventoriés.* — « Dans le cas où aucun « des représentants de l'établissement ne se « rend à la convocation, il est passé outre « par l'agent des domaines, qui procède alors « en présence de deux témoins » (art. 4, § 1er, du décret).

La loi désire que l'inventaire soit établi contradictoirement, mais il ne faut pas que la mauvaise volonté des intéressés devienne un obstacle insurmontable. En l'absence de tout représentant de l'établissement public inventorié, l'agent des domaines se fera assister de deux témoins qui auront pour mission d'affirmer la réalité matérielle des énonciations contenues dans l'inventaire. Dans le silence de la loi, aucun serment ne devra être imposé à ces témoins, il suffit qu'ils aient la capacité civile, c'est-à-dire qu'ils soient majeurs et jouissent de leurs droits.

79. *Entraves aux opérations.* — Si l'agent rencontre un obstacle dans l'accomplissement de sa mission, il le constate et en réfère immédiatement, par l'intermédiaire du directeur, au préfet, qui prescrit les mesures nécessaires (art. 4, § 2, du décret).

Si, au début ou au cours des opérations, un incident d'une gravité exceptionnelle se produit, l'agent doit non seulement en dresser procès-verbal, mais encore en aviser télégraphiquement ou téléphoniquement son directeur, qui en informe d'urgence le préfet [2].

La circulaire adressée le 30 décembre par le ministre des cultes aux préfets précise ainsi les mesures que ces fonctionnaires devront prendre pour permettre à l'agent des domaines d'accomplir sa mission, notamment lorsque cet agent aura trouvé fermées soit les portes extérieures et intérieures d'un édifice religieux, soit celles des caisses ou armoires contenant les deniers, valeurs et titres d'un établissement ecclésiastique : « Dans ce cas, et si vous estimez qu'une intervention officieuse de votre part ne serait pas suffisante pour lever toute difficulté, vous prendrez un arrêté par lequel vous mettrez les représentants légaux de l'établissement en demeure d'avoir, aux jour et heure que vous fixerez pour l'ouverture effective ou la reprise des opérations de l'inventaire, à remettre les clefs

à l'agent des domaines, faute de quoi il sera procédé à l'ouverture des portes avec le concours d'un officier de police judiciaire. Si les circonstances l'exigent, il vous appartiendra de faire, dans les formes voulues, les réquisitions nécessaires. »

En l'espèce. il ne peut être question d'aller devant le juge des référés, car il s'agit d'un acte administratif dont il n'appartient pas à l'autorité judiciaire d'annuler les effets ou d'empêcher l'exécution [1]. L'article 945 du Code de procédure civile n'est pas applicable ici ; M. Groussau l'a invoqué à tort devant la Chambre dans son interpellation du 19 janvier 1906.

Toutefois, le juge des référés serait valablement appelé à se prononcer sur une question de propriété soulevée à l'occasion d'un inventaire. C'est ainsi qu'à la date du 22 mars 1906, le président du tribunal civil d'Amiens a rendu une ordonnance consacrant le droit de propriété d'un particulier sur une église bâtie sur un terrain privé, mais en ajoutant que la propriété de l'immeuble n'emportait pas présomption de propriété des meubles le garnissant, lesquels devaient, jusqu'à preuve contraire, être considérés comme appartenant à la fabrique et, par suite, figurer à l'inventaire. Les fabriques ont, en effet, la charge de fournir les objets nécessaires à l'exercice du culte et les communes sont réputées propriétaires des meubles qui se trouvaient dans les églises au moment de leur restitution au culte, en exécution du Concordat.

Mais l'arrêté de mise en demeure pris par le préfet est susceptible d'être annulé par le Conseil d'Etat, en cas d'excès de pouvoir ou de violation de la loi.

L'article 3 de la loi et le décret réglementaire ne prévoient aucune sanction spéciale pour les entraves apportées aux opérations d'inventaire, soit par les ecclésiastiques ou les représentants des conseils administratifs, soit par les particuliers. Les outrages, rébellions ou violences seront donc réprimés suivant les dispositions du Code pénal, et quant aux détournements d'objets mobiliers dans le but de les soustraire à l'inventaire, ils ne constitueront des vols ou des abus de confiance que s'ils réunissent les éléments constitutifs de ces infractions.

Le tribunal correctionnel de la Seine (8e Chambre) a décidé, par jugement du 22 mars 1906, que la protestation contre un inventaire ne contenant, dans ses termes, aucun appel direct, précis et formel,à la résistance, ne pouvait être considérée, lorsqu'elle émanait d'un ecclésiastique, comme une provocation à la révolte prévue et punie par l'ar-

---

(1) Instr. Dir. gén. enreg., du 2 janvier 1906, p. 15 et 16
(2) Instr. Dir. gén. enreg., du 2 janvier 1906, p. 6.

(1) Tribunal des conflits, 2 décembre 1902, et les conclusions de M. Romieu (Lebon, p. 713 et suiv.).

ticle 35 de la loi du 9 décembre 1905. L'article 5 du décret du 29 décembre 1905 reconnaît, en effet, le caractère licite de semblables protestations, puisqu'il prescrit de les insérer au procès-verbal d'inventaire.

80. *Opérations d'inventaire.* — L'inventaire est rédigé en simple minute et sur papier non timbré. Il contient notamment : 1° les noms, qualités et demeures des comparants ; — 2° l'indication des lieux où l'inventaire est fait ; — 3° la description et l'estimation de tous les biens mobiliers et immobiliers inventoriés ; — 4° l'indication des deniers et valeurs en caisse ; — 5° la déclaration des titres actifs et passifs ; — 6° la déclaration par les représentants de l'établissement, lors de la clôture des opérations, qu'à leur connaissance il n'existe pas d'autres biens susceptibles d'être portés à l'inventaire ou les mentions du refus de cette déclaration (art. 5 du décret).

Aux termes de l'article 6 du décret, la partie descriptive et estimative de l'inventaire est divisée en deux chapitres. Le premier comprend les biens de toute nature qui appartiennent à l'établissement. S'ils proviennent de l'Etat, mention en faite de cette origine, ainsi que des fondations pieuses qui les grèvent et de la date de ces fondations. S'ils ont une autre provenance, l'inventaire indique les affectations de toute espèce dont ils peuvent être grevés. Le second chapitre est relatif aux biens de toute nature appartenant à l'Etat, au département ou à la commune et dont l'établissement n'a que la jouissance.

L'inventaire étant fait d'urgence, la désignation des biens y sera forcément sommaire, tout juste suffisante pour les identifier et prévenir, par la suite, les détournements ou les substitutions. Autant que possible, l'origine de propriété des immeubles devra être indiquée. Les immeubles par destination définis par les articles 524 et 525 du Code civil seront décrits comme accessoires de l'immeuble auquel ils se rattachent.

L'évaluation sera faite autant que possible d'un commun accord avec les représentants de l'établissement ecclésiastique. A défaut d'entente, elle sera faite par l'agent des domaines ; en toute hypothèse, le procès-verbal indiquera de qui elle émane.

L'agent chargé de l'inventaire a le droit de se faire communiquer tous titres et documents utiles à ses opérations (art. 3, § 6, de la loi). Un certain nombre lui sont déjà remis, avec son ordre de service, par la préfecture et la direction des domaines. D'autres se trouvent entre les mains du représentant légal de l'établissement, qui devra en donner communication.

Les deniers et valeurs contenus dans l'ar-

moire à trois clés prescrite par l'article 50 du décret du 30 décembre 1809 seront également ment inventoriés, sauf à l'établissement, lors de l'attribution ultérieure des biens aux ayants droit, à justifier par sa comptabilité de l'emploi de ces sommes et valeurs aux besoins du service dont il aura dû, jusque-là, assurer l'exécution. Les titres de propriété seront catalogués et analysés d'une manière très sommaire ; ils ne seront ni cotés ni paraphés [1].

Les dires et protestations des intéressés, au cours des opérations, seront consignés dans l'inventaire (art. 6 du décret). L'expression : « intéressés » doit être entendue ici dans un sens très large et s'appliquer à de simples particuliers, pourvu que leurs observations se rapportent aux biens inventoriés.

Après lecture, l'inventaire est revêtu de la signature de l'agent des domaines et de celles des comparants ou des témoins. En cas de refus de signature, il en est fait mention (art. 7 du décret).

81. *Envoi de l'inventaire et dépôt à la préfecture.* — Aussitôt après la clôture des opérations, l'inventaire est adressé, par l'intermédiaire du directeur, au préfet pour être déposé dans les archives de la préfecture. Une copie conforme en est délivrée sans frais, par les soins du préfet, au représentant légal de l'établissement, sans préjudice du droit des intéressés d'en prendre communication sur place et d'en obtenir une expédition dans les conditions du tarif légal [2] (art. 8 du décret).

82. *Suppléments d'inventaire.* — Si, après la clôture de l'inventaire et avant qu'il ait été procédé à l'attribution des biens, il est découvert des valeurs mobilières qui n'y auraient pas été portées, il sera dressé un supplément d'inventaire (art. 9 du décret). Si cette découverte a lieu après la dévolution et la dissolution de l'établissement, la direction générale des domaines se réserve d'aviser aux mesures qui devront être prises [3].

83. *Force probante de l'inventaire.* — L'inventaire est établi, *tous droits et moyens des parties réservés* (art. 5 du décret). Il ne préjuge donc rien au sujet des droits qui peuvent être réclamés par tel ou tel sur les objets inventoriés. Il se borne à constater l'existence de ces objets en la possession de l'établissement et pourrait, tout au plus, constituer une présomption à l'encontre de ceux qui, l'ayant revêtu de leur signature, voudraient, par la suite, en combattre les énonciations.

(1) Instr. Dir. gén. enreg., du 2 janvier 1906, *passim*.
(2) Ces expéditions donnent lieu à la perception d'un droit de 0 fr. 75 par rôle (Loi du 7 mars an II, art. 37), et le timbre en sus (papier à 1 fr 80).
(3) Instr. Dir. gén. enreg., du 2 janvier 1906, p. 18.

CHAPITRE VII

Associations pour l'exercice public des cultes (titre IV, art. 18 à 24)

84. *Principe.* — L'article 2, paragraphe 2, de la loi du 9 décembre 1905 supprime les établissements publics du culte. Par quoi seront-ils remplacés ? Telle est la question que logiquement on doit se poser d'abord et qui, dans notre loi, n'est résolue que par le titre IV. C'est un léger défaut de méthode, qui a, d'ailleurs, été signalé au cours de la discussion, notamment par M. Ribot ; aussi croyons-nous opportun de donner dès maintenant le commentaire de ces dispositions. Avant de procéder à l'attribution des biens (titre II) et à la remise des édifices du culte (titre III), il faut que les associations cultuelles qui doivent les recevoir soient organisées et fonctionnent. Il importe donc de connaître, en premier lieu, leur mode d'organisation et de fonctionnement.

85. Nous avons dit que toute manifestation religieuse était, par essence, collective. Du jour où ils seront livrés à leurs propres moyens, les fidèles qui se réuniront pour prier seront naturellement portés à s'associer aussi en vue de pourvoir aux frais des cérémonies religieuses, à la rémunération de leurs ministres. La liberté du culte suppose donc la liberté d'association, et voilà pourquoi la loi du 1ᵉʳ juillet 1901 a été la préface nécessaire de la loi du 9 décembre 1905 [1]. Si le respect de la liberté des cultes, garantie par l'article 1ᵉʳ de notre loi, exige, en effet, que les associations formées pour leur exercice jouissent d'une large indépendance, il ne s'ensuit pas cependant que cette indépendance doive être sans limites. Le législateur a le devoir d'en fixer les bornes, d'abord pour empêcher que l'ordre public ne soit troublé, ensuite pour que ces associations qui, en raison de leur but spécial, se voient accorder par les titres II et III de la loi des avantages considérables, ne sortent pas de leur rôle et ne détournent pas de leur affectation particulière les biens à elles transmis ou simplement confiés.

« On a soutenu que ces règles imposées aux associations cultuelles dépassaient la compétence du législateur civil et empiétaient sur le domaine de la discipline ecclésiastique. Il est cependant difficile de comprendre comment une législation qui se contente de régler une attribution de biens, de protéger le patrimoine des familles, de sauvegarder l'ordre public et de contrôler une gestion d'un caractère purement temporel, pourrait porter atteinte aux questions de foi et de conscience et aux légitimes susceptibilités d'esprits religieux. Que ces règles soient contraires aux prétentions de l'Église romaine, qui veut tout régler elle-même quand elle en a la possibilité, c'est incontestable. Mais il est plus difficile d'établir qu'elles sont incompatibles avec une doctrine religieuse quelconque et qu'elles blessent, dans ce qu'ils ont de respectable, les droits et les intérêts des catholiques [1]. »

En fait, les articles 18 à 24 ou bien ne font qu'appliquer aux associations cultuelles les dispositions de la loi du 1ᵉʳ juillet 1901, ou bien les soumettent à un régime spécial plus avantageux (sources de revenus), ou encore édictent des prescriptions nouvelles (limitation des fonds de réserve) dont le besoin se faisait plus particulièrement sentir ici, mais qu'on pourrait légitimement étendre à toutes les autres associations [2].

86. *Définition de l'association cultuelle.* — Les associations pour l'exercice des cultes désignées, *brevitatis causa*, sous le nom d'*associations cultuelles*, sont, aux termes de l'article 18 de la loi du 9 décembre 1905, des associations formées pour « subvenir aux frais, « à l'entretien et à l'exercice public d'un « culte. » Les mots : *frais, entretien, exercice* embrassent les dépenses de toute nature nécessaires tant pour accomplir que pour préparer et faciliter les cérémonies du culte : acquisition ou location du local, des objets servant au culte et du mobilier à l'usage des fidèles assemblés ; — traitements et allocations des ministres du culte de tous grades [3], salaires de leurs auxiliaires ; — préparation aux fonctions ecclésiastiques, etc. Toutefois, si large que soit cette définition, elle ne s'applique qu'aux associations ayant pour objet l'exercice d'un *culte*, c'est-à-dire de pratiques accomplies en commun et tradui-

---

(1) Voir sur ces matières : H. TAUDIÈRE, 1° *Associations et congrégations*. Commentaire de la loi du 1ᵉʳ juillet 1901 ; 2° *Etablissement congréganiste* (ouverture et tenue sans autorisation d'un). Commentaire de la loi du 4 décembre 1902 ; 3° *Suppression de l'enseignement congréganiste*. Commentaire de la loi du 7 juillet 1904 ; 4° *Liquidation des biens et valeurs des établissements congréganistes*. Commentaire du décret du 2 janvier 1905. — Voir aussi G. BOUGAULT : *Sanctions civiles et pénales des lois nouvelles relatives aux Congrégations* (Revue de jurisprudence) ; chez *Léonce Belzacq, éditeur, 103, boulevard Saint-Michel*, à *Paris*.

(1) Rapport de M. Maxime Lecomte au Sénat.
(2) Voir sur cette extension : Grunebaum-Ballin, *La Séparation*, p. 307 et suiv.
(3) Il a été reconnu à la Chambre que l'association cultuelle pouvait être formée en vue de pourvoir aussi bien aux besoins futurs des ministres du culte qu'à leurs besoins présents. Elles peuvent donc, soit accessoirement, soit même exclusivement, se proposer d'assurer des pensions et indemnités aux ecclésiastiques atteints par l'âge ou les infirmités. (Réponse du rapporteur à un amendement de M. Lamy sur l'article 19. — *Chambre*, séance du 19 juin.)

sant par des signes extérieurs et perceptibles aux sens (prières, chants, discours) des croyances relatives aux rapports de l'homme avec Dieu. Toute association qui ne viserait pas à la réalisation de ces pratiques ne serait pas cultuelle, alors même qu'elle se proposerait de propager une doctrine religieuse, par la charité, par l'enseignement ou même par des missions auprès d'individus pratiquant une autre religion (1).

Il faut, de plus, que cet exercice soit *public*, c'est-à-dire ouvert à tous les fidèles, et non point réservé à une congrégation, une communauté ou à des particuliers quelconques. Une association formée en vue de l'exercice *privé* d'un culte ne pourrait invoquer que les dispositions de la loi du 1er juillet 1901.

Enfin, aux termes de l'article 19, l'association doit avoir *exclusivement* pour objet l'exercice du culte. Tout autre but, même accessoire, serait illicite et entraînerait la privation de la jouissance des édifices du culte (art. 13, n° 4), la dissolution de l'association et des poursuites correctionnelles contre les directeurs et administrateurs, en vertu de l'article 23. Cette limitation se justifie par la double nécessité d'assurer le maintien de leur affectation particulière aux biens remis à l'association, lesquels sont uniquement destinés à l'usage du culte, et d'empêcher l'association d'employer autrement que pour le culte les ressources spéciales qu'il lui est permis de recevoir.

Mais, ces restrictions admises, toute association ayant pour objet l'exercice d'un culte sera régie par le titre IV de notre loi. Peu importe qu'il s'agisse d'un culte ancien, reconnu ou non reconnu, ou d'un culte nouveau qui viendrait à se fonder. Peu importe également que l'association ait pour but immédiat l'accomplissement des cérémonies religieuses (associations substituées aux fabriques, aux consistoires et aux conseils presbytéraux) ou ne tende qu'à les préparer ou les faciliter en s'occupant de l'instruction et du bien-être matériel des ministres du culte (associations substituées aux séminaires, aux menses, aux caisses de retraites ecclésiastiques), ou encore qu'elle poursuive à la fois plusieurs de ces objets.

En étudiant l'article 4 relatif à l'attribution des biens des anciens établissements publics du culte, nous verrons que pour qu'une association cultuelle puisse y prétendre, il faut non seulement qu'elle se soit légalement formée, mais encore *qu'elle se soit conformée aux règles d'organisation générale du culte dont elle se propose d'assurer l'exercice.* Il importe de remarquer que cette condi-

tion nouvelle, dont on saisit facilement toute l'importance, n'est pas essentielle pour l'existence même de l'association. Si elle n'est pas remplie, alors que les prescriptions des articles 18 et 19 sont satisfaites, il y aura bien une association cultuelle, au sens du titre IV de la loi, mais elle ne pourra succéder à aucun des établissements publics du culte supprimés par l'article 2; elle ne bénéficiera d'aucune des concessions faites par les titres II et III.

SECTION I

FORMATION DES ASSOCIATIONS CULTUELLES

87. *Composition.* A) *Nombre minimum des membres.* — « Les associations cultuelles, « dit l'article 19, doivent être composées au « moins : dans les communes de moins de « 1,000 habitants, de sept personnes ; — « dans les communes de 20,000 habitants, de « quinze personnes ; — dans les communes « dont le nombre d'habitants est supérieur à « 20.000, de vingt-cinq personnes majeures, « domiciliées ou résidant dans la circonscrip- « tion religieuse. »

On a critiqué cette fixation comme pouvant, dans certains cas, entraver la formation de l'association cultuelle. Il est cependant nécessaire que les associations appelées à recevoir les biens des anciens établissements publics du culte soient des groupements sérieux et forment des collectivités effectives. La loi de 1867 fixe à sept le nombre des associés nécessaires pour former une société anonyme ; d'après le décret du 30 décembre 1809, le nombre des membres des conseils de fabrique était de sept dans les paroisses de moins de 5,000 habitants, et de onze dans celles de 5,000 habitants et au-dessus (1).

Pour obvier à toute difficulté, il a été reconnu dans la discussion que plusieurs paroisses sises dans la même commune, ou dans des communes différentes, pourraient se réunir et former une seule association cultuelle qui recevrait les biens de toutes les fabriques auxquelles elle se substituerait, « sous réserve que s'il se forme une association spéciale à l'une des paroisses, elle sera qualifiée pour contester l'attribution des biens faite à la première association (2). »

Le minimum des membres de l'association cultuelle ne doit être déterminé que d'après le nombre des habitants de la commune où

---

(1) En ce sens : Lhopiteau et Thibault, *Les Eglises et l'Etat*, n° 21.

(1) Le projet de la commission fixait d'abord un *maximum* uniforme de sept membres. Avant la mise en discussion de l'article 17, devenu l'article 19, elle a modifié son texte, et sa nouvelle rédaction a été adoptée par la Chambre.
(2) *Sénat :* Explications du ministre des cultes, séance du 1er décembre 1905.

elle a fixé son siège, alors même que sa circonscription s'étendrait sur plusieurs communes. Le président de la commission du Sénat l'a formellement déclaré (1).

« De plus, si l'association a son siège dans une commune de moins de mille habitants, elle devra avoir sept membres, mais pourra les recruter dans la commune et dans les communes environnantes comprises dans sa circonscription (2). »

88. B) *Capacité.* — Il faut et il suffit que les membres composant le groupement minimum exigé soient *majeurs*. On y pourra donc admettre :

1° *Les femmes.* — Pour les femmes mariées, la question de l'autorisation maritale se pose. Dans le silence de la loi, nous croyons qu'il sera prudent d'exiger une autorisation au moins tacite, par le concours du mari à l'acte d'association (3).

2° *Les étrangers.* — L'article 6 du projet Combes écartait les étrangers des fonctions de directeurs ou d'administrateurs des associations cultuelles. Cette exclusion ne se retrouve pas dans la loi du 9 décembre 1905 ; *a fortiori*, les étrangers pourront donc être simples membres de l'association. Ainsi on permet aux cultes étrangers de s'organiser aussi librement que nos cultes nationaux et on les soumet aux mêmes obligations.

89. C) *Domicile ou résidence.* — Enfin les membres visés par l'article 18 doivent être domiciliés, ou tout au moins résider, dans la circonscription religieuse. « Quelques étrangers à la circonscription, dit M. Briand dans son rapport, auraient pu fonder une association dans le but secret, en acquérant des biens ecclésiastiques, d'exercer une influence prépondérante sur toute une région. Il y aurait eu lieu de craindre que cette influence ne fût pas exclusivement religieuse. L'intrusion de ces associés aurait été de nature parfois à spolier de tout ou partie de leurs droits les associations locales. Quelques personnes aussi auraient pu trouver dans la loi le moyen, par leur inscription à un grand nombre d'associations, d'exercer une action illégitime. » L'article 3 du décret du 30 décembre 1809 exigeait, lui aussi, que les membres du conseil de fabrique fussent domiciliés dans la paroisse.

La fixation du domicile ou de la résidence se fera suivant les règles du droit commun.

Une personne ayant son domicile dans la circonscription d'une association cultuelle et une ou plusieurs résidences dans d'autres circonscriptions, pourra-t-elle faire partie de plusieurs associations ? Rien dans la loi ne l'interdit, et l'affirmative, qu'il faut dès lors admettre, se justifie par l'intérêt que la personne peut porter au culte dans ses diverses résidences où elle sera appelée à le pratiquer.

Les conditions de capacité et de domicile doivent être limitées aux sept, quinze ou vingt-cinq personnes exigées par l'article 19 pour constituer une association. Parmi les autres membres pourront se trouver des mineurs et des personnes n'ayant ni leur domicile ni même leur résidence dans la circonscription (1).

90. *Déclaration.* — « Les associations « formées pour subvenir aux frais, à l'entre-« tien et à l'exercice public d'un culte de-« vront être constituées conformément aux « articles 5 et suivants du titre Iᵉʳ de la loi « du 1ᵉʳ juillet 1901 » (art. 18 de la loi).

On sait que la loi du 1ᵉʳ juillet 1901 sur les associations répartit celles-ci en trois catégories :

1° Les associations non déclarées (art. 2), formées librement sans autorisation ni déclaration préalable, mais ne jouissant d'aucune capacité juridique ;

2° Les associations déclarées (art. 5) pouvant, sans aucune autorisation spéciale, ester en justice, acquérir à titre onéreux, posséder et administrer, en dehors des subventions de l'Etat, des départements et des communes : 1° les cotisations de leurs membres ou les sommes au moyen desquelles ces cotisations ont été rédimées, ces sommes ne pouvant être supérieures à 500 fr. ; 2° le local destiné à l'administration de l'association et à la réunion de ses membres ; 3° les immeubles strictement nécessaires au but qu'elles se proposent (art. 6).

3° Les associations reconnues d'utilité publique par décret rendu en la forme de règlement d'administration publique, pouvant faire tous les actes de la vie civile qui ne leur sont pas interdits par leurs statuts et recevoir des dons et legs dans les conditions prévues par l'article 910 du Code civil.

La loi de séparation range les associations cultuelles dans la seconde catégorie, tout en admettant une certaine extension de leur capacité juridique qui a paru nécessaire pour leur permettre l'accomplissement intégral de leur but strictement religieux.

Par suite, les associations cultuelles devront remplir les formalités de déclaration réglées

---

(1) *Sénat*, même séance.
(2) Rapport Maxime Lecomte.
(3) En ce sens : Lhopiteau et Thibault, *Les Eglises et l'Etat*, p. 53.

(1) Cette faculté a été formellement reconnue dans la discussion : 1° aux mineurs, pourvu qu'ils soient autorisés ou émancipés ; 2° aux étrangers à la circonscription, pourvu qu'ils soient admis par les statuts de l'association (*Sénat*, séance du 1ᵉʳ décembre 1905).

par l'article 5 de la loi du 1er juillet 1901, les articles 1 à 6 et l'article 31 du décret du 16 août 1901 et les articles 31 et 32 du décret du 16 mars 1906 rendu en exécution de l'article 43 de notre loi. En combinant ces textes, on peut analyser ces formalités de la façon suivante :

91. A) *Déclaration primitive.* — Au moment de la création de l'association, la déclaration est faite — sur papier timbré à 0 fr. 60 — par les directeurs ou administrateurs de l'association. Il suffit, d'ailleurs, qu'elle soit signée de l'un d'eux, du président par exemple [1] (décret du 16 août 1901, art. 1er ; décret du 16 mars 1906, art. 32, § 4).

La déclaration mentionne le titre et l'objet de l'association, le siège de ses établissements, les noms, prénoms, professions et domiciles de ceux qui, à un titre quelconque, sont chargés de son administration ou de sa direction (loi du 1er juillet 1901, art. 5, § 2) ; les limites territoriales de la circonscription dans laquelle fonctionne l'association (décret du 16 mars 1906, art. 31, § 2).

A la déclaration doivent être joints : 1° deux exemplaires des statuts (l. du 1er juillet 1901, art. 5, § 3) ; 2° une liste comprenant un nombre de membres majeurs et domiciliés dans la circonscription d'au moins sept, quinze ou vingt-cinq, suivant que l'association a son siège dans une commune de 1,000, 20,000 ou plus de 20,000 habitants (décret du 16 mars 1906. art. 32, § 3). Les pièces annexées sont certifiées sincères et véritables par les administrateurs ou directeurs de l'association (même article, § 4).

La déclaration doit être faite à la préfecture si le siège social de l'association est dans l'arrondissement chef-lieu, ou à la sous-préfecture de l'arrondissement non chef-lieu où l'association a son siège social. Pour le département de la Seine, les déclarations sont faites à la préfecture de police (décret du 16 août 1901, art. 4).

Il en est délivré récépissé contenant l'énumération des pièces annexées, daté et signé par le préfet ou son délégué ou par le sous-préfet (même décret, art. 5).

Dans le délai d'un mois et à la diligence des directeurs ou administrateurs de l'association, la déclaration doit être rendue publique au moyen de l'insertion au *Journal officiel* d'un extrait contenant la date de la déclaration, le titre et l'objet de l'association, ainsi que l'indication de son siège social (décret du 16 mars 1906, art. 1er, § 2). Cette publication a pour effet de rendre l'existence de l'association opposable aux tiers.

_____

[1] Instr. Min. Int. au préfet de l'Isère du 15 octobre 1901, citée par Lhopiteau et Thibault, *op. cit.*, p. 39.

L'extrait est reproduit, par les soins du préfet, au *Recueil des actes administratifs de la préfecture* (même article, § 3).

Toute personne a droit de prendre communication, sans déplacement, au secrétariat de la préfecture ou de la sous-préfecture, des statuts et déclarations, ainsi que des pièces faisant connaître les modifications de statuts et les changements survenus dans l'administration ou la direction. On peut même s'en faire délivrer à ses frais expédition ou extrait (décret du 16 août 1901, art. 2).

92. B) *Déclarations en cas de changements dans l'organisation ou l'administration.* — Les associations sont tenues de faire connaître, *dans les trois mois*, tous les changements survenus dans leur administration ou direction, ainsi que toutes les modifications apportées à leurs statuts (loi du 1er juillet 1901, art. 5, § 4). Ces déclarations complémentaires devront être faites dans les cas suivants :

1° Modifications aux statuts ; il y aura lieu de joindre deux exemplaires des dispositions modifiées.

2° Changements dans les personnes chargées de l'administration ou de la direction.

3° Nouveaux établissements fondés.

4° Changement d'adresse dans la localité où est situé le siège social (décret du 16 août 1901, art. 3).

5° Modifications apportées aux limites territoriales de la circonscription.

6° Aliénation de tous biens meubles et immeubles, attribués à l'association en exécution des articles 4, 8 et 9 de la loi du 9 décembre 1905 (décret du 16 mars 1906, art. 32, § 1er).

7° Acquisition d'immeubles que l'association est autorisée à posséder en vertu des lois de 1901 et de 1905. Mais, comme l'association cultuelle est astreinte à faire un inventaire annuel qui sera communiqué à l'administration, le décret du 16 mars 1906 (art. 32, § 2) la dispense de joindre à sa déclaration complémentaire l'état descriptif des immeubles acquis prescrit par l'article 3, n° 4, du décret du 16 août 1901.

8° Changement dans la liste du *minimum* des membres exigés ; on fera connaître les membres à supprimer et les noms, âges, professions et domiciles de ceux qui les remplacent (décret du 16 mars 1906, art. 32, § 3).

Toute déclaration complémentaire est faite dans les mêmes formes que la déclaration initiale (même article, § 4).

Tous ces changements et modifications ne sont opposables aux tiers qu'à partir du jour où ils ont été déclarés (loi du 1er juillet 1901, art. 5, § 5).

Les modifications et changements sont,

en outre, consignés sur un registre spécial tenu au siège de l'association. On y indique la date du récépissé de chaque déclaration complémentaire. Ce registre est coté par première et par dernière et paraphé sur chaque feuille par le préfet ou son délégué, ou par le sous-préfet. Il doit être présenté au siège social, sans déplacement, aux autorités administratives et judiciaires, chaque fois qu'elles en feront la demande (loi du 1er juillet 1901, art. 5, § 6 ; — décret du 16 août 1901, art. 6 et 31).

SECTION II

RESSOURCES DES ASSOCIATIONS CULTUELLES

93. *Principe.* — La capacité juridique des associations cultuelles rangées dans la catégorie des associations déclarées est fixée, en principe, par l'article 6 de la loi du 1er juillet 1901. Toutefois, en raison du but spécial de ces associations et des pratiques traditionnelles du culte, on devait leur permettre de recevoir certaines ressources particulières qui, tout en ne pouvant être détournées de leur fin religieuse, seront nécessaires pour leur procurer des moyens suffisants d'existence. D'où l'extension qu'apporte l'article 19, paragraphe 7, de notre loi à la capacité d'acquérir reconnue aux associations déclarées par la loi de 1901. Ici encore il faut combiner les deux textes, ce qui permet d'énumérer, ainsi qu'il suit, les diverses sources de revenus des associations cultuelles :

94. 1° *Cotisations* (art. 6 de la loi de 1901 ; art. 19, § 7, de la loi de 1905). — Les cotisations, prestations annuelles des membres de l'association, ne sont pas limitées quant à leur chiffre[1], mais elles ne peuvent être rachetées par le versement d'une somme supérieure à 500 fr. La loi de 1901 n'interdisant pas la perception d'un *droit d'entrée* au moment de l'admission d'un nouveau membre, les statuts peuvent valablement l'imposer.

95. 2° *Quêtes et collectes* (art. 19, § 7, de la loi de 1905). — Les quêtes et collectes sont des dons volontaires modiques, faits par les fidèles assemblés ou visités à domicile, soit pour les frais du culte en général, soit avec une affectation plus particulière : achat de tel ou tel objet, réparation de tel ou tel édifice, entretien de telle ou telle œuvre. Elles constituent des dons manuels assimilés à des au-

mônes et que la jurisprudence admet comme distincts des dons et legs pour lesquels une autorisation est nécessaire[1].

Pour être licites, les quêtes et collectes doivent être faites exclusivement « pour les frais du culte. » Cette expression doit, sans doute, s'entendre dans un sens large et comprendre tous les besoins auxquels les associations cultuelles sont appelées à satisfaire : frais des cérémonies, entretien des édifices, traitements des ministres, etc. ; mais elle exclut les quêtes pour les pauvres et pour les œuvres de propagande ou de mission, la charité et la propagande ne rentrant pas dans les attributions des associations cultuelles[2].

Nous pensons aussi que les associations ayant leur circonscription, leur organisation et leur fonctionnement particuliers, il n'est pas permis à l'une d'elles de faire des quêtes au profit d'une autre[3]. Ce n'est que dans le cas où une association aurait un supplément de recettes provenant de ses ressources propres, qu'elle peut l'attribuer à d'autres associations. Toutefois, une association faisant partie d'une union[4] pourrait, selon nous, faire des quêtes et collectes dans l'intérêt général de l'union.

Les quêtes et collectes pourront avoir lieu même en dehors des édifices consacrés à l'exercice du culte, car, au lendemain de la séparation, tout local pourra, moyennant une déclaration préalable, servir à cet exercice. « N'y aurait-il pas, en effet, quelque illogisme, alors que le culte peut être célébré partout, à localiser en certains endroits les quêtes et collectes ? Du reste, pareille prohibition resterait vaine. On ne peut saisir ni surprendre nulle part les dons manuels et, en définitive, pourquoi empêcher ceux qui, malades, infirmes ou même non pratiquants personnellement, ne fréquentent pas les églises, de participer cependant, s'ils le veulent, à des collectes pour l'entretien du culte[5] ? »

96. 3° *Rétributions pour les cérémonies et services religieux* (art. 19 de la loi de 1905). — Les sommes perçues par les associations cultuelles pour les cérémonies et services religieux ne sont que la rémunération d'un service demandé et reçu. Le législateur devait donc en autoriser la perception ainsi que le

---

(1) Trouillot et Chapsal : *Contrat d'association*, p. 91-94. Cela résulte des débats de la loi de 1901 au Sénat (déclaration de M. Waldeck-Rousseau sur les amendements Bérenger et Trarieux). Ainsi que le font très justement remarquer cès auteurs, une limitation à 500 fr. eût été plus rationnelle.

(1) Cass., 18 mars 1867. S., 67, 1, 295 ; — Avis Cons. d'Et., 13 mai 1893. Béquet, *Rép.*, v° Dons et legs, n° 348, etc.
(2) La jurisprudence était divisée sur le point de savoir si les quêtes pour les pauvres devaient être admises. Le Conseil d'Etat les considérait comme irrégulières, les aumônes aux pauvres ne pouvant être reçues que par les bureaux de bienfaisance.
(3) *Contra* : Lhopiteau et Thibault, *op. cit.*, p. 75.
(4) Voir *infra*, n°s 105 et suiv.
(5) Rapport Briand.

faisait, avant la séparation, la jurisprudence constante du Conseil d'Etat [1].

Les tarifs des cérémonies sont libres. M. Lepez avait proposé à la Chambre une disposition additionnelle ainsi conçue : « Aussi longtemps que l'Etat, le département ou la commune interviendront dans les dépenses du culte, soit pour le service de retraite aux anciens membres du clergé, soit pour l'entretien des édifices religieux, soit de toute autre façon, les tarifs des cérémonies relatives aux baptêmes, aux mariages, aux enterrements, seront uniformes pour tous les habitants de la commune, qu'ils appartiennent ou non aux associations cultuelles. » Et M. Bepmale demandait, par un autre amendement, que « les tarifs des cérémonies relatives aux baptêmes, aux mariages et aux enterrements, établis par les associations cultuelles, soient portés à la connaissance du public par voie d'affiches, à l'intérieur et à l'extérieur des édifices du culte. »

La Chambre repoussa ces deux textes pour cette raison donnée par le rapporteur que, après la séparation, l'Etat n'aurait pas à s'immiscer dans l'administration intérieure des associations ni à s'occuper de leurs tarifs ; qu'il serait, en outre, bien difficile d'empêcher les associations cultuelles d'accorder des préférences à certains fidèles et de leur faire des remises sur ces tarifs prétendument uniformes [2].

L'article 19 de notre loi admet que les cérémonies et services du culte pourront être rétribués même *par fondation*, c'est-à-dire par voie de dons et legs faits aux associations en vue de l'établissement d'une cérémonie ou d'un service à perpétuité. Mais il importe de limiter cette faculté par le principe qui interdit aux associations simplement déclarées de recevoir des libéralités [3]. En réalité, les fondations de messes et autres services religieux constituent moins une libéralité que la rémunération d'un service rendu ; elles participent bien plus du contrat à titre onéreux que de l'acte à titre gratuit, pourvu que les revenus de la somme qui s'y trouve consacrée n'excèdent pas sérieusement la valeur effective du service [4]. Dans

ce dernier cas, il ne faudrait pas hésiter à y voir une libéralité radicalement nulle aux termes de l'article 17 de la loi du 1er juillet 1901.

Pour éviter toute difficulté sur ce point, l'article 33, paragraphe 3, du décret du 16 mars 1906 exige que « les sommes à percevoir en vertu de fondations instituées pour cérémonies et services religieux, tant par acte de dernière volonté que par acte entre-vifs, soient, *dans tous les cas*, déterminées par contrat commutatif et représentent uniquement la rétribution des cérémonies et services. » Si la fondation est faite par acte entre-vifs, il faudra donc un contrat synallagmatique passé entre le fondateur et le représentant légal de l'association cultuelle. Si elle résulte d'une disposition testamentaire, elle n'aura que la valeur d'une charge d'hérédité obligatoire pour les héritiers ou légataires auxquels il appartiendra de passer avec le représentant de l'association le contrat de fondation. Dans tous les cas, ce contrat ne sera valable que s'il ne déguise pas une libéralité. C'est une question d'espèce que les tribunaux auront à trancher en se fondant sur les tarifs ordinairement adoptés par l'association.

Puisque les fondations de cérémonies et services religieux ne peuvent plus résulter que de contrats commutatifs, la convention ne sera exécutoire que pendant quatre-vingt-dix-neuf ans, à défaut d'une durée plus courte fixée par l'acte même.

Enfin, la fondation doit avoir pour objet une cérémonie ou un service nettement déterminé. Tous les amendements tendant à permettre les fondations pour tout ce qui concerne le culte, le logement et l'entretien des ministres, la décoration des édifices, les pauvres de la circonscription, etc., ont été repoussés par la Chambre [1] et le Sénat [2]. M. Maxime Lecomte, dans son rapport, admet les fondations ayant pour but d'assurer l'enseignement du catéchisme, mais il paraît s'être mépris sur le sens des débats à la Chambre [3], et nous ne pensons pas qu'une fondation de cette nature puisse être autorisée.

97. 4° *Location des bancs et sièges.* — Le décret du 30 décembre 1809 (art. 36, al. 5 et 6) comprenait dans le revenu des fabri-

---

(1) Le Conseil d'Etat déclarait irrégulière la perception de droits ou oblations tarifées à l'occasion de l'administration des sacrements, qui est essentiellement gratuite, mais elle l'autorisait : 1° pour les cérémonies qui s'ajoutent aux sacrements, par exemple les messes de mariage ; 2° pour les cérémonies étrangères à l'administration des sacrements : funérailles et sépultures, services et solennités passées en coutume, obits et anniversaires, messes ordinaires et de fondation, vêpres et saluts, recommandations au prône (Avis Cons. d'Et. du 19 juillet 1900, cité par Lhopiteau et Thibault, *op. cit.*, p. 79.)

(2) *Chambre*, séance du 22 juin 1905.
(3) Voir *infra*, n° 89.
(4) En droit canonique, les fondations de messes avaient déjà le caractère de contrats à titre onéreux

(Grunebaum-Ballin, *La Séparation*, p. 299). La jurisprudence des tribunaux civils et de l'administration de l'enregistrement leur reconnaissait également ce caractère, quelle qu'en fût l'importance. Le Conseil d'Etat distinguait suivant le rapport entre la somme affectée à la fondation et l'importance du service réclamé.
(1) *Chambre*, séance du 19 juin 1905.
(2) *Sénat*, séance du 1er décembre 1905.
(3) L'amendement de M. Auffray, repoussé par la Chambre, visait les fondations « pour l'instruction religieuse des fidèles de tous les âges. »

ques « le prix de la location des chaises et le produit de la concession des bancs placés dans les églises. » Désormais, les chaises et bancs pourront encore être *loués*, pour la durée d'un service religieux, moyennant une rétribution dont le tarif sera librement fixé par l'association cultuelle, ou *concédés*, pour un temps plus ou moins long, mais seulement à titre onéreux. L'interdiction de recevoir à titre gratuit, qui frappe les associations cultuelles, s'oppose aux concessions faites à un bienfaiteur en reconnaissance de sa libéralité.

98. 5° *Fourniture des objets destinés au service des funérailles dans les édifices religieux et à la décoration de ces édifices.* — La loi du 28 décembre 1904 a supprimé le monopole des fabriques et consistoires en ce qui concerne le « service extérieur » des pompes funèbres, et leur a interdit d'en être les entrepreneurs. Ce « service extérieur » appartient maintenant aux communes, « à titre de service public. » Les seules fournitures réservées aux associations cultuelles sont donc celles relatives au service « intérieur », à la décoration « intérieure » de l'édifice religieux. On peut y comprendre également la décoration de la chapelle ardente érigée soit dans la chambre, soit dans le vestibule de la maison mortuaire, qui reste à la discrétion des familles (Circ. min. Int. du 25 février 1905) [1]. Les associations cultuelles demeurent libres de fixer comme elles l'entendent le tarif des fournitures qui leur sont confiées; notamment la disposition de l'article 3 de la loi du 28 décembre 1904, qui déclare gratuit pour les indigents le service attribué aux fabriques, ne saurait désormais obliger celles-ci [2].

99. *Interdiction de recevoir à titre gratuit.* — Les associations cultuelles rentrant dans la catégorie des associations *déclarées* ne peuvent, à ce titre, recevoir de libéralités ni entre-vifs ni testamentaires. Les dons et legs ne figurent pas non plus dans l'énumération des ressources spéciales prévues par l'article 19, et un amendement de M. Auffray tendant à autoriser les dons et legs en faveur des associations cultuelles a été repoussé par la Chambre [3]. On a ainsi privé les associations du droit de recevoir des *fondations* faites dans l'intérêt général de l'œuvre et non pour la rémunération d'un service déterminé. Ces fondations, qui ne font qu'accroître la mainmorte, entravent la libre circulation de la richesse. Leur perpétuité les fait survivre au besoin qu'elles ont eu, à

l'origine, pour but de satisfaire ; elles ne servent qu'à favoriser le pouvoir de « thésaurisation » des associations que le législateur a précisément entendu limiter.

99 *bis.* Mais si les associations cultuelles ne peuvent recevoir les libéralités venant de particuliers, le paragraphe 8 de l'article 19 les autorise à s'en faire entre elles : « Elles pourront verser, sans donner lieu à perception « de droits, le surplus de leurs recettes à « d'autres associations constituées pour le « même objet. » « La loi, dit M. Briand dans son rapport, qui eût empêché les paroisses les plus riches de secourir les plus pauvres, et l'opulence des unes de venir en aide à la pénurie des autres, eût été véritablement injuste. » Le texte ne fixe pas de limites à cette aide mutuelle que peuvent se prêter les associations. Peu importe, par conséquent, la situation du siège social de l'association qui donne et de l'association qui reçoit, et peu importe le montant de la somme reçue [1]. Toutefois, le règlement d'administration publique du 16 mars 1906 (art. 34, § 4) décide que « les revenus des biens attribués « avec leur affectation spéciale à des associa- « tions, en vertu des articles 4, 8 et 9 de la « loi, ne peuvent être employés à des sub- « ventions en faveur d'autres associations. »

100. *Interdiction de recevoir des subventions.* — « Les associations cultuelles ne « pourront, sous quelque forme que ce soit, « recevoir des subventions de l'Etat, des dé- « partements ou des communes. Ne sont pas « considérées comme subventions les som- « mes allouées pour réparations aux monu- « ments classés » (art. 19, § 9). Cette dérogation exceptionnelle au droit commun des associations déclarées n'est qu'une application du principe énoncé à l'article 2 de notre loi [2]. Elle est conçue en termes très absolus et s'étend à toutes les subventions déguisées. Cependant une association cultuelle pourrait se charger d'assurer les services d'aumônerie que l'Etat, les départements et les communes sont encore autorisés à rémunérer.

SECTION III
STATUTS — DEVOIRS ET PRÉROGATIVES DES ASSOCIÉS

101. *Statuts.* — Sur tous les points que la loi n'a pas réglés par des dispositions particulières, les associations cultuelles jouissent de la liberté la plus absolue pour la rédaction de leurs statuts : « Nous sommes tous d'accord, dit M. Buisson à la Chambre, pour lais-

(1) En ce sens : Lhopiteau et Thibault, *op. cit.*, n° 73.
(2) *Eod. loco.*
(3) Séance du 19 juin 1905.

(1) De Lamarzelle et Taudière, *Commentaire de la loi du 9 décembre 1905*, p. 257.
(2) Voir *supra*, n°⁸ 33 et suiv.

ser aux catholiques, au clergé actuellement en fonctions, aux conseils de fabrique, le droit et le soin de faire la rédaction de ces statuts, qu'ils viennent de Rome ou qu'ils viennent de chaque diocèse, qu'ils soient ou non modifiés dans chaque paroisse. Aucun de nous n'a le droit d'exiger que ces statuts soient faits de telle ou telle façon. C'est l'affaire de l'assemblée des citoyens catholiques qui les signeront [1]. » Et l'article 30 du règlement du 16 mars 1906 confirme cette liberté en déclarant que « les associations cultuelles se constituent, s'organisent et fonctionnent librement sous les seules restrictions résultant de la loi du 9 décembre 1905. »

Ces associations auront donc toutes facilités pour adopter la forme qui s'adaptera le mieux aux règles générales d'organisation de leur culte. Monarchiques et hiérarchisées pour la religion catholique, elles seront démocratiques et parlementaires chez les protestants et les israélites. De même, rien n'empêchera de soumettre leurs décisions au contrôle et à l'approbation d'une autorité supérieure, telle que l'Ordinaire. Le président pourra être un ecclésiastique ; le nombre des membres pourra en être limité, pourvu qu'il atteigne le *minimum* prescrit.

102. *Conditions d'admission.* — Les statuts détermineront aussi souverainement les conditions d'admission des associés, le montant des cotisations, l'époque de leur exigibilité. L'une des conditions d'admission sera toujours de faire profession de la religion à laquelle appartient l'association. De plus, l'assemblée générale ou le comité directeur conservent le droit d'écarter, dans les conditions fixées pour les formes d'admission, les personnes qui, tout en déclarant adhérer aux statuts, ne leur sembleraient pas offrir des garanties suffisantes. M. Buisson avait présenté à la Chambre [2] un amendement aux termes duquel : « Les associations devront être ouvertes à tous ceux qui rempliront les conditions d'admission prévues par les statuts. En cas de contestation relative soit à l'inscription ou à la radiation de membres de l'association, soit à l'exécution des statuts, il sera pourvu au règlement du litige par le tribunal civil du ressort. » Cet amendement a été écarté comme constituant une immixtion abusive de l'Etat dans les choses religieuses. On ne peut introduire de force dans les associations cultuelles des membres que M. Ribot a justement qualifiés de « catholiques par autorité de justice. »

103. *Attributions des membres de l'asso-*

ciation. — Les statuts fixent encore les fonctions et attributions des divers membres de l'association : membres du bureau, comité de direction, administrateurs, ainsi que leur mode de nomination. Ils règlent le nombre et la date des assemblées générales, le *quorum* nécessaire, etc.

104. *Droit pour les associés de se retirer en tout temps.* — « Chacun de leurs membres pourra s'en retirer en tout temps, « après paiement des cotisations échues et de « celles de l'année courante, nonobstant « toute clause contraire » (art. 19, § 5) [1]. Ce texte étend à toutes les associations cultuelles la disposition de l'article 4 de la loi du 1er juillet 1901 qui, elle, ne s'applique qu'aux associations formées pour un temps indéterminé. D'ordinaire, les associations cultuelles rentreront dans cette catégorie, mais on a voulu qu'en toute hypothèse, la liberté des associés fût sauvegardée, l'engagement qu'ils prennent relevant surtout du domaine de la conscience et de la foi. Cette liberté existera, « nonobstant toute clause « contraire », soit dans les statuts, soit dans l'engagement signé par chaque associé. Elle est subordonnée au versement des cotisations « de l'année échue et de l'année courante », car ces dernières peuvent n'être payables que par mois ou par trimestre, mais sont dues dès le commencement de l'exercice, au début duquel l'association a dressé son budget en tenant compte du nombre des membres inscrits à cette époque. Il s'ensuit que par « année courante » on doit entendre l'année sociale et non celle partant du jour où la démission est donnée.

A l'inverse, l'association a le droit d'*exclure*, dans les conditions fixées par les statuts, les membres qu'elle jugerait indignes. Mais sa décision serait, nonobstant toute clause contraire, susceptible de recours, de la part de l'exclu, devant le tribunal civil, juridiction de droit commun pour les litiges nés de conventions entre particuliers [2].

SECTION IV
UNIONS D'ASSOCIATIONS

105. *Formation d'unions.* — « Les asso- « ciations peuvent, dans les formes déter- « minées par l'article 7 du décret du 16 août « 1901, constituer des unions ayant une admi- « nistration et une direction centrale ; ces « unions seront régies par l'article 18 et par « les cinq derniers paragraphes de l'article 19 « de la présente loi. » (Art. 20.)

---

[1] *Chambre*, séance du 15 juin 1905.
[2] *Chambre*, séance du 15 juin 1905.

[1] Amendement présenté par M. Péronneau et voté par la Chambre le 19 juin 1905.
[2] En ce sens : Lhopiteau et Thibault, *op. cit.*, n° 76, et les arrêts cités : Toulouse, 14 février 1895 (S., 95, 2, 93) ; Nancy, 14 novembre 1892 (D., 92, 2, 434).

Dans son rapport, M. Briand établit ainsi la nécessité de ne fixer aucune limite au droit des associations cultuelles de se grouper en unions : « Il n'eût été ni juste ni loyal de refuser aux associations cultuelles la faculté de s'organiser selon des formations qui tiennent aux règles essentielles de l'Eglise et à sa constitution même. C'eût été faire obstacle à l'exercice de la religion et, par là, porter la plus grave atteinte à la liberté de conscience. L'Eglise catholique, en effet, n'est pas seulement divisée en paroisses ; elle l'est aussi en diocèses. Cette dernière formation, pour subsister, implique forcément, au profit des associations paroissiales, le droit de se fédérer par région diocésaine. Or, tous les diocèses sont reliés hors de France par une direction unique bien autrement redoutable que celle qui pourrait leur venir de l'association nationale. Alors à quoi servirait d'interdire celle-ci et comment le pourrait-on ? Ne serait-il pas, au contraire, plus dangereux encore de ne permettre aux associations de ne prendre contact qu'à Rome pour toute l'administration des affaires ecclésiastiques de France ? »

Ce besoin d'unions se fait encore plus sentir pour les religions protestantes et israélite, comprenant un grand nombre de petites communautés disséminées qui ne peuvent vivre qu'à la condition de s'entr'aider, et organisées suivant un régime parlementaire qui donne au synode national ou au conseil central un pouvoir général de direction et de contrôle. Le projet Combes n'autorisait cependant les unions que dans l'étendue du département et le projet Bienvenu-Martin les limitait à dix départements en les privant de toute capacité juridique. On redoutait une accumulation de ressources trop considérable, en même temps qu'une puissance sociale incompatible avec le souci de l'ordre public. « Un Etat religieux, dit M. Allard [1]. » Mais ces craintes ont paru exagérées. Les réserves des unions, comme celles des associations, sont limitées par la loi, et les unes comme les autres ne peuvent avoir pour objet exclusif que l'exercice du culte.

106. *Régime des unions.* — Les unions sont soumises :

1° A l'article 7 du décret du 16 août 1901, aux termes duquel « les unions d'associations « ayant une administration ou une direction « centrale sont soumises aux dispositions qui « précèdent (s'appliquant aux associations dé- « clarées). Elles déclarent, en outre, le titre, « l'objet et le siège des associations qui les « composent. Elles font connaître dans les « trois mois les nouvelles associations adhé- « rentes. »

2° Aux cinq derniers paragraphes de l'ar-

ticle 19 de la loi du 9 décembre 1905, c'est-à-dire à toutes les dispositions spéciales aux associations cultuelles, sauf à celles fixant le *minimum* de membres nécessaires. Une union pourra donc comprendre un nombre d'associations quelconque, si petit ou si grand qu'on voudra.

3° A l'article 48 du décret du 16 mars 1906 qui leur applique toutes les dispositions dudit règlement concernant les associations cultuelles, sauf celles relatives à la liste des membres devant être jointe à la déclaration et complétée dans les trois mois, en cas de démissions ou de décès.

En conséquence :

Les unions doivent déclarer l'objet et le siège des associations qui les composent (art. 48, § 3, du règlement). Cette déclaration préalable est faite à la préfecture ou à la sous-préfecture de l'arrondissement où se trouve le siège social de l'union et indique les noms, prénoms, professions et domiciles de ceux qui, à un titre quelconque, sont chargés de son administration ou de sa direction (loi du 1er juillet 1901, art. 5, § 2). Deux exemplaires des statuts doivent y être joints (loi du 1er juillet 1901, art. 5, § 3).

Dans les trois mois elles font connaître les nouvelles associations adhérentes (décret du 16 mars 1906, art. 48, § 4).

L'union constitue une personne morale distincte des autres personnes morales constituées par les associations qui la composent. Elle a sa direction et son administration propres. « Le patrimoine et la caisse, les re- « cettes et les dépenses d'une union sont « entièrement distincts du patrimoine et de « la caisse, des recettes et des dépenses de « chacune des associations faisant partie de « l'union » (même décret, art. 48, § 5).

Mais les unions, dont l'objet est, lui aussi, exclusivement limité à l'exercice du culte, ne peuvent avoir d'autres sources de revenus que celles reconnues aux associations. Elles ne peuvent donc recevoir ni dons, ni legs, ni subventions de l'Etat, des départements ou des communes. Leurs principales ressources viendront des cotisations des associations adhérentes, que celles-ci pourront verser alors même qu'elles ne disposeraient pas du surplus des recettes dont elles sont autorisées, par l'article 19, § 8, de la loi, à faire bénéficier d'autres associations [1].

Toutefois les revenus des biens attribués avec leur affectation spéciale à des associations, en vertu des articles 4, 8 et 9 de la loi, ne peuvent être employés au paiement de cotisations à des unions (décret du 16 mars 1906, art. 33, § 3). D'autre part, il ne faut pas que, sous prétexte de verser une cotisation, l'asso-

---

[1] *Chambre*, séance du 20 juin 1905.

[1] Voir *supra*, n° 99 *bis*.

5

ciation en arrive à faire passer à l'union une partie notable de ses recettes. Il y aurait alors confusion des patrimoines, le contrôle financier ne pourrait plus s'exercer et la loi ne serait pas observée [1].

Enfin, tout ce que nous allons dire sur la gestion et le contrôle financiers des associations s'applique également aux unions.

SECTION V

EMPLOI DES RESSOURCES DES ASSOCIATIONS ET UNIONS — IMPOTS — RÉSERVES

107. *Dépenses.* — Les associations et unions devant employer leurs ressources exclusivement pour l'exercice du culte auront à leur charge les dépenses suivantes :

1° *Traitements des ministres du culte,* dont elles seront libres de fixer le chiffre au taux qu'elles jugeront convenable ;

2° *Frais matériels du culte ;*

3° *Location* des archevêchés, évêchés, presbytères, grands et petits séminaires, à partir du jour où elles n'en auront plus la jouissance gratuite ;

4° *Paiement des dettes* et emprunts grevant l'établissement public du culte auquel succède l'association, dans les conditions fixées par l'article 6 de la loi [2] ;

5° *Réparations* de toute nature aux édifices servant à l'exercice public du culte, frais d'assurances et autres charges afférentes à ces édifices et aux meubles les garnissant (art. 13, § final) ;

6° *Impôts.* — a) Aux termes de l'article 24, paragraphe 1er, « les édifices affectés à l'exer- « cice du culte appartenant à l'Etat, aux dé- « partements ou aux communes, continueront « à être exemptés de l'impôt foncier et de « l'impôt des portes et fenêtres. »

Par *a contrario*, les édifices du culte appartenant aux associations, achetés ou construits par elles, ou encore ceux qu'elles auraient loués à des particuliers, paieront tous les impôts auxquels sont assujettis les biens privés. Il en sera ainsi, d'ailleurs, de tous les autres immeubles appartenant aux associations et unions (art. 24, § 2).

De même, « les édifices servant au loge- « ment des ministres des cultes, les sémi- « naires, les facultés de théologie protestante « qui appartiennent à l'Etat, aux départe- « ments et aux communes », seront assujet- tis aux impôts de droit commun (art. 24, § 2), et ces impôts, compris dans les « autres char- ges » que les articles 13, paragraphe 6, et 14, paragraphe 2, font supporter aux associations, devront être acquittés par les associations même pendant la période de jouissance gra-

tuite prévue au premier paragraphe de l'ar- ticle 14 [1].

b) Les associations et unions ne sont, en aucun cas, assujetties à la taxe d'abonnement ni à celle imposée aux cercles par l'article 33 de la loi du 8 août 1890, qui porte sur des lieux de réunion d'un caractère tout spécial. Elles sont également exonérées de l'impôt de 4% sur le revenu, établi par les lois du 28 dé- cembre 1880 et du 29 décembre 1884 (art. 24, § 2). Elles n'ont, en effet, aucun but lucratif. « Elles ne peuvent accumuler de capitaux. Il n'y a point de bénéfices répartis fictive- ment ou réellement entre leurs membres, ni aucune clause de réversibilité dans l'intérêt des membres restants. On ne saurait les assi- miler à des congrégations religieuses [2]. »

c) Mais la loi du 9 décembre 1905 n'exempte pas les associations et unions de la taxe des biens de mainmorte instituée par la loi du 20 février 1849 et que la loi du 31 mars 1903 (art. 4) applique « à toutes les collectivités qui ont une existence propre et qui subsistent indépendamment des muta- tions qui peuvent se produire dans leur per- sonnel, à l'exception des sociétés en nom col- lectif et des sociétés en commandite simple. » Cette taxe, qui vient s'ajouter à la contribution foncière, ne sera due cependant que pour les biens *appartenant* à l'association et non pour ceux dont elle n'aurait que la jouissance, alors même qu'elle en paierait l'impôt foncier (arg. de l'art. 1er de la loi du 20 février 1849 ; Cons. d'Etat, 6 juillet 1888 et 4 mai 1894).

Enfin, parmi les dépenses facultatives des associations, figurent les cotisations aux unions et les versements, à titre de secours, du surplus des recettes à d'autres associa- tions [3].

Quant aux dépenses qui leur sont inter- dites, comme ne rentrant pas dans l'exercice exclusif du culte, il faut citer les œuvres de bienfaisance, les aumônes sous quelque forme que ce soit [4], l'entretien d'hospices, d'hôpi- taux, d'écoles ne préparant pas au ministère ecclésiastique, etc.

108. *Réserves.* — Ces dépenses une fois acquittées, les associations et unions peuvent constituer, avec le surplus de leurs recettes, *deux* fonds de réserve distincts prévus par les paragraphes 1 et 2 de l'article 22.

---

(1) En ce sens : de Lamarzelle et Taudière, *op. cit.,* p. 255.

(2) Rapport Briand. Cette exemption formelle était nécessaire, la Cour de cassation assujettissant à l'impôt sur le revenu et au droit d'accroissement des associa- tions qui, sans présenter le caractère de congrégations religieuses, sont, à titre principal et prédominant, cons- tituées dans un but religieux (Cass., 4 février 1903 et 27 juin 1903).

(3) Voir *supra,* nos 99 *bis* et 106.

(4) Explications du ministre des cultes à la Chambre, séance du 19 juin 1905.

---

(1) Réponse du ministre des cultes à une question de M. Gustave Denis (*Sénat,* séance du 1er décembre 1905).

(2) Voir *infra,* n° 150.

109. A) *Réserve limitée pour les frais du culte.* — Régie par le premier paragraphe de l'article 22, cette première réserve est soumise aux règles suivantes :

1° Elle doit être employée « pour assurer « les frais et l'entretien du culte et ne peut, « en aucun cas, recevoir une autre destina-« tion. » Parmi les frais de culte, il faut comprendre les dépenses de réparation et de reconstruction des églises [1].

2° Elle ne peut jamais dépasser une somme égale, « pour les unions et associations ayant « plus de 5,000 fr. de revenu, à trois fois, et, « pour les autres associations, à six fois la « moyenne annuelle des sommes dépensées « par chacune d'elles pour les frais de culte « pendant les cinq dernières années. »

Le projet de la commission limitait le montant légal de cette première réserve à « la moyenne annuelle des sommes dépensées pendant les cinq dernières années pour les frais et l'entretien du culte. » Divers amendements furent présentés par MM. Ribot, Réville, Rose et Auffray [2], en vue d'en élever le chiffre. L'amendement Rose, renvoyé à la commission et adopté par elle, est devenu le texte actuel. Il distingue entre les associations riches et les associations pauvres. Peut-être la différence est-elle trop marquée et aurait-il mieux valu adopter certaines transitions.

Pour fixer le maximum de la réserve, on prendra la moyenne annuelle des recettes *de toute nature* pendant les cinq dernières années, et on verra si elle est supérieure ou égale au chiffre de 5,000 fr. (décret du 16 mars 1906, art. 34, § 1er).

A titre transitoire et jusqu'à l'expiration de la cinquième année qui suivra celle où l'association s'est formée, la moyenne annuelle des revenus et celle des dépenses sont calculées d'après les années entières déjà écoulées (même article, § 3).

S'il se produit un dépassement de la réserve, « les tribunaux pourront condamner l'asso-« ciation ou l'union à verser l'excédent cons-« taté aux établissements communaux d'assis-« tance ou de bienfaisance » (art. 23, § 2, de la loi) [3]. Mais ce n'est là qu'une faculté pour le tribunal qui devra, en toute hypothèse, constater par lui-même l'existence et le chiffre de l'excédent et ne pourra s'en rapporter aux affirmations du rapport des agents chargés du contrôle financier [4]. Le tribunal aura égale-ment la liberté de choisir le ou les établissements qui recevront le versement : hôpitaux, hospices, bureaux de bienfaisance, asiles, etc. Bien entendu, il ne serait pas ordonné si l'excédent était minime ou provenait d'une erreur de comptabilité.

D'autre part, si le revenu d'une association, après avoir été égal ou inférieur à 5,000 fr., vient à excéder cette somme, l'association a le droit de conserver la réserve qu'elle s'est constituée, alors même que cette réserve serait supérieure à trois fois la moyenne annuelle des dépenses. Mais aucune somme nouvelle ne pourra plus y être portée tant qu'elle n'aura pas été ramenée au-dessous du *maximum* légal (décret du 16 mars 1906, art. 34, § 2).

Cette limitation ne s'applique naturellement qu'à une réserve proprement dite constituée avec des fonds *disponibles.* Elle ne s'étend pas aux fonds qu'une association succédant à une caisse de secours ou de retraites ecclésiastiques met de côté pour assurer le service de ces pensions, car les sommes ainsi grevées d'une affectation spéciale ne sont pas disponibles [1]; les réserves de cette nature peuvent s'élever à un chiffre quelconque.

3° Les fonds constituant cette première réserve doivent être placés « en valeurs nominatives » (art. 22, § 2, *in primis*). Cette prescription permet de contrôler l'emploi de la réserve. Ces valeurs nominatives peuvent être quelconques, la loi n'exige nullement l'emploi en rente nominative. Quant à l'emploi en immeubles, il a été écarté comme contraire aux dispositions de la loi du 1er juillet 1901, qui ne permet aux associations déclarées que de posséder les immeubles strictement nécessaires à l'accomplissement de leur but [2].

110. B) *Réserve illimitée pour l'acquisition ou la réparation d'immeubles ou de meubles destinés aux besoins de l'association.* — Cette seconde réserve est prévue par le second paragraphe de l'article 22.

1° Elle est exclusivement affectée à « l'achat, « la construction, la décoration ou la répa-« ration d'immeubles ou meubles destinés « aux besoins de l'association ou de l'union. » A cette énumération il faut ajouter tous les actes ayant pour résultat de mettre à la disposition de l'association les locaux qui lui sont nécessaires, tels que la location, car qui peut acquérir peut *a fortiori* louer [3]. A ces divers objets seront employés soit les intérêts de la réserve, soit le capital lui-même.

2° Elle n'est pas limitée, le rapporteur et le

---

(1) Réponse du ministre des cultes à M. Bérenger (*Sénat*, séance du 30 novembre 1905).
(2) *Chambre*, séance du 21 juin 1905.
(3) M. Groussau proposait de le verser à une association cultuelle similaire, mais son amendement fut écarté, parce qu'un tel versement n'aurait pas constitué une peine et que, pour une disposition aussi importante, une sanction effective s'imposait (*Chambre*, séance du 22 juin 1905).
(4) Argument de la suppression des mots « excédent constaté *par le contrôle financier,* » qui existaient dans le projet de la commission.
(1) Réponse du ministre des cultes à M. Auffray (*Chambre*, séance du 21 juin 1905).
(2) Rejet d'un amendement de M. l'abbé Lemire (*Chambre*, séance du 21 juin 1905).
(3) En ce sens : Lhopiteau et Thibault, *op. cit.*, n° 87.

ministre des cultes l'ont formellement déclaré
à la Chambre [1]. L'association est seule juge
des sommes qu'elle doit économiser pour acquisitions ou réparations de biens meubles ou
immeubles et des dépenses de cette nature
qu'elle peut se permettre.

3° Les fonds qui la composent ne seront pas
nécessairement employés en valeurs nominatives, mais, titres ou argent, ils devront être
déposés à la caisse des dépôts et consignations
et seront régis par les dispositions des lois des
28 nivôse an XIII, 28 juillet 1875 et 26 juillet
1893. Ce dépôt obligatoire permet de contrôler
plus étroitement l'emploi d'une réserve illimitée. La faculté de faire un dépôt de titres
garantit à l'association un revenu plus élevé que
l'intérêt servi par la caisse, de sorte que l'obligation de consigner ne lui préjudicie en rien.

Les remboursements de fonds ou remises
de valeurs sont effectués par la caisse des
dépôts dans un délai de dix jours, sur la demande de l'association visée par le directeur
de l'enregistrement du département et sur la
simple quittance de la personne ayant qualité
pour autoriser les retraits (décret du 16 mars
1906, art. 35, § 1er). Le visa du directeur de
l'enregistrement est donné sur la seule production des décomptes, mémoires ou factures
des entrepreneurs ou des fournisseurs et d'une
copie de la délibération de l'association approuvant la dépense. Ce visa intervient dans le
délai de quinzaine, à partir de la production
desdites pièces. Celles-ci sont, après visa, renvoyées à l'association (même décret, art. 36).
Sur la demande de l'association, la caisse
des dépôts fait procéder, dans les trois jours
de l'enregistrement de cette demande au secrétariat de l'administration de la caisse, à
l'emploi de tout ou partie des sommes disponibles, ainsi qu'à la réalisation des valeurs déposées et aux changements à apporter dans la
composition de ces valeurs (même décret,
art. 35, § 2).

Aux fonds composant ces deux réserves que
les associations et unions sont autorisées à
former avec l'excédent de leurs recettes, il
faut joindre les sommes provenant d'aliénations de valeurs mobilières ou d'immeubles
ayant appartenu à l'établissement public du
culte auquel l'association a succédé (art. 5,
§ 3). Nous verrons plus loin que ces sommes
doivent être employées en titres nominatifs
ou versées au compte de la seconde réserve.

SECTION VI

ADMINISTRATION — CONTROLE FINANCIER

111. *Pouvoirs des administrateurs.* —
L'association ou l'union est gérée par des directeurs ou administrateurs nommés dans les

[1] *Chambre*, séance du 21 juin 1905.

conditions fixées par les statuts. Le projet de
la commission contenait une disposition interdisant d'exclure l'assemblée générale de la par-
ticipation à l'administration des biens, mais
on l'a remplacée, en cours de séance, par le
sixième paragraphe de l'article 19 conférant à
l'assemblée générale la mission de contrôle
que nous indiquerons plus loin [1].

Les pouvoirs des directeurs ou administrateurs varient suivant la nature des actes à
accomplir :

1° *Aliénations a) Biens d'un établissement
public du culte transférés à l'association cultuelle en exécution de l'article 4.* — L'association cultuelle ne devient pas propriétaire absolue des biens de l'établissement public du culte
dont elle recueille la succession. Elle ne peut
les aliéner que sous la condition prescrite par
les paragraphes 3 et 4 de l'article 5, ainsi
conçus : « En cas d'aliénation par l'association
« cultuelle de valeurs mobilières ou d'im-
« meubles faisant partie du patrimoine de
« l'établissement public dissous, le montant
« du produit de la vente devra être employé
« en titres de rente nominatifs ou dans les
« conditions prévues par le paragraphe 2 de
« l'article 22. L'acquéreur des biens aliénés
« sera personnellement responsable de la ré-
« gularité de cet emploi. » L'emploi du prix
de vente sera donc fait soit en titres nominatifs de rente sur l'Etat français, qu'il ne
faudra pas confondre avec les titres nominatifs
constituant la réserve limitée de l'article 22,
paragraphe 1er, soit en consignation au compte
de la réserve illimitée pour acquisition, construction ou réparation d'immeubles. — Ce
remploi n'est toutefois obligatoire qu'en cas de
vente d'immeubles ou de valeurs mobilières,
et non pour le prix d'objets mobiliers que
l'association peut librement aliéner [2].

La responsabilité du tiers acquéreur n'étant
pas limitée pourra s'exercer pendant trente
ans. Si le remploi n'a pas été fait, il devra
payer une seconde fois, mais la vente
ne sera pas nulle.

D'autre part, « les biens revendiqués par
« l'Etat, les départements ou les communes
« ne pourront être aliénés, transformés ni
« modifiés jusqu'à ce qu'il ait été statué sur
« les revendications par les tribunaux compé-
« tents » (art. 5, § 5).

b) *Biens autres que ceux provenant d'un
établissement public du culte.* — Aucune règle
spéciale ne s'applique à leur aliénation, mais
les fonds, s'ils ne sont pas immédiatement
dépensés pour les besoins du culte ou pour
l'acquisition ou la réparation d'immeubles,

[1] *Chambre*, séance du 19 juin 1905.
[2] Adoption par la commission et vote par la Chambre d'un amendement de M. de Castelnau substituant
les mots « valeurs mobilières » aux mots « biens mobiliers » du projet (*Chambre*, séance du 17 mai 1905).

devront entrer dans l'une des deux réserves prévues à l'article 22 de la loi.

2° *Acquisitions*.—L'association peut acquérir dans les limites fixées par l'article 6 de la loi du 1er juillet 1901 relatif aux associations déclarées. Ses valeurs mobilières compteront dans l'une ou l'autre réserve et elle ne peut posséder que les immeubles « strictement « nécessaires à l'accomplissement du but « qu'elle se propose. » Mais cette disposition devra être largement interprétée, selon nous, et l'on ne pourra faire grief à une association de posséder un trop grand nombre d'édifices religieux, pourvu qu'ils soient exclusivement affectés au service du culte.

3° *Autres actes : locations, marchés, emprunts, etc.* — Personne morale, l'association cultuelle peut faire, par l'organe de ses administrateurs, tous les actes de la vie civile que la loi ne lui interdit pas. Ce sont des actes entre particuliers soumis aux règles générales du droit civil et échappant à celles du droit administratif.

112. *Comptabilité.* — « Les associations et « unions tiennent un état de leurs recettes et « de leurs dépenses » (art. 21 de la loi). Cet état, mentionnant l'indication de la cause et de l'objet de chacune des recettes et des dépenses, est dressé sur un livre-journal de caisse coté et paraphé par le directeur de l'enregistrement ou par son délégué. Ce livre est arrêté chaque année, au 31 décembre (décret du 16 mars 1906, art. 38).

A la fin de chaque année et au plus tard avant l'expiration du premier semestre de l'année suivante (décret du 16 mars 1906, art. 44), « les associations dressent le compte « financier de l'année écoulée et l'état inven- « torié de leurs biens meubles et immeubles » (art. 21, § 1er, de la loi). Ce compte porte sur la période écoulée du 1er janvier au 31 décembre de chaque année. Il présente, par nature, les recettes et les dépenses effectuées et il se termine par une balance récapitulative. Il indique les restes à recouvrer et à payer (art. 39 du décret).

L'excédent des recettes sur les dépenses qui ressort de la balance doit être représenté par le solde en caisse au 31 décembre. Il est réservé, en premier lieu et jusqu'à due concurrence, à l'acquittement des restes à payer au 31 décembre et des dettes restant à échoir des établissements supprimés dont les biens ont été attribués à l'association cultuelle. Le surplus est affecté à la constitution des réserves prévues à l'article 22 de la loi ou à l'attribution de subventions à d'autres associations ayant le même objet (art. 40 du décret).

Lorsqu'une association ayant à pourvoir à l'acquittement des dettes d'un établissement ecclésiastique supprimé a obtenu, à cet effet, la jouissance provisoire de biens ayant fait retour à l'Etat, les revenus desdits biens ne peuvent être employés qu'à éteindre ce passif. Ils sont portés en recettes et en dépenses à des articles spéciaux du compte financier (art. 41 du décret).

L'état inventorié des biens meubles et immeubles indique distinctement : 1° les biens attribués à l'association par application des articles 4, 8 et 9 de la loi ou ceux acquis en remploi, conformément à l'article 5, paragraphe 3 ; — 2° les valeurs mobilières dont les revenus servent à l'acquit des fondations pour cérémonies et services religieux ; — 3° les valeurs placées en titres nominatifs constituant la première réserve de l'article 22 ; — 4° le montant des fonds placés à la caisse des dépôts et consignations et formant la seconde réserve de l'article 22 ; — 5° tous les autres biens meubles et immeubles de l'association. Ces divers biens sont estimés article par article (art. 43 du décret).

113. *Contrôle financier.*—La loi du 9 décembre 1905 prévoit un double contrôle financier :

1° Contrôle de l'assemblée générale : « Non- « obstant toute clause contraire des statuts, « les actes de gestion financière et d'adminis- « tration légale des biens accomplis par les « directeurs ou administrateurs seront, cha- « que année au moins, présentés au contrôle « de l'assemblée générale des membres de « l'association et soumis à son approbation » (art. 19, § 6). La loi ne fixe pas le nombre de sociétaires devant composer l'assemblée générale pour que sa délibération soit valable ; ce nombre sera fixé par les statuts et, s'ils sont muets, l'assemblée régulièrement convoquée délibérera valablement, quel que soit le nombre des membres présents [1].

Le compte financier sera toujours appuyé d'un extrait, certifié conforme par les directeurs ou administrateurs, du procès-verbal de l'assemblée générale qui en porte approbation (art. 42 du décret).

2° Contrôle de l'État : « Le contrôle finan- « cier est exercé sur les associations et sur « les unions par l'administration de l'enre- « gistrement et l'inspection des finances » (art. 21, § 2, de la loi et 37 du décret). Ce contrôle a paru exorbitant à certains et la suppression de cette disposition a été demandée à la Chambre et au Sénat [2]. Il a été justement répondu par les rapporteurs devant les deux assemblées que ce contrôle n'était que la conséquence nécessaire de l'obligation de remploi imposée par l'article 5, paragraphe 3, et de la réglementation des réserves contenue dans l'article 22.

(1) Rapport Maxime Lecomte.
(2) M. Flayelle à la *Chambre* (séance du 20 juin 1905) ; M. Halgan au *Sénat* (séance du 1er décembre 1905).

Pour qu'il puisse s'exercer, le compte financier est établi en double et l'un des exemplaires doit être adressé sur sa demande au représentant de l'administration de l'enregistrement, qui en délivre récépissé. L'association conserve les comptes et états inventoriés s'appliquant aux cinq dernières années, avec les pièces justificatives, registres et documents de comptabilité (art. 44 du décret).

En outre, l'association est tenue de représenter aux agents de l'enregistrement et aux fonctionnaires de l'inspection générale des finances ses espèces, récépissés de dépôts et valeurs en portefeuille, ainsi que les livres, registres, titres, pièces de recettes et de dépenses ayant trait tant à l'année courante qu'à chacune des cinq années antérieures (art. 45 du décret).

Si, à l'occasion de l'exercice de leur contrôle financier, les agents de l'administration de l'enregistrement constatent une infraction réprimée par l'article 23 de la loi, ils en dressent procès-verbal qu'ils transmettent au procureur de la République de l'arrondissement dans lequel l'association a son siège, chargé de la poursuite (art. 46, §§ 1er et 2 du décret).

SECTION VII

SANCTIONS

114. L'article 23, paragraphes 1er et 3, de la loi édicte deux catégories de sanctions à la violation des prescriptions que nous venons d'étudier, les unes pénales et obligatoires contre les directeurs ou administrateurs, les autres civiles et facultatives contre l'association elle-même.

115. 1° *Sanctions pénales*. — « Seront « punis d'une amende de 16 fr. à 200 fr. et, « en cas de récidive, d'une amende double, « les directeurs ou administrateurs d'une as-« sociation ou d'une union qui auraient con-« trevenu aux articles 18, 19, 20, 21 et 22 » (art. 23, § 1er). Le projet de la commission fixait des peines beaucoup plus sévères : une amende de 16 fr. à 100 fr. et un emprisonnement de six jours à trois mois ou l'une de ces deux peines seulement. Sur les observations de M. Rudelle, la Chambre adopta un amendement de MM. Rudelle et Grosjean qui est devenu la disposition susvisée [1].

Pour qu'il y ait délit, le fait matériel de la contravention suffit, comme pour l'application de l'article 8 de la loi du 1er juillet 1901 dont la rédaction est identique ; on n'a pas à faire la preuve de l'intention coupable [2].

Pour que la récidive existe, il faut relever successivement, non deux infractions à des articles distincts, mais deux contraventions à la même prescription [1].

Aux termes de l'article 37 de la loi du 9 décembre 1905, l'article 463 du Code pénal et la loi du 26 mars 1891 sont applicables à tous les délits qu'elle prévoit.

116. 2° *Sanction contre l'association*. — « Les tribunaux *pourront*, en outre, dans « tous les cas prévus au paragraphe 1er du « présent article, prononcer la dissolution de « l'association ou de l'union » (art. 23, § 3). M. Lefas avait proposé de limiter la dissolution aux seuls cas où l'infraction porterait sur les règles constitutives de l'association, c'est-à-dire aux contraventions à l'article 18 et aux paragraphes 1 à 6 de l'article 19 ; M. Coutant demanda que la faculté de dissolution fût restreinte au cas de récidive, mais ces deux amendements ont été écartés [2]. Toute infraction, quelle qu'elle soit, peut donc entraîner la dissolution.

Cette mesure, purement facultative, pourra être prononcée soit par le tribunal correctionnel saisi de l'infraction, soit par le tribunal civil à la requête du ministère public ou de toutes parties intéressées, tels que les créanciers de l'association ou les associés eux-mêmes (art. 7 de la loi du 1er juillet 1901 ; art. 46, § 3, du décret du 16 mars 1906).

A la dissolution facultative on doit ajouter la dissolution *obligatoire* devant être prononcée par le tribunal civil, à la requête de tout intéressé ou à la diligence du ministère public, contre l'association ou l'union qui, sous le couvert de l'exercice du culte, serait fondée sur une cause ou en vue d'un objet illicite, contraire aux lois, aux bonnes mœurs, ou qui aurait pour but de porter atteinte à l'intégrité du territoire national et à la forme républicaine du gouvernement (art. 3 et 7 de la loi du 1er juillet 1901).

Si l'association dissoute venait à se réorganiser, il y aurait lieu d'appliquer le paragraphe 2 de l'article 8 de la loi du 1er juillet 1901, aux termes duquel « seront punis d'une amende de 16 fr. à 5,000 fr. et d'un emprisonnement de six jours à un an les fondateurs, directeurs ou administrateurs de l'association qui se serait maintenue illégalement après le jugement de dissolution. » Mais l'existence de ce délit suppose que le vice qui a motivé la dissolution subsiste ; il n'y aurait pas d'infraction si les membres de l'association dissoute reformaient entre eux une nouvelle association régulière.

---

(1) *Chambre*, séance du 22 juin 1905.
(2) En ce sens : Lhopiteau et Thibault, *op. cit.*, n° 98.

---

(1) Lhopiteau et Thibault, *op. cit.*, n° 99.
(2) *Chambre*, séance du 22 juin 1905.

SECTION VIII

DISSOLUTION DES ASSOCIATIONS ET UNIONS

117. *Causes.* — La dissolution extrajudiciaire des associations et unions peut résulter soit de l'échéance du terme fixé par les statuts, soit d'une décision de l'assemblée générale, soit indirectement du départ d'un nombre d'associés suffisant pour réduire les membres restants au-dessous du minimum légal et de l'impossibilité dans laquelle se trouverait l'association d'en recruter de nouveaux.

118. *Effets.* — Que la dissolution soit volontaire, statutaire ou prononcée par justice, ses effets sont identiques.

1° *Les biens attribués à l'association en vertu des articles 4, 8 et 9 de la loi* sont, jusqu'à ce qu'il ait été procédé à une nouvelle attribution, placés sous séquestre par un arrêté préfectoral qui en confie la conservation et la gestion à l'administration des domaines (décret du 16 mars 1906, art. 47, § 1er).

Ensuite ces biens « seront attribués par « décret rendu en Conseil d'Etat soit à des « associations analogues dans la même cir- « conscription ou, à leur défaut, dans les cir- « conscriptions les plus voisines, soit aux « établissements communaux d'assistance ou « de bienfaisance situés dans les limites ter- « ritoriales de la circonscription ecclésiasti- « que intéressée » (art. 9, § 2, de la loi). La commission, dans son projet, prévoyait seulement la remise à des établissements communaux d'assistance et de bienfaisance, mais elle modifia son texte, en cours de séance, dans le sens indiqué (1). Ainsi l'association dissoute n'a pas la libre disposition des biens de l'établissement public du culte auquel elle a succédé. Il appartient au Conseil d'Etat d'en faire l'attribution par préférence aux autres associations qui existeraient déjà ou viendraient à se fonder dans la même circonscription, puis, à son choix, à des associations analogues de circonscriptions voisines ou à des établissements communaux d'assistance ou de bienfaisance de la circonscription.

2° *Revendication et reprise des biens donnés ou légués.* — « Toute action en reprise « ou en revendication devra être exercée dans « un délai de six mois, à partir du jour où le « décret aura été inséré au *Journal officiel.* « L'action ne pourra être intentée qu'en rai- « son de donations ou de legs, et seulement « par les auteurs ou leurs héritiers en ligne « directe » (art. 9, § 3). Cette disposition, corollaire de celle de l'article 7, paragraphe 2 (2), s'applique aux biens primitivement attribués

à l'association dissoute et qui, par suite de leur transfert à une autre association cultuelle ou à un établissement d'assistance, ne seraient plus affectés au but visé par le donateur ou testateur. Pour que la revendication soit admise, il ne suffirait pas qu'ils aient passé aux mains d'une autre association susceptible d'en faire l'emploi prévu; il faut qu'ils soient enlevés à leur destination primitive. Comme pour la revendication prévue à l'article 7, l'action n'est ouverte qu'aux auteurs et à leurs héritiers en ligne directe : ni les autres héritiers ni les légataires ne sont admis à l'intenter.

3° *Autres biens appartenant à l'association ou à l'union dissoute.* — Aux termes de l'article 47, paragraphe 3, du décret du 16 mars 1906, la dévolution des autres biens de l'association se fait conformément à l'article 9 de la loi du 1er juillet 1901 et à l'article 14 du décret du 16 août 1901. En conséquence, les biens sont dévolus conformément aux statuts, ou, à défaut de disposition statutaire, suivant les règles déterminées en assemblée générale (art. 9 de la loi du 1er juillet 1901). Si l'assemblée générale ne prend pas d'elle-même une décision à cet égard, le tribunal, à la requête du ministère public, nomme un curateur. Ce curateur provoque, dans le délai déterminé par le tribunal, la réunion d'une assemblée générale dont le mandat est uniquement de statuer sur la dévolution des biens; il exerce les pouvoirs conférés par l'article 813 du Code civil aux curateurs des successions vacantes (art. 14 du décret du 16 août 1901). Si l'assemblée générale convoquée par le curateur se refuse encore à régler la dévolution des biens, ils appartiendront à l'Etat comme biens vacants et sans maître (1).

Enfin l'article 15 du décret du 16 août 1901 et le paragraphe 3 de l'article 47 du décret du 16 mars 1906 interdisent à l'assemblée générale d'attribuer aux associés une part quelconque des biens de l'association.

CHAPITRE VIII

Attribution des biens des établissements publics du culte (titre II, art. 4 à 10; art. 16, § 5)

SECTION Ire

RÉPARTITION DE L'ACTIF

119. *Droit des établissements publics du culte sur leurs biens.* — Nous avons dit, en examinant la thèse de « l'indemnité » (2), que la Constituante reconnaissait à la nation un droit supérieur sur les biens ecclésiastiques, et que ce droit avait été affirmé dans le décret

(1) *Chambre*, séance du 29 mai 1905.
(2) Voir *infra*, n° 144.

(1) Trouillot et Chapsal, *Contrat d'association*, p. 148.
(2) *Supra*, n°s 39 et suiv.

du 2 novembre 1789, puis dans la constitution de 1791. Une partie de ces biens fut vendue en vertu de la loi du 19 août 1792, et l'article 13 du Concordat reconnaît la légitimité du droit des acquéreurs. Ceux qui n'avaient pas été aliénés furent rendus aux fabriques paroissiales par la loi du 7 thermidor an XI, en exécution de l'article 12 du Concordat qui, sans trancher la question de propriété, se borne à disposer que « toutes les églises métropolitaines, cathédrales, paroissiales et autres non aliénées, nécessaires au culte, seront remises à la disposition des évêques. »

Au cours de la discussion de la loi du 9 décembre 1905, la question de savoir quel était, en réalité, le droit des établissements publics du culte sur les biens par eux détenus devait naturellement se poser, mais on ne trouve dans les travaux préparatoires aucune réponse catégorique. M. Briand commence par déclarer que, pour régler l'attribution, la commission s'est uniquement inspirée « de considérations de fait », et il ajoute « qu'il ne s'agit pas ici de biens constituant une propriété complète, absolue, aux mains de ceux qui les détiennent, mais d'une propriété d'un caractère très spécial, marquée d'une affectation qui ne disparaîtrait pas avec l'établissement public [1]. » Aux mots « biens *appartenant* aux menses, fabriques.... » du projet de la commission, on voulut substituer d'abord les mots « biens *administrés* par les menses, fabriques.... », puis, pour ne pas se prononcer, on s'arrêta à la formule « biens *des* menses, fabriques.... » En outre, M. Vigouroux fit remplacer le mot *dévolution* employé par la commission par le mot *attribution*, afin d'indiquer qu'il s'agissait de biens publics remis par l'Etat et non par les établissements publics supprimés à la disposition des associations cultuelles. Diverses opinions personnelles furent exposées [2], mais aucune théorie générale n'a été admise et les règles d'attribution fixées par la loi s'expliquent par des raisons pratiques plutôt qu'elles ne se rattachent à un principe supérieur.

§ 1er. — *Personnes morales appelées à recueillir les biens ecclésiastiques*

A. — Associations cultuelles

120. *Principe.* — A la séance de la Chambre du 15 mai 1905, M. Allard proposa « la reprise de possession immédiate par l'Etat et la vente de tous les biens mobiliers et immobiliers détenus et occupés actuellement par les menses, fabriques, consistoires, conseils presbytéraux et autres établissements publics du culte. » M. Briand lui répondit

(1) *Chambre*, séance du 17 avril 1905.
(2) Voir notamment le discours de M. Caillaux à la séance du 24 mai 1905.

par cette considération « dominant toutes les autres » : « Le patrimoine des fabriques a été constitué par la communauté des fidèles et pour elle ; ....l'objet de l'affectation du culte ne disparaît pas demain ; pourquoi voulez-vous faire disparaître l'affectation elle-même ? »

M. Augagneur avait réclamé, de son côté [1], la mise sous séquestre de tous les biens ecclésiastiques, sauf à répartir leurs revenus entre les diverses associations. Le rejet de ces deux amendements démontre qu'en principe, les biens des anciens établissements publics du culte doivent revenir aux associations qui auront désormais la mission d'assurer en France l'exercice du culte. Telle est la solution que consacre l'article 4 de la loi, ainsi conçu : « Dans le délai d'un an « à partir de la promulgation de la présente « loi, les biens mobiliers et immobiliers des « menses, fabriques, conseils presbytéraux, « consistoires et autres établissements pu- « blics du culte seront, avec toutes les char- « ges et obligations qui les grèvent, et avec « leur affectation spéciale, transférés par les « représentants légaux de ces établissements « aux associations qui, en se conformant aux « règles d'organisation générale du culte dont « elles se proposent d'assurer l'exercice, se « seront légalement formées suivant les pres- « criptions de l'article 19, pour l'exercice de « ce culte dans les anciennes circonscriptions « desdits établissements. »

121. *Biens transférés aux associations cultuelles.* — Tous les biens des établissements du culte non compris dans les exceptions ci-après sont transférés aux associations cultuelles : immeubles, meubles corporels et incorporels, droits et créances de toute nature [2]. De même, l'association pourra exercer toutes les actions que la fabrique aurait négligé d'exercer jusqu'ici, soit contre les particuliers, soit contre l'Etat, les départements ou les communes [3]. Mais ne seront pas compris dans l'attribution les biens simplement déposés dans l'église par des particuliers ou une confrérie et qui demeureront la propriété de ceux-ci [4].

122. *Conditions à remplir par l'association cultuelle attributaire.* — Pour qu'elle puisse recevoir une attribution de biens, il faut non seulement que l'association soit « légalement formée, » suivant toutes les prescriptions que nous avons étudiées au chapitre précédent, mais elle doit encore « se

(1) *Chambre*, séance du 17 avril 1905.
(2) *Chambre*, réponse du rapporteur à M. Groussau, séance du 15 mai 1905 ; — *Sénat*, réponse du ministre des cultes à M. Riou, séance du 24 novembre 1905.
(3) *Chambre*, séance des 13 avril et 15 mai 1905 ; *Sénat*, séance du 24 novembre 1905.
(4) De Lamarzelle et Taudière, *op. cit.*, p. 161.

« conformer aux règles d'organisation géné-
« rale du culte dont elle se propose d'assurer
« l'exercice. » Cette disposition, qui n'existait
pas dans le projet de la commission, a donné
lieu devant la Chambre et au Sénat à des débats très vifs. Elle signifie que, pour être admise à succéder à un établissement ecclésiastique, l'association devra se trouver en communion, par ses différents ministres, avec
l'ensemble des fidèles du même culte, et cette
communion ne pourra être constatée que par
les autorités ecclésiastiques ayant qualité
pour affirmer son orthodoxie. « C'est pour
l'association catholique, a dit M. Briand à la
Chambre, la nécessité d'avoir en elle et à sa
disposition un prêtre et, pour l'association israélite, un rabbin. » Et M. Ribot, prenant
acte de ces déclarations, ajoutait : « Il faudra
que l'association, pour obtenir la dévolution
des biens et la jouissance de l'église, montre,
en cas de contestation, qu'elle a, en effet, un
prêtre, comme le disait M. le rapporteur,
et j'ajoute après lui un prêtre en communion
avec son évêque, car un prêtre qui ne serait
pas en communion avec son évêque ne serait pas un prêtre catholique. Et si ce prêtre
est en communion avec son évêque, il est, par
là même. en communion avec le pape, car
c'est là l'Eglise catholique ; c'est elle que nous
voulons non pas garantir, mais respecter dans
la liberté [1]. » Le rapporteur et le gouvernement n'élevèrent aucune protestation contre
cette théorie très conciliable ; nous le montre-
rons bientôt, avec la liberté d'appréciation
que l'article 8 de la loi reconnaît au Conseil
d'Etat en cas de contestation entre plusieurs
associations.

123. *Désignation de l'association attri-*
butaire. — La désignation de l'association
attributaire est faite par les représentants légaux de l'établissement public supprimé,
dans les conditions que nous indiquerons
plus loin. Ceux-ci peuvent désigner à leur
choix une ou plusieurs associations formées
dans leur circonscription. Les biens de plusieurs établissements ayant la même circonscription peuvent être attribués à une seule
association. Si aucune association ne s'est
formée dans la circonscription, les biens
pourront être attribués à une association
voisine, le rapporteur et le ministre des
cultes l'ont reconnu au Sénat [2], et le décret
du 16 mars 1906 consacre cette solution en
déclarant, dans son article 3, paragraphe 3,
que « les biens d'un ou plusieurs établissements dépendant d'une même paroisse et les
biens d'établissements paroissiaux dont la
circonscription est limitrophe de cette paroisse, peuvent être attribués concurremment

à une seule association s'étendant à l'ensemble des circonscriptions intéressées et
destinée à assurer l'exercice du culte dans
chacune d'elles. » Mais les biens provenant
d'établissements différents et attribués à une
même association restent distincts avec leur
affectation spéciale dans le patrimoine de cette
association (même article, § 6).

Si les associations formées soit dans une
même circonscription, soit dans des circonscriptions limitrophes, viennent à fusionner,
les biens qui ont été attribués à chacune
d'elles peuvent être transférés, dans les
formes prévues par l'article 9, paragraphe 2[1],
de la loi à l'association unique résultant de
cette fusion (même article, § 6).

124. *Droits de l'association sur les biens*
attribués. — Les biens sont attribués à l'association « avec leur affectation spéciale. »
Cette formule ajoutée à l'article 4, sur un
amendement de M. Massé [2], marque que
l'association n'aura pas sur les biens transmis
un droit absolu et complet, mais une propriété
restreinte à un emploi conforme à leur destination. Plusieurs orateurs ont vainement
cherché à définir ce droit *sui generis* ou à
l'assimiler à des situations juridiques déjà
connues. Ce qu'on peut dire de plus net, c'est
que la loi de séparation ne change rien au
droit antérieur, elle se borne à opérer « une
simple substitution de personne morale à
celle qui existe actuellement, de sorte que
celle-ci sera, pour ainsi dire, le prolongement
de celle-là [3]. »

Nous avons déjà indiqué les conséquences
de cette restriction du droit conféré aux associations, quant à la faculté de disposer des
biens qui leur sont attribués [4]. Ce sont d'ailleurs là ses effets uniques, les tribunaux ne
sauraient admettre d'autres limitations et,
pour le surplus, les associations cultuelles auront toutes les prérogatives d'un vrai propriétaire.

125. *Unions d'associations.* — Les unions
d'associations peuvent, elles aussi, recevoir
l'attribution des biens d'un ou plusieurs établissements du culte, dans les conditions et
formes prescrites pour les associations (décret
du 16 mars 1906, art. 25).

B. — État

126. *Principe.* — « Ceux des biens dé-
« signés à l'article précédent qui provien-
« nent de l'Etat et qui ne sont pas grevés
« d'une fondation pieuse postérieure à la loi
« du 18 germinal an X feront retour à l'Etat »
(art. 5, § 1er). Les biens des fabriques repris

---

(1) *Chambre*, séance du 20 avril 1906.
(2) *Sénat*, séance du 1er décembre 1905.

(1) Voir *supra*, n° 118.
(2) *Chambre*, séance du 22 avril 1905.
(3) M. Briand, *Chambre*, séance du 15 mai 1905.
(4) *Supra*, n° 111.

par la nation en 1793 leur furent rendus par divers arrêtés et décrets successifs, à titre de pure libéralité. Concédés par l'Etat en vue d'un service public, ils sont repris par lui au jour où le service public disparaît [1]. « L'énumération de ces biens est inutile, le principe a une étendue d'application sans limite. Par exemple, dans le cas où partie de ces biens aurait été aliénée, les sommes correspondant au produit de la vente devront être restituées à l'Etat [2]. »

Devra-t-on tenir compte aux fabriques de la plus-value de ces biens depuis qu'ils leur ont été restitués ? Il a été répondu à la Chambre par le ministre des cultes et le rapporteur que l'article 555 du Code civil s'appliquait en l'espèce et que les associations cultuelles exerçant les droits et actions des fabriques devraient être indemnisées pour la plus-value, mais, en retour, seraient tenues de la moins-value [3].

Le retour s'exercera « au moment de la dévolution, » a déclaré le ministre des cultes au Sénat [4], et le décret du 16 mars 1906 (art. 6) précise que « la reprise n'a d'effet que du jour de la suppression de l'établissement. » Jusque-là les fabriques continueront à jouir des biens et à en toucher les revenus comme par le passé.

127. *Exception.* — Les biens grevés d'une fondation pieuse créée postérieurement à la loi du 18 germinal an X ne feront pas retour à l'Etat, mais seront attribués à une association cultuelle, conformément aux dispositions de l'article 4. Cette formule est assez obscure. Elle n'aurait aucune portée si on la restreignait à des biens donnés à titre de fondation par des particuliers postérieurement au Concordat, repris ensuite par l'Etat, puis restitués à la fabrique. Ce cas ne se présentera jamais, en effet, puisque toutes les reprises de biens par l'Etat furent antérieures au Concordat. Il ne peut donc être question, ainsi que l'a reconnu le ministre des cultes [5], que de biens donnés avant le Concordat à charge de services religieux et dont l'affectation spéciale a été mentionnée dans les décisions soit du 7 thermidor an XI, soit postérieures, qui ont rendu ces biens à leur destination première en les restituant aux fabriques. Si la fondation ne ressort pas d'un titre postérieur à la loi du 18 germinal an X, il ne sera pas permis d'en rapporter la preuve, et le bien fera retour à l'Etat [6]. On évite ainsi des con-

testations qui auraient été souvent fort difficiles à résoudre.

C. — Services publics, établissements publics ou d'utilité publique

128. *Biens attribués.* — Les biens mobiliers et immobiliers grevés d'une affectation charitable ou de toute autre affectation étrangère à l'exercice du culte, doivent, aux termes de l'article 7 de la loi, être attribués « aux ser-« vices ou établissements publics ou d'utilité « publique dont la destination est conforme à « celle desdits biens. » En effet, les associations cultuelles, étant étroitement spécialisées à l'exercice du culte, ne pourraient assurer à des biens grevés d'une affectation différente, charitable, scolaire ou autre, un emploi conforme à leur destination.

Mais ne devront être ainsi attribués que les biens ayant une affectation nettement étrangère au culte. On n'y comprendra pas les bourses des grands séminaires [1], ni même celles des petits séminaires allouées à des candidats aux grands séminaires, ni, à notre avis, les fonds affectés à l'habillement des enfants pauvres pour la première communion ou destinés à la création de salles de catéchisme, à la distribution des sacrements aux indigents, à l'entretien des maîtrises, etc. [2].

Les sommes actuellement employées par les établissements publics du culte à un service charitable ou scolaire, mais sans qu'elles soient grevées de cette affectation spéciale par le titre de fondation, ne seront pas non plus soumises à ce mode d'attribution. Elles seront dévolues à une association cultuelle qui ne pourra s'en servir que pour l'usage du culte [3].

129. *Etablissements attributaires.* — L'attribution ne pourra être faite qu'à un service public, un établissement public ou un établissement d'utilité publique. A la Chambre [4], puis au Sénat [5], on demanda que l'attribution pût avoir lieu au profit de simples associations déclarées en conformité de l'article 5 de la loi du 1er juillet 1901. Il fut répondu que les associations déclarées étaient très fragiles, pouvaient disparaître à chaque instant et échappaient à tout contrôle. Tout au contraire, la reconnaissance d'utilité publique ne peut être retirée que par un décret rendu en Conseil d'Etat, et, en cas de dissolution, l'at-

---

(1) Réponse du ministre des cultes à M. de Lamarzelle, *Sénat*, séance du 24 novembre 1905.
(2) Rapport Briand.
(3) *Chambre*, séance du 17 mai 1905. *Contra* : Lhopiteau et Thibault. *op. cit.*, n° 118.
(4) *Sénat*, séance du 24 novembre 1905.
(5) *Chambre*, séance du 15 mai 1905.
(6) Voir note de M. Albert Tissier sous Caen, 3 décembre 1902, *Journal du Palais*, 1906, 2, 25.

(1) Le ministre des cultes à la *Chambre*, séance du 22 mai 1905.
(2) En ce sens : de Lamarzelle et Taudière, *op. cit.*, p. 153. A la Chambre (séance du 22 mai 1905), le ministre des cultes et le rapporteur disent qu'il appartiendra au Conseil d'Etat d'apprécier les espèces.
(3) De Lamarzelle et Taudière, *eod. loco.*
(4) MM. Rudelle, Auffray et Aynard, *Chambre*, séance du 22 mai 1905.
(5) MM. Riou et G. Denis, *Sénat*, séance du 25 novembre 1905.

tribution des biens d'un établissement de ce genre est faite par les commissaires-liquidateurs, sans l'intervention du gouvernement, à des établissements ayant le même objet ou une destination semblable.

Il importe de remarquer que l'établissement attributaire peut être situé n'importe où sur le territoire français et ne doit pas être nécessairement compris dans la circonscription de l'établissement du culte supprimé ou dans le voisinage de cette circonscription. La loi ne contient aucune limitation à cet égard.

§ 2. — *Personnes chargées de l'attribution*

130. Les établissements publics du culte étant supprimés, c'est l'Etat qui, normalement, devrait régler le sort des biens compris dans leur patrimoine. Cette thèse fut soutenue par M. Noulens, puis par M. Caillaux, à la séance de la Chambre du 21 avril 1905. « Seul l'Etat, le pouvoir exécutif seul, dit M. Caillaux, en sa qualité de tuteur des intérêts collectifs, a le droit de créer la propriété corporative et par conséquent de la réglementer. » M. Briand, sans discuter le principe, en repoussa l'application en invoquant « les intérêts généraux de l'Eglise et son droit à réclamer un régime qui ne soit attentatoire ni à sa liberté ni à sa constitution. » L'Etat ne doit pas s'immiscer dans les affaires ecclésiastiques après la séparation, c'est aux fidèles eux-mêmes de dire à qui et comment les biens affectés aux cultes doivent être remis.

131. En conséquence, les articles 4 et 7 de la loi confient aux « représentants légaux des établissements ecclésiastiques » la mission de faire l'attribution des biens aux associations cultuelles ou aux services publics, établissements publics ou d'utilité publique, et l'article 1er du décret du 16 mars 1906 donne ainsi qu'il suit l'énumération de ces représentants légaux :

1° *Pour les fabriques des églises et chapelles paroissiales*, le bureau des marguilliers, en vertu d'une délibération du conseil de fabrique ;

2° *Pour les menses curiales ou succursales*, le curé ou desservant et, en cas de vacance de la cure ou succursale, le bureau des marguilliers, en vertu d'une délibération du conseil de fabrique ;

3° *Pour les fabriques des églises métropolitaines ou cathédrales*, l'archevêque ou l'évêque, en vertu d'une délibération du conseil de fabrique, l'archevêque ou l'évêque étant, en cas de vacance du siège, suppléé par les vicaires capitulaires ou, à défaut de ceux-ci, par le doyen du chapitre ;

4° *Pour les menses archiépiscopales ou épiscopales*, l'archevêque ou l'évêque ou, en cas de vacance du siège, le commissaire ad-

ministrateur, à charge par ce dernier de se concerter avec les vicaires capitulaires ou, à défaut de ceux-ci, avec le doyen du chapitre, pour la désignation de l'association, du service ou de l'établissement attributaire, et sous réserve, en cas de désaccord, de l'application de l'article 8 du règlement ;

5° *Pour les chapitres*, le doyen, en vertu d'une délibération du chapitre ;

6° *Pour les séminaires*, le président du bureau d'administration, en vertu d'une délibération de ce bureau ;

7° *Pour les maisons et caisses diocésaines de retraite ou de secours pour les prêtres âgés ou infirmes*, le président du conseil d'administration, en vertu d'une délibération de ce conseil ;

8° *Pour les conseils presbytéraux et consistoires des Eglises réformées, les conseils presbytéraux, consistoires et synodes particuliers de l'Eglise de la confession d'Augsbourg, les consistoires israélites*, le président, en vertu d'une délibération du conseil presbytéral, consistoire ou synode.

Ne peuvent agir comme représentants légaux des établissements ci-dessus énumérés que les personnes régulièrement désignées en cette qualité soit avant la promulgation de la loi du 9 décembre 1905, soit après, par application du paragraphe 1er de l'article 3 de ladite loi.

Les délibérations par lesquelles les conseils ci-dessus mentionnés statuent sur l'attribution des biens sont exécutoires par elles-mêmes et les actes par lesquels les archevêques, évêques, curés et desservants, ou leurs suppléants légaux, font attribution des biens des menses sont également dispensés de toute approbation (art. 2 du décret).

§ 3. — *Formes de l'attribution*

132. *Formes.* — Les articles 4, 5 et 6 du décret du 16 mars 1906 règlent les formes suivant lesquelles seront faites les diverses attributions des biens ecclésiastiques.

133. 1° L'attribution faite *à une association cultuelle* est constatée au moyen d'un procès-verbal administratif dressé par les représentants légaux de l'établissement contradictoirement avec les directeurs ou administrateurs de l'association, munis à cet effet des pouvoirs nécessaires qui resteront annexés à l'acte. Le procès-verbal est établi après récolement de l'inventaire par les représentants de l'établissement et ceux de l'association ; il mentionne les additions et retranchements ainsi que les modifications d'estimation que comporte l'inventaire. Il indique soit directement, soit par référence à l'inventaire, les biens attribués. Il contient, en outre, un état détaillé des dettes de l'établissement avec indication de leur cause, de leur montant et de la date de leur exigibilité. Il est dressé sur papier libre en double minute et signé des parties. L'un des exemplaires est remis, avec tous titres et documents concernant les biens et dettes, aux directeurs ou administrateurs de l'association. L'autre est transmis dans le délai d'un mois par les représentants légaux de l'établissement avec, le cas échéant, la délibération visée aux articles 1 et 2 du règlement, au préfet qui leur en délivre récépissé et dépose cet exemplaire aux archives de la préfecture. Extrait de l'acte d'attribution ainsi notifié est publié, avec indication de la date de la notification, dans le délai d'un mois au *Recueil des actes administratifs de la préfecture* et, dans le délai de trois mois, au *Journal officiel* (art. 4).

134. 2° La reprise *des biens destinés à faire retour à l'État* est constatée au moyen d'un procès-verbal administratif dressé par l'administration des domaines. Ce procès-verbal indique lesdits biens soit directement, soit par référence à l'inventaire dressé en exécution de l'article 3 de la loi, et il contient un état des dettes de l'établissement spéciales à ces biens. Il constate la remise à l'administration des domaines de tous titres et documents concernant les biens repris. Il est dressé sur papier libre en simple minute. Si les représentants légaux de l'établissement ecclésiastique sont d'accord avec l'administration des domaines sur la reprise des biens par l'État, le procès-verbal est dressé contradictoirement avant que tous les biens destinés à des associations cultuelles leur aient été attribués. En cas de désaccord, il est dressé sur le vu de la décision judiciaire intervenue et en présence des intéressés ou eux dûment appelés (art. 6).

135 3° L'attribution soit *à un service public national, départemental ou communal,* soit *à un établissement public ou d'utilité publique* doit être faite avant que tous les biens destinés aux associations cultuelles leur aient été transférés (art. 5, § 1er). C'est une conséquence de l'article 3 de la loi qui ne laisse survivre les établissements publics du culte que jusqu'à l'attribution de leurs biens aux associations cultuelles. Cette dernière attribution faite, elles ne peuvent plus accomplir aucun acte et se privent notamment du droit de régler le sort des biens grevés d'une affectation étrangère à l'exercice du culte; il devra alors y être pourvu par décret, conformément à l'article 8, paragraphe 1er, de la loi [1].

L'attribution qui nous occupe est constatée

par un procès-verbal administratif dressé par les représentants de l'établissement ecclésiastique, contradictoirement avec ceux du service public ou de l'établissement public ou d'utilité publique, dans les mêmes formes que pour la remise de biens à une association cultuelle. Les dettes portées au procès-verbal sont celles spéciales aux biens attribués (art. 5, §§ 2 et 3).

Aux termes de l'article 7 de la loi, « l'attribution devra être approuvée par le préfet « du département où siège l'établissement « ecclésiastique. En cas de non-approbation, « il sera statué par décret rendu en Conseil « d'Etat. » « Le préfet devra se borner à examiner si la loi a été observée et si le principe « de la spécialité est respecté [1]. »

En conséquence, l'un des exemplaires du procès-verbal d'attribution est remis au service ou à l'établissement attributaire ; l'autre est transmis par les représentants légaux de l'établissement ecclésiastique au préfet avec tous titres et documents concernant les biens et, le cas échéant, la délibération autorisant l'attribution. Le préfet statue dans les deux mois de la réception du procès-verbal, faute de quoi l'attribution est considérée comme approuvée. Si le préfet refuse d'approuver l'attribution, il en avise l'établissement ecclésiastique, s'il existe encore, et le service ou l'établissement attributaire, en les invitant à lui présenter dans un délai de quinze jours leurs observations écrites. A l'expiration de ce délai, il transmet le dossier au ministre des cultes. Il est statué sur l'attribution par décret rendu en Conseil d'Etat. Notification est faite aux intéressés en la forme administrative, soit de l'arrêté d'approbation de l'attribution, soit du décret intervenu. L'arrêté d'approbation ou le décret est publié au *Journal officiel* (art. 5 du décret).

Si l'établissement du culte existe encore, il lui sera loisible, en cas de rejet, de faire lui-même une autre attribution, sinon il y sera pourvu par décret.

136. *Rentes sur l'Etat.* — La mutation des rentes sur l'Etat attribuées par un établissement public du culte à une association cultuelle est opérée sur la production d'un extrait, délivré par le préfet, du procès-verbal d'attribution. La mutation des rentes grevées d'une affectation étrangère à l'exercice du culte et attribuées par un établissement ecclésiastique à un service ou établissement public ou d'utilité publique est opérée sur la production de l'arrêté préfectoral ou du décret approuvant l'attribution. Dans les cas prévus par les articles 8 et 9 de la loi, la mutation est opérée sur la production soit du décret portant attribution des rentes, soit d'un arrêté ministériel pris en

(1) Instr. du ministre des cultes aux préfets, du 4 avril 1906, *supra*, p. 80.

(1) Rapport Briand.

exécution de la décision du Conseil d'Etat statuant au contentieux. Le décret, l'arrêté ministériel, l'arrêté préfectoral ou l'extrait du procès-verbal d'attribution indiquent le libellé complet des nouvelles inscriptions à délivrer (art. 13 du décret du 16 mars 1906).

137. *Droits de mutation.* — Les diverses attributions prévues par la loi du 9 décembre 1905, c'est-à-dire toutes celles faites par les établissements publics du culte, « ne donnent « lieu à aucune perception au profit du Trésor » (art. 10 de la loi). Mais les mutations opérées par des particuliers ou par des associations ou sociétés privées au profit d'associations cultuelles ne bénéficieraient pas de cette exonération de droits.

§ 4. — *Délais.* — *Conséquences du défaut d'attribution*

138. *Délai minimum.* — « Les attribu- « tions de biens ne pourront être faites par « les établissements ecclésiastiques qu'un « mois après la promulgation du règlement « d'administration publique prévu à l'arti- « cle 43 » (art. 5, § 2, de la loi). Ce règlement ayant paru le 16 mars 1906, sont seules inattaquables les attributions faites à partir du 16 avril suivant. Il fallait ne permettre l'attribution qu'à des associations constituées sérieusement et en conformité des prescriptions du décret à intervenir.

Les attributions antérieures pourront être annulées par le tribunal civil, à la demande « du ministère public ou de toute partie in- « téressée » (même article). C'est le seul cas où le tribunal civil ait à se prononcer sur une irrégularité d'attribution. Dans toutes les autres hypothèses, la compétence appartient au Conseil d'Etat, ainsi que nous le verrons plus loin.

Par « toute partie intéressée », il faut entendre non seulement une autre association cultuelle capable de revendiquer les biens, mais encore un établissement communal d'assistance ou de bienfaisance qui, aux termes de l'article 9 de la loi, en deviendrait éventuellement attributaire en l'absence d'une association cultuelle susceptible de les recevoir. Mais un simple particulier serait sans qualité pour agir.

Remarquons enfin qu'il s'agit d'une simple annulabilité, non d'une nullité de plein droit, et que, pour intenter l'action, aucun délai n'est imparti [1].

139. *Délai maximum.* — Toutes les attributions doivent être effectuées « dans le délai « d'un an à partir de la promulgation de la « loi » (art. 4). Ce délai est fatal. Si l'année

(1) M. Guillier avait proposé le délai d'un an (*Sénat*, séance du 24 novembre 1905).

expire sans que l'attribution ait été faite, non seulement l'établissement perd le droit qui lui était reconnu de répartir lui-même ses biens, mais il disparaît définitivement, par le seul effet de l'arrivée du terme, et sans que rien puisse le faire ni survivre ni renaître.

140. *Conséquences du défaut d'attribution.* — Dès lors, que deviendra son patrimoine ? L'article 8, paragraphes 1 et 2, de la loi, répond à cette question : « Faute par un « établissement ecclésiastique d'avoir, dans « le délai fixé par l'article 4, procédé aux at- « tributions ci-dessus prescrites, il y sera « pourvu par décret. — A l'expiration dudit « délai, les biens à attribuer seront, jusqu'à « leur attribution, placés sous séquestre. »

141. 1° *Mise des biens sous séquestre.* — La mise sous séquestre est effectuée par un arrêté préfectoral qui confie la conservation et la gestion des biens à l'administration des domaines. Les règles relatives à cette conservation et à cette gestion sont fixées par arrêté du ministre des finances (décret du 16 mars 1906, art. 8, paragraphes 1 et 3). L'arrêté de mise sous séquestre est publié au *Recueil des actes administratifs de la préfecture*, avec un avis faisant connaître que les associations cultuelles ont un délai de deux ans, compté à partir de la promulgation de la loi, pour demander l'attribution à leur profit des biens autres que ceux qui sont grevés d'une affectation étrangère à l'exercice du culte (même décret, art. 10).

142. 2° *Attribution des biens. a) Biens faisant retour à l'Etat.* — Si, à l'expiration du délai d'un an, la reprise des biens destinés à faire retour à l'Etat n'a pas encore eu lieu, elle est effectuée par l'administration des domaines, suivant procès-verbal dressé en simple minute (décret du 16 mars 1906, art. 9).

b) Autres biens. — Les associations cultuelles qui solliciteraient l'attribution des autres biens adressent leurs demandes au préfet, qui en délivre récépissé et les transmet au ministre des cultes, sur le rapport duquel sont rendus les décrets portant attribution (même décret, art. 10, § 2). Les décrets d'attribution sont publiés au *Journal officiel*. La remise des biens est faite suivant procès-verbal dressé par l'administration des domaines contradictoirement avec les représentants de l'association attributaire (même décret, art. 12).

Le projet de la commission confiait cette attribution au tribunal civil du siège de l'établissement. Un amendement, présenté par MM. Cruppi, Caillaux et G. Leygues et accepté par la commission et le gouvernement [1], en a chargé le pouvoir exécutif, afin que sa décision

(1) *Chambre*, séances des 23, 24, 25 et 27 mai 1905.

puisse être attaquée devant le Conseil d'État, dans les conditions que nous indiquerons plus loin. — Pour justifier le nouveau mode d'attribution, M. Cruppi explique « qu'il s'agit de biens collectifs, de biens corporatifs, de véritables fondations ayant, pourrait-on dire, la nature de biens du domaine public et relevant, à ce titre, de la compétence administrative, biens de l'attribution desquels, même en régime de séparation, l'État ne peut se désintéresser. » On a répondu que, du jour de la séparation, les biens ecclésiastiques devenaient une propriété privée, relevant des juges de droit commun. Mais tel n'est pas le système de la loi du 9 décembre 1905 qui, par les paragraphes 3 et 4 de son article 5, s'oppose à ce que ces biens soient détournés de leur affectation spéciale et ne permet pas aux associations cultuelles d'en disposer librement, comme elles pourraient le faire si elles étaient investies d'un droit de propriété absolu.

143. *Absence d'association cultuelle.* — Si, dans le délai de deux ans laissé aux associations pour réclamer les biens non attribués, aucune association ne les a revendiqués ou si les demandes formées ont été rejetées, il ne reste plus qu'à appliquer l'article 9, paragraphe 1ᵉʳ, de la loi, aux termes duquel « à défaut de « toute association pour recueillir les biens « d'un établissement public du culte, ces biens « seront attribués par décret aux établis- « sements communaux d'assistance ou de « bienfaisance situés dans les limites territo- « riales de la circonscription ecclésiastique « intéressée. » Contrairement à ce qui se produit pour l'attribution des biens remis à une association cultuelle qui vient à se dissoudre (art 9, § 2) [1], le pouvoir exécutif n'a pas le choix entre une association cultuelle voisine et les établissements d'assistance ou de bienfaisance de la circonscription. Ces derniers seuls sont appelés à recueillir les biens. De plus, un décret rendu en Conseil d'État n'est pas nécessaire, un décret simple suffit. Les établissements communaux d'assistance ou de bienfaisance visés par cette disposition sont les mêmes que ceux désignés par l'article 23, paragraphe 2, pour recevoir les excédents de la réserve limitée permise aux associations [2].

§ 5. — *Contestations relatives aux attributions*

144. *Revendications des particuliers.* — Le droit de revendication des biens donnés ou légués à un établissement public du culte est ouvert aux particuliers :

1° En cas d'attribution à un service ou établissement public ou d'utilité publique de biens grevés d'une affectation étrangère à l'exercice du culte (art. 7, § 2, de la loi).

2° En cas d'attribution des biens à un ou plusieurs établissements communaux d'assistance ou de bienfaisance, par suite du défaut d'association cultuelle disposée à les recevoir (art. 9, §§ 1 et 3, de la loi).

Malgré l'opposition de M. Lacombe à la Chambre [1], cette double faculté de revendication a été admise pour assurer le respect de la volonté des donateurs et testateurs et garantir le transfert des biens donnés ou légués à des établissements susceptibles de les consacrer à l'usage spécial auquel ils avaient été affectés.

Mais les actions de ce genre sont limitées sur les trois points suivants :

1° Elles ne peuvent être intentées « qu'en « cas de donations ou de legs. » Elles ne s'appliquent pas à des ventes conditionnelles [2], mais s'étendraient à des donations déguisées [3].

2° Elles doivent être exercées dans le délai de *six mois* à partir du jour où l'arrêté préfectoral ou le décret approuvant ou effectuant l'attribution aura été inséré au *Journal officiel*. Le projet de la commission faisait partir le délai du jour de l'attribution, mais comme ce jour est difficilement connu des tiers, un amendement de M. l'abbé Lemire y a fait substituer celui de la publication [4]. Le délai de six mois paraît court, mais il importe que les établissements attributaires ne restent pas longtemps menacés d'une dépossession éventuelle.

3° Elles ne sont ouvertes qu'aux auteurs des dons et legs et à leurs héritiers en ligne directe. La loi écarte les héritiers collatéraux et les légataires, même universels. C'est une importante restriction au droit commun qui ne se trouve ni dans la loi du 30 octobre 1886 ni dans celle du 1ᵉʳ juillet 1901. Le rapporteur à la Chambre l'a expliquée en disant que seul l'héritier en ligne directe continue vraiment la personne du donateur et a qualité pour surveiller l'exécution de ses volontés. L'argument est discutable, mais toutes les tentatives faites pour étendre la faculté de revendication à d'autres personnes sont demeurées sans résultats [5].

L'action en revendication est introduite devant le tribunal civil. Après suppression des établissements ecclésiastiques, elle est exercée contre les services ou établissements attributaires (décret du 16 mars 1906, art. 14).

145. *Réclamation des biens par plusieurs*

---

(1) Voir *supra*, nº 118.
(2) Voir *supra*, nº 109.

(1) *Chambre*, séance du 23 mai 1903.
(2) Rejet d'un amendement de Ramel à la *Chambre* (séance du 23 mai 1905) et d'un amendement Riou au *Sénat* (séance du 25 novembre 1905).
(3) M. Vallé au *Sénat*, séance du 25 novembre 1905.
(4) *Chambre*, séance du 23 mai 1905.
(5) MM. Auffray, Beauregard et Bertrand à la *Chambre* (séance du 23 mai 1905); — MM. Vidal de Saint-Urbain et de Lamarzelle au *Sénat* (séance du 25 novembre 1905).

associations cultuelles. — « Dans le cas où « les biens attribués à une association cul- « tuelle seront, soit dès l'origine, soit dans « la suite, réclamés par plusieurs associations « formées pour l'exercice du même culte, « l'attribution qui en aura été faite par les « représentants de l'établissement ou par dé- « cret, pourra être contestée devant le Con- « seil d'Etat statuant au contentieux, lequel « prononcera en tenant compte des circons- « tances de fait » (art. 8, § 3).

Ce texte, interprété à la lumière des tra- vaux préparatoires, donne compétence géné- rale au Conseil d'Etat pour connaître des dif- férends qui s'élèveront à l'occasion des attri- butions de biens. Nous avons dit [1] que le projet de la commission confiait cette mis- sion aux tribunaux civils et que ce change- ment de juridiction s'était produit sur un amendement de la délégation des gauches, soutenu par MM. Cruppi et Caillaux, qui tirè- rent argument de la nature des biens attri- bués, véritables biens publics, objets d'une propriété collective.

Mais le Conseil d'Etat, statuant au conten- tieux, devra se prononcer comme tribunal de pleine juridiction, en fait et en droit [2]. D'a- près l'article 8, paragraphe 3, *in fine*, il devra tenir compte de « toutes les circonstances de fait. »

On a voulu voir dans ces mots une contra- diction à l'article 4, qui ne permet d'attribuer les biens qu'à une association cultuelle « se « conformant aux règles générales de l'orga- « nisation du culte », c'est-à-dire reconnue par l'évêque. Si, dit-on, le Conseil d'Etat peut tenir compte de toutes les circonstances de fait, il ne sera plus lié par la reconnais- sance épiscopale ; c'est à lui qu'il appartien- dra de rechercher et de dire si l'association se conforme aux règles générales de l'organisa- tion du culte. Mais, en raisonnant ainsi, on exagère la portée de l'expression incriminée. M. Cruppi déclare lui-même qu'elle n'est des- tinée « qu'à spécifier que le Conseil ne statuera pas uniquement en droit comme la Cour de cassation, mais avec la pleine et complète ap- préciation de tous les faits [3]. » A maintes reprises, le ministre des cultes et le rappor- teur ont affirmé à la Chambre et au Sénat « que l'article 8 n'était pas en opposition avec l'article 4 », « que l'article 8 ne pouvait ni modifier ni affaiblir l'article 4 ; autrement ce serait témoigner un mépris bien profond pour les juges et leur insinuer qu'il est telle dispo- sition d'une loi dont ils peuvent ou doivent faire litière [4]. »

Le Conseil d'Etat, statuant en fait, aura donc à rechercher d'abord si l'association attributaire est constituée conformément aux règles générales d'organisation du culte, et il n'en pourra être ainsi que lorsqu'elle aura reçu l'approbation de l'évêque. Une contesta- tion sérieuse ne s'élèvera qu'entre deux asso- ciations de la même circonscription ecclésias- tique ayant obtenu, au même titre, la recon- naissance épiscopale, « ayant chacune à leur tête un prêtre nommé et approuvé par l'évê- que [1] », ce qui, dans l'organisation actuelle du culte catholique, sera infiniment rare. On peut imaginer cependant, comme l'a fait M. Vallé au Sénat [2], deux évêques succes- sifs, donnant leur confiance à des prêtres différents. Mais alors on ne voit guère de quelles « circonstances de fait » le Conseil d'Etat pourrait bien s'inspirer pour trancher ce conflit purement canonique.

146. *Délai de recours.* — La demande sera introduite devant le Conseil d'Etat dans le délai d'un an à partir de la date du décret portant attribution des biens par le pouvoir exécutif ou à partir de la notification à l'auto- rité préfectorale, par les représentants légaux des établissements publics du culte, de l'attri- bution effectuée par eux (art. 8, § 4, de la loi). Nous avons dit [3] que cette notification devait être faite dans le délai d'un mois. Aux termes de l'article 15 du décret du 16 mars 1906, le délai d'un an ne court que du jour de la publication du décret ou de l'extrait de l'acte d'attribution au *Journal officiel.*

147. *Compétitions ultérieures.* — Ce délai de recours expiré, l'attribution pourra encore être contestée dans les trois cas suivants prévus par le paragraphe 5 de l'article 8 :

1° Scission dans l'association nantie. « Des désaccords peuvent survenir dans une asso- ciation, non pas seulement sur le dogme, sur la doctrine religieuse ou la discipline ecclé- siastique, mais aussi sur les questions d'admi- nistration. Il faut permettre aux membres dissidents de se séparer de la majorité et de constituer une association distincte, autonome, qui réclamera à son profit la dévolution des biens devant le Conseil d'Etat [4]. »

2° Création d'une association nouvelle par suite d'une modification dans le territoire de la circonscription ecclésiastique. Du jour où la séparation a été votée, les fidèles sont devenus maîtres de modifier les limites des circonscriptions ecclésiastiques, d'en supprimer ou d'en créer de nouvelles. Cette hypo- thèse pourrait donc se présenter fréquem-

---

(1) *Supra,* n° 112.
(2) Le ministre des cultes, *Chambre*, séance du 27 mai 1905.
(3) *Chambre*, séance du 23 mai 1905.
(4) M. Briand à la Chambre, séance du 25 mai 1905.

(1) M. l'abbé Gayraud, *Chambre*, séance du 27 mai 1905.
(2) *Sénat*, séance du 27 novembre 1905.
(3) *Supra,* n° 133.
(4) Le ministre des cultes au *Sénat*, séance du 27 no- vembre 1905.

ment si l'évêque ne tenait pas la main au maintien du *statu quo*.

3° L'association attributaire n'est plus en mesure de remplir son objet. Par exemple, le nombre de ses membres est tombé au-dessous du minimum légal; l'association a des ressources notoirement insuffisantes, etc. Dans ce cas, il faut reconnaître au ministère public le droit de provoquer le retrait de l'attribution [1].

Cette énumération est certainement limitative.

Dans ces diverses hypothèses, le Conseil d'Etat ne doit statuer que d'après « les circonstances de fait », sans qu'il ait à rechercher si l'association demanderesse se conforme aux règles d'organisation générale du culte. L'article 4 de la loi ne s'applique qu'à la première attribution. M. Ribot l'a formellement reconnu : « Nous ne faisons intervenir l'évêque, de même que les consistoires soit protestants, soit israélites, que lors de la première dévolution. Car en ce moment, nous constatons le fait que la hiérarchie catholique repose sur les évêques, de même que la hiérarchie protestante repose sur les consistoires. Mais nous n'avons pas entendu dire que, pour l'avenir, l'évêque serait considéré par les tribunaux comme un premier juge infaillible. Nous renvoyons au droit commun et aux statuts les procès futurs [2]. » Un amendement de MM. G. Berry et Grosjean demandant que la formule de l'article 4 fût reproduite dans l'article 8, afin de l'étendre à toutes les contestations prévues par cet article, a été repoussé [3]. Mais, ainsi qu'on l'a très justement fait remarquer, l'association qui sollicitera l'attribution des biens sera toujours obligée de prouver qu'elle est en mesure d'assurer l'exercice du culte, ce qu'elle ne pourra faire que si elle justifie de l'assentiment des autorités ecclésiastiques [4].

148. *Irrégularités dans l'attribution.* — La loi du 9 décembre 1905 n'indique pas *in terminis* la procédure à suivre pour faire annuler les attributions irrégulières en la forme ou au fond. Mais l'article 15 du décret du 16 mars 1906 fixe à l'insertion au *Journal officiel*, effectuée en vertu des articles 4, 5 et 12 du même décret, le point de départ du délai de recours au Conseil d'Etat en annulation de l'acte d'attribution pour excès de pouvoir ou violation de la loi, que le recours soit formé par le ministre des cultes ou par une partie intéressée.

C'est donc bien, ainsi que l'indiquaient les travaux préparatoires de la loi, au Conseil d'Etat qu'il appartient de statuer sur les divers

litiges relatifs aux attributions de biens, sauf le cas d'attribution prématurée prévu par l'article 5, paragraphe 2, où la compétence est laissée au tribunal civil. Dans toutes les autres hypothèses, le Conseil d'Etat sera saisi par le ministre des cultes ou par toute partie intéressée, suivant les formes et dans les délais fixés par l'article 8. Si les attributions faites viennent à être annulées après la disparition de l'établissement public du culte, les biens sont placés sous séquestre jusqu'à ce qu'un décret leur ait donné une autre destination (art. 8, § 2, du décret du 16 mars 1906).

SECTION II

PAIEMENT DES DETTES

149. *Principe.* — En vertu de l'adage *non sunt bona nisi deducto ære alieno*, les biens des établissements publics du culte doivent rester affectés au paiement du passif de ces établissements. Aucune difficulté ne se présente pour les dettes garanties par un gage spécial, nantissement ou hypothèque. Mais que décider pour l'obligation aux dettes chirographaires ? Le projet de la commission restait muet sur ce point. L'opinion fut émise que l'Etat devait être considéré comme responsable des dettes contractées par les fabriques avec son autorisation [1]. On comprit alors qu'il fallait élucider la question. A cet effet la commission présenta un article 4 *ter* qui est devenu l'article 6 de la loi du 9 décembre 1905. Le système admis consiste à distinguer suivant qu'il y a ou n'y a pas d'association cultuelle constituée dans la circonscription ecclésiastique et suivant que l'association formée a recueilli les biens ou ne les a pas réclamés.

150. 1° *Une association cultuelle s'est constituée et a recueilli les biens de l'établissement débiteur.* — « Les associations attributaires des biens des établissements ecclésiastiques supprimés seront tenues des dettes de ces établissements ainsi que de leurs emprunts » (art. 6, § 1er).

Véritable héritière de l'établissement public défunt, l'association cultuelle est tenue de son passif *in infinitum*. Peut-elle renoncer à cette succession, en ne réclamant pas l'actif ? La négative semble ressortir des travaux préparatoires. « Il ne faut pas, dit le ministre des cultes, mettre l'association à même de repousser le patrimoine de l'établissement, en vue de se soustraire à la charge des dettes », et M. Briand ajoute : « L'association se formerait sans accepter le patrimoine et aurait, grâce au titre III de la loi, sans aucune charge et quasi gratuitement, la jouissance de l'édifice communal. Nous voulons éviter cette

---

(1) En ce sens : Lhopiteau et Thibault, *op. cit.*, n° 147.
(2) *Chambre*, séance du 24 mai 1905.
(3) *Chambre*, séance du 27 mai 1905.
(4) Lhopiteau et Thibault, *eod. loco.*

(1) Notamment le gouverneur du Crédit foncier (assemblée générale du 15 avril 1905).

éventualité [1]. » Nous verrons cependant, en examinant la seconde hypothèse, que le décret du 16 mars 1906 a prévu le cas d'une association ne réclamant pas le patrimoine de l'établissement qu'elle a remplacé.

Quoi qu'il en soit, si l'association cultuelle obtient l'attribution des biens, elle aura d'abord son patrimoine propre pour acquitter le passif de l'établissement dont elle hérite. En outre, tant qu'elle n'est pas libérée de ce passif, elle a droit « à la jouissance des biens productifs « de revenus qui doivent faire retour à l'Etat « en vertu de l'article 5 » (art. 8, § 1er). Pour obtenir l'abandon provisoire de cette jouissance, elle doit le demander au ministre des finances qui le décide, sur justification du passif, et arrête l'état des dettes payables sur les revenus desdits biens. L'abandon est constaté par un procès-verbal dressé en double minute et sur papier libre, par l'administration des Domaines, contradictoirement avec les représentants de l'association (décret du 16 mars 1906, art. 16).

Les revenus de biens provisoirement abandonnés ne peuvent être employés qu'à éteindre le passif; ils sont portés en recettes et en dépenses à des articles spéciaux du compte financier (même décret, art. 41).

151. 2° *Il existe une association cultuelle apte à recueillir le patrimoine de l'établissement débiteur, mais elle ne l'a pas réclamé.* — Nous avons dit que dans les travaux préparatoires de la loi l'intention s'était manifestée de rendre cette hypothèse irréalisable; néanmoins l'article 6 n'y met aucun obstacle, de sorte qu'elle pourra fort bien se présenter. L'établissement supprimé n'aura pas de successeur tenu de son passif *in infinitum*, mais le décret du 16 mars 1906 (art. 17), appliquant l'adage rappelé ci-dessus, consacre tout l'actif de l'établissement à l'extinction de ses dettes, à l'exclusion du capital des biens devant faire retour à l'Etat, dont celui-ci n'avait rendu audit établissement que la simple détention. «S'il s'est formé dans l'ancienne circonscription d'un établissement ecclésiastique supprimé une association cultuelle qui, tout en étant apte à recueillir le patrimoine de cet établissement, ne l'a pas réclamé, il est pourvu à l'acquittement du passif au moyen des biens dudit établissement placés sous séquestre à l'expiration du délai fixé à l'article 4 de la loi, et des revenus des biens destinés à faire retour à l'Etat, à l'exclusion de tout recours au fonds commun prévu à l'article 19 ci-après. » C'est le retour au système de liquidation distincte de chaque établissement qui avait été proposé sans succès à la Chambre par MM. Augagneur et Lacombe. Cette solution nous paraît aussi équitable que juridique.

(1) *Chambre*, séance du 18 mai 1905.

152. 3° *Il ne s'est formé aucune association cultuelle dans la circonscription de l'établissement débiteur.* — Comme au cas précédent, les biens de l'établissement placés sous séquestre et les revenus des biens destinés à faire retour à l'Etat servent au paiement des dettes de l'établissement (décret du 16 mars 1906, art. 18, § 1er).

En outre, si le passif ne peut être payé intégralement au moyen de ces ressources, le revenu global des biens ayant fait retour à l'Etat sera affecté au paiement du reliquat des dettes « régulières et légales » de l'établissement supprimé (art. 6, § 2, de la loi; art. 18, § 2, du décret). Ainsi l'Etat se constitue débiteur subsidiaire du passif de l'établissement resté sans successeur. C'est un avantage sans précédent fait à des créanciers sans doute intéressants, puisqu'ils ne pouvaient prévoir l'événement de la séparation quand ils ont accordé leur crédit à l'établissement qu'elle fait disparaître, mais qui ne peuvent, en somme, formuler aucun grief contre l'Etat, ni arguer d'aucune garantie même morale que l'Etat aurait offerte en autorisant l'engagement.

Toutefois, la responsabilité subsidiaire de l'Etat subit les deux restrictions suivantes :

1° Elle n'existe que pour les dettes « régulières et légales » de l'établissement supprimé, c'est-à-dire pour les dettes contractées avec les autorisations nécessaires et légalement exigibles aux échéances prévues. Les dettes arriérées que l'établissement aurait dû acquitter avant sa suppression, s'il avait satisfait aux promesses qui lui ont valu l'autorisation, ne pourront être réclamées à l'Etat, à moins que la bonne foi de l'établissement ne soit démontrée par l'impossibilité dans laquelle il s'est trouvé de tenir ses engagements [1].

2° Elle ne porte que sur les revenus des biens qui ont fait retour à l'Etat, le ministre des cultes ayant déclaré cette affectation largement suffisante. Le capital est réservé; il ne pourra être ni saisi ni aliéné en vue de hâter la libération [2].

Pour mettre le Trésor en mesure de répondre à cette responsabilité subsidiaire, il était nécessaire de constituer un fonds commun alimenté au moyen des revenus de l'ensemble des biens ecclésiastiques dont l'Etat a repris la libre disposition. A cet effet, l'article 19 du décret du 16 mars 1906 prescrit l'ouverture d'un compte spécial auquel seront portés en recette : 1° les revenus nets, déduction faite des frais de gestion, des biens dont la gestion

(1) M. Briand à la *Chambre*, séance du 18 mai 1905; — Lhopiteau et Thibault, *op. cit.*, p. 168.
(2) MM. Ribot et Lacombe à la *Chambre* (séance du 18 mai 1905), et M. Ponthier de Chamaillard au *Sénat* (séance du 24 novembre 1905) avaient demandé qu'on y affecte également le capital.

6

est confiée au domaine ; 2° les arrérages des rentes sur l'Etat acquises en remploi du produit net de la vente desdits biens, déduction faite des frais de gestion restant dus.

Les ressources constatées au crédit de ce compte spécial, au 31 décembre de chaque année, sont employées au paiement du reliquat des dettes régulières et légales, sur la demande qui en est faite, avec justifications à l'appui, pour les créanciers des établissements ecclésiastiques, dans les deux années qui suivront la suppression de ces établissements. Le ministre des finances arrête l'état des dettes payables sur le fonds commun et si, au 31 décembre, les ressources de ce fonds sont insuffisantes pour acquitter intégralement le passif admis, elles sont réparties entre les créanciers au prorata du montant respectif des sommes qui leur sont dues.

153. *Dettes grevant les édifices du culte.* — Il convenait de mentionner spécialement les dettes ayant leur origine dans des reconstructions ou réparations d'édifices du culte, dont le titre III de la loi laisse la jouissance perpétuelle ou temporaire aux associations cultuelles. Elles incombent naturellement à ces associations, mais seulement pour le temps pendant lequel elles conserveront la jouissance. C'est ce que dit le paragraphe 3 de l'article 6 : « Les annuités des emprunts « contractés pour dépenses relatives à des « édifices religieux seront supportées par les « associations en proportion du temps pen-« dant lequel elles auront l'usage de ces édi-« fices, par application des dispositions du « titre III. » Si l'association a laissé s'accumuler des annuités impayées, elle sera tenue de les acquitter.

Mais « dans le cas où l'Etat, les départe-« ments ou les communes rentreront en pos-« session de ceux des édifices dont ils sont « propriétaires, ils seront responsables des « dettes régulièrement contractées et affé-« rentes auxdits édifices » (art. 8, § 4). Ce texte, voté à la demande de MM. Sibille et Roch, malgré l'opposition du ministre des cultes et de la commission (1), s'applique aussi bien quand la reprise a lieu, en l'absence de toute association cultuelle, immédiatement après la disparition de l'établissement public du culte, que lorsqu'elle se produit après une jouissance plus ou moins longue laissée à une association. Il a pour effet d'obliger l'Etat, le département ou la commune à payer la totalité de la somme encore due, pourvu que la dette ait été régulièrement contractée, sauf à se retourner ensuite contre l'association cultuelle qui aurait laissé un arriéré et à lui en réclamer le remboursement en vertu du paragraphe précédent.

(1) *Chambre*, séance du 18 mai 1905.

SECTION III
LIVRES ET PIÈCES DE COMPTABILITÉ. — ARCHIVES

154. *Livres et pièces de comptabilité.* — Lors de la suppression des établissements antérieurement soumis aux règles de la comptabilité publique, en exécution de l'article 78 de la loi du 26 janvier 1892 et des décrets du 27 mars 1893, les registres des comptables sont arrêtés par les représentants de ces établissements. Les comptables rendront immédiatement leurs comptes ; ils seront dispensés de produire à l'appui le compte administratif et la délibération mentionnés dans les décrets du 27 mars 1893. Si les justifications réclamées par injonctions du juge des comptes ne peuvent être produites parce qu'elles exigeraient l'intervention des établissements susindiqués, il y supplée par tous actes et documents (décret du 16 mars 1906, art. 7).

155. *Archives.* — L'article 16, paragraphe 5, de la loi prescrit l'inventaire des archives ecclésiastiques et bibliothèques existant dans les archevêchés, évêchés, grands séminaires, paroisses, succursales et leurs dépendances. Celles qui seront reconnues propriété de l'Etat lui seront restituées. Le chapitre V (art. 20 à 24) du décret du 16 mars 1906 fixe les conditions dans lesquelles il sera procédé à cet inventaire.

Un arrêté préfectoral désigne, à cet effet, l'archiviste départemental ou toute autre personne compétente ; l'inventaire est dressé en présence soit des représentants légaux des établissements ecclésiastiques, soit des anciens titulaires ecclésiastiques ou eux dûment appelés, dans les formes prévues pour l'inventaire des biens.

L'inventaire des archives mentionne : 1° les titres et papiers visés par les lois des 7 messidor an II et 3 brumaire an V ; — 2° les registres paroissiaux antérieurs à l'entrée en vigueur des dispositions législatives concernant la tenue des actes de l'état civil, et notamment ceux détenus par les anciens titulaires ecclésiastiques dans les départements de la Savoie, de la Haute-Savoie et des Alpes-Maritimes ; — 3° tous autres titres ou papiers provenant de l'Etat, des départements ou des communes. Ces documents sont remis, suivant les cas, au préfet ou au maire, pour être versés dans les dépôts publics. Cette remise est constatée par procès-verbal ; elle doit être effectuée par les représentants légaux des établissements ecclésiastiques, au plus tard au moment de la suppression de ces établissements, et, par les anciens titulaires ecclésiastiques, dans les six mois qui suivent la publication du règlement d'administration publique.

Après inventaire des bibliothèques, la reprise par l'Etat, les départements ou les communes des livres et manuscrits leur appartenant, a lieu suivant procès-verbal dressé d'un commun accord, ou, en cas de contestation, sur le vu de la décision judiciaire intervenue. Les autres livres et manuscrits contenus dans les bibliothèques sont transmis aux associations cultuelles, conformément aux règles applicables à l'attribution des biens. Ces documents, livres et manuscrits et ceux laissés aux anciens titulaires ecclésiastiques, peuvent être classés, en vertu de la loi du 30 mars 1887, dans les mêmes conditions que s'ils appartenaient à des établissements publics.

CHAPITRE IX

Edifices des cultes (titre III, art. 12 à 17)

156. *Objet de ce chapitre.* — Le titre II de notre loi règle l'attribution des biens ecclésiastiques autres que les édifices des cultes, et, par là, on doit entendre, aux termes de l'article 12, non seulement les édifices dans lesquels se célèbrent les diverses cérémonies du culte (cathédrales, églises, chapelles, temples, synagogues), mais encore les immeubles servant au logement des ministres du culte (archevêchés, évêchés, presbytères) et à la préparation des futurs ministres (séminaires, facultés de théologie protestante). En raison de leur destination spéciale, ces édifices ont été soumis à un régime particulier dans le double but de n'apporter aucune entrave au libre exercice du culte et de laisser aux futures associations cultuelles tout le temps de s'organiser et de trouver les fonds nécessaires pour assurer le logement de leurs prêtres ainsi que de leurs étudiants.

A la fixation de ce régime est consacré le titre III de la loi (art. 12 à 17) et le titre II (art. 26 à 29) du décret du 16 mars 1906.

SECTION I

PROPRIÉTÉ DES ÉDIFICES DES CULTES

157. *Edifices antérieurs au Concordat.* — La jurisprudence du Conseil d'Etat, inaugurée par les avis des 3 nivôse et 2 pluviôse an XIII et invariable depuis, déclare que les églises métropolitaines, cathédrales, archevêchés, évêchés, séminaires remis à la disposition des évêques par l'article 12 du Concordat, appartiennent à l'Etat, et que les églises paroissiales et succursales et les presbytères rendus au culte en vertu de la même disposition sont la propriété des communes. L'article 12, paragraphe 1er, de la loi nouvelle ne fait que consacrer cette jurisprudence, lorsqu'il décide que : « Les édifices qui ont été mis à la dis- « position de la nation et qui, en vertu de la « loi du 18 germinal an X, servent à l'exer- « cice public des cultes ou au logement de

leurs ministres (cathédrales, églises, cha- « pelles, temples, synagogues, archevêchés, « évêchés, presbytères, séminaires), ainsi « que leurs dépendances immobilières et les « objets mobiliers qui les garnissaient au mo- « ment où lesdits édifices ont été remis aux « cultes, sont et demeurent propriétés de « l'Etat, des départements et des com- « munes. »

« L'Etat ne pouvait d'ailleurs abandonner aux associations cultuelles cette propriété. Aucune raison ne permettait de diminuer ainsi le patrimoine de la société tout entière au profit de certains groupements religieux, et surtout n'autorisait le Parlement à faire de pareilles largesses aux dépens des communes [1]. »

La propriété de l'Etat, du département ou de la commune ne s'applique pas seulement à l'édifice lui-même, elle s'étend à ses dépendances immobilières et aux objets mobiliers qui le garnissaient au moment où il a été remis au culte.

Par « séminaires » on doit entendre seulement les grands séminaires et non les écoles secondaires ecclésiastiques appelées couramment « petits séminaires ». Le ministre des cultes l'a précisé à la Chambre, sur une question de M. Barthou [2]. D'ailleurs, l'article 14, relatif à l'abandon temporaire de jouissance, ne vise que les « grands séminaires ».

Bien entendu, l'article 12 ne s'applique qu'aux immeubles rendus au culte par l'Etat lui-même. Un édifice acheté par un particulier lors de la vente des biens nationaux et remis par lui pour être de nouveau affecté à l'exercice du culte n'appartiendra pas nécessairement à la commune, mais continuera à constituer une propriété particulière susceptible de revendication [3].

158. *Edifices postérieurs au Concordat.* — L'article 12 ne règle pas la question de propriété des édifices affectés au culte postérieurement au Concordat. Il se borne à dire dans son deuxième paragraphe : « Pour ces édi- « fices (antérieurs au Concordat) *comme pour* « *ceux postérieurs à la loi du 18 germinal* « *an X dont l'Etat, les départements et les* « *communes seraient propriétaires, y compris* « *les facultés de théologie protestante,* il sera

---

(1) Rapport Briand, MM. Dansette et Auffray à la *Chambre* (séance du 8 juin 1905) et M. de Cuverville au *Sénat* (séance du 29 novembre 1905) demandèrent que ces édifices deviennent la propriété des associations cultuelles. M. Augagneur restreignit la proposition aux édifices servant à l'exercice du culte, églises, temples, chapelles (*Chambre*, même séance). Enfin, M. Lecour-Grandmaison voulait permettre aux communes de refuser cette attribution (*Sénat*, même séance). Ces divers amendements ont été écartés.

(2) *Chambre*, séance du 13 juin 1905.

(3) Le ministre des cultes, sur une question de M. Gayraud (*Chambre*, séance du 8 juin 1905).

« procédé conformément aux dispositions des « articles suivants. »

La question sera donc résolue, suivant les règles du droit commun, par les tribunaux civils, qui statueront d'après les titres produits. La propriété de l'édifice cultuel pourra être reconnue à l'État, au département, à la commune ou encore à l'établissement public du culte, à une société civile ou à un simple particulier [1].

L'article 552 du Code civil, qui institue propriétaire de l'immeuble le propriétaire du fonds sur lequel il a été bâti, doit-il être appliqué à l'édifice cultuel construit sur un terrain communal ? M. Briand soutenait l'affirmative dans son rapport, mais cette opinion fut contestée par M. Auffray [2]. L'immeuble a été édifié à l'aide de souscriptions des fidèles, la commune n'y a contribué que pour une part minime ; elle en devient cependant propriétaire sans être tenue à aucune indemnité soit envers l'association cultuelle succédant à l'établissement du culte, soit envers les donateurs ou leurs représentants. La Chambre n'a pas reculé devant cette solution qui respecte les principes et confirme le caractère collectif de la propriété ecclésiastique. Divers amendements tendant à l'écarter ont été repoussés à la Chambre et au Sénat [3], de sorte que notre loi ne contient aucune disposition qui permette d'échapper à l'article 552 du Code civil ou d'imposer un remboursement quelconque à la commune déclarée propriétaire de l'édifice.

Mais si un immeuble a été donné à une commune avec affectation expresse à la célébration du culte ou au logement du curé, il y aurait lieu, dans le cas où cette affectation ne serait pas respectée, à ouverture, au profit du donateur ou de ses ayants cause, d'une action en révocation de la donation ou du legs, suivant le droit commun et non pas seulement dans les conditions des articles 7 et 9 de notre loi qui ne s'appliquent qu'aux biens des établissements publics du culte [4].

Les édifices du culte appartenant aux établissements ecclésiastiques sont attribués aux associations cultuelles dans les mêmes conditions et suivant les mêmes formes que les

(1) Le rapporteur répondant à M. de Castelnau (*Chambre*, séance du 13 juin 1905).
(2) *Chambre*, séance du 13 juin 1905.
(3) A la *Chambre*, MM. de Gailhard-Bancel et Ballande demandèrent que la commune verse à l'association cultuelle les sommes ayant servi à la construction. M. Paul Coutant proposait de permettre à l'association cultuelle d'acheter le terrain communal en vue de devenir propriétaire de l'édifice. Ces amendements furent repoussés (séance du 13 juin 1905). Repris au *Sénat* par MM. de Carné et Riou (séance du 29 novembre 1905), ils n'obtinrent pas plus de succès.
(4) M. Briand à la *Chambre* (même séance), sur un amendement de M. Bertrand demandant que les presbytères donnés ou légués aux communes soient mis gratuitement à la disposition des associations cultuelles.

autres biens desdits établissements (décret du 16 mars 1906, art. 26).

SECTION II

JOUISSANCE

§ 1er. — *Edifices servant à l'exercice public du culte*

159. *Jouissance gratuite et illimitée.* — L'article 13, paragraphe 1er, de la loi décide que « les édifices servant à l'exercice public du « culte, ainsi que les objets mobiliers les gar- « nissant, seront laissés gratuitement à la « disposition des établissements publics du « culte, puis des associations appelées à les « remplacer auxquelles les biens de ces établis- « sements auront été attribués par applica- « tion des dispositions du titre II. »

Le projet de la commission ne laissait les édifices consacrés aux cultes gratuitement à la disposition des associations cultuelles que pendant deux années. Ensuite l'État, les départements et les communes devaient, pendant dix ans, en consentir la location, moyennant, outre les charges et les assurances, un loyer au plus égal à 10 % du revenu annuel moyen de l'établissement public auquel succédait l'association cultuelle. Divers autres systèmes furent proposés par MM. Allard et Vaillant [1], Dansette et Auffray, Augagneur et Lasies [2]. M. E. Flandin proposa d'imposer la location aux associations cultuelles par baux emphytéotiques de quatre-vingt-dix-neuf ans, moyennant un loyer annuel de 1 fr. [3]. Cet amendement ayant été pris en considération, la commission présenta un nouveau texte qui est devenu l'article 13 actuel.

160. *Conditions et charges de cette jouissance.* — 1° Pour obtenir la jouissance gratuite et illimitée d'un édifice servant à l'exercice du culte, cathédrale, église, temple ou chapelle, l'article 13 exige que l'association ait recueilli le patrimoine actif et passif de l'établissement public qui, précédemment, assurait la célébration du culte dans cet édifice. « La jouissance de l'église et celle des biens de l'ancienne fabrique sont indivisibles », a déclaré M. Ribot [4]. Mais il n'y a pas réciprocité. Une association peut très bien réclamer la possession des biens sans demander la jouissance des édifices, la loi ne

(1) Désaffectation de tous les édifices prononcée par la loi de séparation et faculté pour l'État, les départements et les communes de les louer à des associations ou à des individus pour une durée *maxima* de cinq ans, et moyennant un loyer au moins égal à 5 % de la valeur de l'immeuble (*Chambre*, séance du 8 juin 1905).
(2) Transmission aux associations de la pleine propriété soit de tous les édifices du culte, soit des églises et chapelles seulement (voir *supra*, n° 157, note 1).
(3) *Chambre*, séance du 8 juin 1905.
(4) *Chambre*, séance du 18 mai 1905 ; voir *supra*, n°s 120 et suiv.

lui impose aucune obligation à cet égard [1].

2° « Les établissements publics du culte, « puis les associations bénéficiaires, seront « tenus des réparations de toute nature, « ainsi que des frais d'assurance et autres « charges afférentes aux édifices et aux meu- « bles les garnissant » (art. 13, § 6). Cette obligation s'étend aux grosses réparations comme aux réparations d'entretien [2], aux primes d'assurances, aux impôts [3], taxes de toute nature et autres charges incombant d'ha- bitude au propriétaire. Toutefois, l'association ne saurait être tenue à la reconstruction com- plète de l'édifice détruit par cas fortuit ou tombé en ruines par suite de vétusté.

Les réparations doivent être effectuées sous réserve de l'application de la législation sur les monuments historiques et de manière à ne préjudicier sous aucun rapport aux édifices cultuels. Les projets de grosses réparations doivent, un mois au moins avant leur exécu- tion, être communiqués au préfet pour les édifices appartenant à l'Etat ou au départe- ment, et au maire pour ceux qui sont la pro- priété de la commune (décret du 16 mars 1906, art. 28).

161. *Nature du droit de l'association.* — On a prétendu assimiler le droit de l'asso- ciation cultuelle à une location, mais il y manque le paiement d'un loyer qui caractérise les baux de toute espèce, notamment le bail emphytéotique ; — à un usufruit, mais l'asso- ciation doit jouir par elle-même et ne peut céder son droit pour en retirer des fruits ci- vils ; — au droit d'usage et d'habitation qui, lui, ne peut être aliéné, mais l'usager n'est pas tenu aux grosses réparations (art. 635 C. civ.). Le droit concédé aux associations cul- tuelles, par la loi du 9 décembre 1905, sur les édifices du culte est donc spécial et se définit par lui-même. C'est un droit réel que l'asso- ciation a mission de défendre devant les tri- bunaux ordinaires en cas de trouble même de la part du propriétaire, Etat, département ou commune ; droit limité cependant à l'exercice du culte dans l'édifice par les soins de l'asso- ciation attributaire. C'est également aux juges du droit commun que celle-ci devra s'adres-

ser pour demander la délivrance [1], le Conseil d'Etat n'étant déclaré compétent que pour les conflits relatifs à la cessation de jouissance. Le tribunal civil compétent est naturellement celui de la situation de l'immeuble.

Bien qu'on ait soutenu le contraire [2], nous pensons que les églises affectées par notre loi à un usage spécial et perpétuel demeurent inaliénables et imprescriptibles dans le do- maine public, au moins jusqu'au jour de leur désaffectation.

La jouissance de l'association porte égale- ment sur les meubles « garnissant les édi- fices, » c'est-à-dire sur les objets mobiliers visés à l'article 12, qui se trouvaient dans l'immeuble au moment où il a été remis au culte et qui sont propriété de l'Etat, du dépar- tement ou de la commune. Quant aux objets placés dans l'édifice par l'établissement pu- blic, ils font partie du patrimoine de celui-ci et sont attribués, à ce titre, à l'association cultuelle héritière [3].

162. *Cessation de la jouissance.* — Il importait que la loi prît des précautions pour éviter que les associations ne détournent de leur destination les immeubles à elles aban- donnés, ou n'en compromettent la durée par une négligence coupable. La sanction de fautes de cette nature ne pouvait être que le retrait de la jouissance. Aux termes du para- graphe 2 de l'article 13, la cessation de jouis- sance et, s'il y a lieu, son transfert à une autre association cultuelle, seront prononcés par décret, sauf recours au Conseil d'Etat sta- tuant au contentieux, dans les cinq cas sui- vants :

1° *Si l'association bénéficiaire est dissoute,* soit volontairement soit par décision judi- ciaire [4].

2° *Si, en dehors du cas de force majeure, le culte cesse d'être célébré pendant plus de six mois consécutifs.* La suspension du culte pendant plus de six mois indique que l'im- meuble n'est plus utile à l'association. Toute- fois si, conformément à un usage ancien, le culte continue à n'être célébré dans l'édifice qu'une ou deux fois par an, ce ne sera pas, semble-t-il, une raison suffisante pour faire ces- ser la jouissance ; le Conseil d'Etat se pronon- cera sur ces questions d'espèce [5]. Par « culte » on doit entendre l'office divin ; des conféren- ces religieuses, des leçons de catéchisme qui pourraient se donner partout ailleurs, ne jus- tifieraient pas le maintien de la jouissance [6]. Il faut, enfin, que l'inutilisation soit volon-

---

(1) Lhopiteau et Thibault, *op. cit.*, n° 183.
(2) *Au Sénat* (séance du 30 novembre 1905), M Bé- renger demanda que l'on maintienne la situation créée aux fabriques à l'article 136, n° 12, de la loi du 5 avril 1884, lequel mettait les grosses réparations à la charge des communes, si les ressources de la fabrique étaient insuffisantes. M. Vallé répondit que la jouissance per- pétuelle des associations devait être assimilée à celle que procure le bail emphytéotique qui, aux termes de l'ar- ticle 8 de la loi du 25 juin 1902, met les grosses répa- rations à la charge du preneur.
(3) On sait que les églises appartenant à l'Etat, aux départements ou aux communes sont exemptes de l'impôt foncier et de l'impôt des portes et fenêtres (voir *supra*, n° 107).

---

(1) En ce sens, Lhopiteau et Thibault, *op. cit.*, n° 185.
(2) De Lamarzelle et Taudière, *op. cit.*, p. 135.
(3) Réponse du rapporteur à M. Gayraud (*Chambre*, séance du 9 juin 1905).
(4) Voir *supra*, n°° 117 et suiv.
(5) *Sénat*, séance du 30 novembre 1905.
(6) En ce sens, Lhopiteau et Thibault, *op. cit.*, n° 188.

taire de la part de l'association, c'est ce qu'indiquent les mots : « en dehors du cas de force majeure (1). »

3° *Si la conservation de l'édifice ou celle des objets mobiliers classés en vertu de la loi de 1887 et de l'article 16 de la loi de séparation est compromise par l'insuffisance d'entretien, et après mise en demeure dûment notifiée du conseil municipal ou, à défaut, du préfet.* C'est la sanction de l'obligation pesant sur l'association d'effectuer les grosses réparations. Que le manque d'entretien porte sur l'immeuble ou sur les meubles classés, le retrait de jouissance englobera l'ensemble, édifice et objets mobiliers. La mise en demeure sera notifiée par le maire, en exécution d'une délibération du conseil municipal et dans les formes prescrites à l'article 96 de la loi du 5 avril 1884.

4° *Si l'association cesse de remplir son objet ou si les édifices sont détournés de leur destination.* On sait que l'association doit avoir exclusivement pour objet l'exercice du culte. Si elle s'en écarte, elle cesse d'avoir droit à la jouissance des édifices religieux. Mais il ressort des travaux préparatoires qu'un fait isolé et accidentel ne saurait suffire pour justifier ce retrait de jouissance. Il faut une succession de faits étrangers au culte, indiquant que l'association est bien décidée à sortir de sa mission ou à détourner l'édifice de sa destination (2).

5° *Si elle ne satisfait pas soit aux obligations de l'article 6 ou du dernier paragraphe de l'article 13, soit aux prescriptions relatives aux monuments historiques,* c'est-à-dire : si elle se refuse à payer les dettes de l'établissement du culte dont elle a recueilli la succession ; si elle n'acquitte pas les charges qui grèvent sa jouissance et n'effectue pas les réparations de toute nature, alors même que la conservation de l'immeuble n'en serait pas compromise ; enfin, si elle ne remplit pas les obligations spéciales, que nous indiquerons plus loin, relatives au classement des monuments historiques.

Dans ces divers cas, le retrait de jouissance est obligatoire, mais le Conseil d'État, saisi au contentieux d'un recours de l'association dépossédée, devra examiner en fait si cette dépossession est suffisamment justifiée.

163. *Désaffectation.* — La désaffectation rend à l'État, au département ou à la commune la libre disposition de l'immeuble. Tant qu'elle n'est pas prononcée, l'édifice reste consacré au culte, alors même que la jouissance n'en est plus conférée à une association. Comment une pareille mesure pourra-t-elle être prise ? Les paragraphes 3, 4 et 5 de l'article 13 prévoient trois hypothèses :

1° En cas de cessation de jouissance pour l'un des motifs ci-dessus spécifiés, la désaffectation de l'immeuble *pourra* être prononcée *par décret rendu en Conseil d'État.* Sous le régime concordataire, c'était également un décret rendu en Conseil d'État qui prononçait la désaffectation, mais ce décret n'était nécessaire que si l'autorité civile ne s'accordait pas avec l'autorité diocésaine. Le retrait de la jouissance est obligatoire dans les cas ci-dessus énumérés, mais la désaffectation reste facultative pour le pouvoir exécutif, qui pourra la prononcer alors même qu'une autre association cultuelle se présenterait pour réclamer la jouissance de l'édifice aux lieu et place de l'association à laquelle elle aurait été retirée (1).

2° La désaffectation *pourra* être prononcée *par un décret simple :*

a) Pour les immeubles autrefois affectés aux cultes et dans lesquels les cérémonies du culte n'auront pas été célébrées pendant le délai d'un an antérieurement à la loi du 9 décembre 1905. Ici encore, pour s'opposer à la désaffectation, il faut la célébration de l'office divin ; des conférences ou des leçons de catéchisme ne suffiraient pas.

b) Pour les immeubles qui ne seront pas réclamés par une association cultuelle dans le délai de deux ans après la promulgation de la loi.

Dans ces deux cas il est notoire que l'édifice n'est plus utile pour l'exercice du culte ; on peut donc le remettre dans la circulation (art. 13, § 4) (2).

c) Pour les édifices dont la désaffectation aura été demandée antérieurement au 1er juin 1905 (art. 13, § 5) (3). Ces immeubles soumis, au moment du vote de la loi, à une instruction en vue de la désaffectation seront mis à la disposition des associations, mais avec la réserve d'une désaffectation éventuelle, pour laquelle une loi ne sera pas plus nécessaire après qu'avant la séparation.

3° Dans tous les autres cas, la désaffectation ne pourra être prononcée que *par une loi* (art. 13, § 3 *in fine*). Après la séparation, on n'a plus la double garantie des pourparlers entre le pouvoir exécutif et l'autorité ecclésiastique devant précéder toute désaffectation, et de l'obligation imposée à la commune de fournir un édifice au culte. Une désaffecta-

---

(1) Amendement de M. Ribot, *Chambre,* séance du 9 juin 1905.
(2) Aux mots « si les édifices sont employés à un usage étranger au culte qui figuraient au projet de la commission et permettaient d'admettre un fait unique, M. Ribot fit substituer la formule actuelle qui suppose un état d'habitude (*Chambre,* séance du 9 juin 1905).

(1) Lhopiteau et Thibault, *op. cit.,* n° 197.
(2) Amendement de M. Bepmale voté par la *Chambre* (séance du 9 juin 1905).
(3) Amendement de M. Augagneur voté par la *Chambre* (même séance).

tion sans contrôle aurait fourni le moyen de tourner la loi en dépossédant une association contre laquelle on ne pourrait cependant formuler aucun des griefs prévus au second paragraphe de l'article 13. Il fallait contre l'arbitraire une sauvegarde que l'on a pensé trouver dans une loi publiquement discutée [1].

La désaffectation ne donnera ouverture à aucune indemnité au profit de l'association privée de la jouissance de l'édifice.

Le décret de désaffectation, qu'il soit simple ou rendu en Conseil d'Etat, sera susceptible d'un recours non suspensif devant ledit Conseil dans le délai de deux mois, conformément au droit commun.

§ 2. — Autres édifices

164. *Jouissance gratuite limitée.* — Aux termes de l'article 14, paragraphe 1er : « les ar« chevêchés, évêchés, les presbytères et leurs « dépendances, les grands séminaires et fa« cultés de théologie protestante seront laissés « gratuitement à la disposition des établisse« ments publics du culte, puis des associations « prévues à l'article 13, savoir : les archevê« chés et évêchés pendant une période *de* « *deux années;* les presbytères, dans les « communes où résidera le ministre du culte, « les séminaires et facultés de théologie pro« testante, pendant *cinq années* à partir de la « promulgation de la présente loi. » Le projet de la commission prévoyait un abandon gratuit de jouissance pendant deux ans, puis une location obligatoire pendant cinq ans, dans les mêmes conditions que pour les édifices consacrés au culte. M. de Caraman demanda une concession gratuite et illimitée [2]; MM. Paul Menier et Allard voulurent faire de la location de ces immeubles aux ministres du culte une simple faculté [3]; M. Lemire proposa que la concession gratuite d'un édifice consacré au culte entraîne la location obligatoire des immeubles attenants [4]. A titre transactionnel, la commission rédigea un nouveau texte qui est devenu l'article 14 actuel.

165. *Biens concédés.* — 1° L'article 14 ne parle que des immeubles et ne mentionne pas les objets mobiliers, à la différence de l'article 13. Les meubles sont donc exclus de la concession de jouissance.

2° La distraction des parties superflues des presbytères pourra être prononcée pour un service public, par décret rendu en Conseil d'Etat (art. 14, § 4). Le ministre des cultes a

précisé que cette disposition avait pour objet de maintenir le droit antérieur tel qu'il résulte de l'ordonnance du 3 mars 1825 et du décret du 25 mars 1852. Le préfet pourra donc statuer, comme précédemment, s'il ne rencontre aucune opposition; au cas contraire, la difficulté sera tranchée par un décret rendu sur un avis du Conseil d'Etat, section de l'intérieur. La distraction ne pourra se faire qu'en vue d'affecter la partie distraite à un service public.

166. *Conditions et charges.* — La jouissance gratuite qui nous occupe ne sera concédée qu'aux associations qui remplissent les conditions exigées par l'article 13 pour obtenir la jouissance des édifices consacrés au culte [1].

De plus, la jouissance des presbytères ne sera concédée que dans les communes « où résidera le ministre du culte. » La vacance d'une cure permettrait donc à la commune de reprendre possession de l'immeuble [2]. Dans les communes actuellement desservies par un prêtre bineur, le presbytère ne sera mis à la disposition de l'association cultuelle que si, le binage cessant, elle y installe effectivement un prêtre [3].

Les charges incombant aux associations attributaires sont les mêmes que pour les édifices consacrés au culte, à l'exception des grosses réparations auxquelles elles ne sont pas tenues (art. 14, § 2). Cette dispense des grosses réparations résulte de ce que la durée de jouissance est limitée.

167. *Cessation de la jouissance et désaffectation.* — La jouissance cessera :

1° Par suite de l'arrivée du terme : « A « l'expiration des délais de jouissance gra« tuite, la libre disposition des édifices sera « rendue à l'Etat, aux départements et aux « communes » (art. 14, § 5). Dès lors, une désaffectation ne sera plus nécessaire pour permettre au propriétaire d'user de l'immeuble ainsi qu'il l'entendra. Il pourra notamment en consentir la location à une association cultuelle ou à un ecclésiastique, pourvu que la vileté du loyer ne constitue pas une subvention déguisée [4].

2° Pour l'un des motifs énumérés au paragraphe 2 de l'article 13 auquel renvoie l'article 14, paragraphe 3. Dans ce cas, la désaffectation pourra être prononcée par décret en Conseil d'Etat, conformément à l'article 13, paragraphe 3. L'article 14, paragraphe 3, renvoie

---

(1) M. Ribot avait proposé de n'admettre la désaffectation qu'en cas d'expropriation pour cause d'utilité publique (*Chambre*, même séance). De même M. Ollivier au *Sénat* (séance du 29 novembre 1905).
(2) *Chambre*, séance du 9 juin 1905.
(3) *Chambre*, séance du 13 juin 1905.
(4) *Chambre*, même séance.

(1) Voir *supra*, n° 160.
(2) Mais un simple changement de titulaire ne suffirait pas. Le successeur du curé décédé, démissionnaire ou déplacé continuerait à bénéficier de la jouissance gratuite (réponse du ministre des cultes à M. Paul Meunier, *Chambre*, séance du 13 juin 1905).
(3) Réponse du ministre des cultes au même député (*Chambre*, même séance).
(4) Rapport Maxime Lecomte.

également, en effet, aux paragraphes 3 et 5 de l'article 13 et, suivant les distinctions admises par ces dispositions, la désaffectation, pendant la période de jouissance, devra résulter d'un décret en Conseil d'Etat, d'un décret simple ou d'une loi (1).

168. *Indemnités de logement.* — L'article 136, n° 11, de la loi du 5 avril 1884 déclare obligatoires pour les communes « les dépenses d'indemnité de logement dues, en vertu de l'article 92 du décret du 30 décembre 1809, aux curés, desservants et autres ministres des cultes salariés par l'Etat, lorsqu'il n'existe pas de bâtiments affectés à leur logement et lorsque les fabriques et autres administrations préposées au culte ne pourront pourvoir elles-mêmes au paiement de ces indemnités. » L'article 14, paragraphe 6, maintient *in terminis* l'indemnité de logement pendant le délai de cinq ans, tout en déclarant qu'il cessera de plein droit en cas de dissolution de l'association, ce qui paraît signifier qu'elle ne sera due qu'à la première association constituée et ne pourrait être réclamée par la nouvelle association qui, en cas de dissolution de la première, viendrait à se former (2).

§ 3. — *Dispositions communes*

169. *Savoie et ancien comté de Nice.* — La question de propriété des édifices du culte et des cimetières continuait à être controversée pour les départements de la Savoie, de la Haute-Savoie et des Alpes-Maritimes enlevés à la France en 1814 et repris seulement en 1860. Afin de faire cesser toute hésitation, une disposition additionnelle, devenue l'article 15, a été votée par la Chambre sur la proposition des représentants des régions intéressées, aux termes de laquelle les articles 12 et suivants de la loi s'appliquent, tant pour la propriété que pour la jouissance, aux édifices du culte des départements de la Savoie, de la Haute-Savoie et des Alpes-Maritimes. Quant aux cimetières, ils sont et demeurent propriété des communes.

170. *Formes de l'entrée en jouissance.* — L'article 27 du décret du 16 mars 1906 détermine les formes suivant lesquelles les associations cultuelles seront nanties de la jouissance perpétuelle ou limitée des édifices affectés au culte et au logement des ministres, ainsi que les grands séminaires. L'entrée en jouissance est constatée par un procès-verbal administratif dressé, soit par le préfet pour l'Etat ou les départements, soit par les maires pour les communes, contradictoirement avec les représentants des associations ou eux dûment appelés. Il en sera de même pour la

mise à la disposition des associations des objets mobiliers garnissant les édifices servant à l'exercice public du culte. Le procès-verbal comporte un état de lieux si l'association en fait la demande, et, dans tous les cas, un état des objets mobiliers dressé d'après les indications de l'inventaire prévu à l'article 3 de la loi (1). Il est établi en double minute et sur papier libre.

SECTION III

CLASSEMENT

171. *Assimilation, au point de vue du classement, des associations cultuelles à des établissements publics.* — Les articles 2 et 3 de la loi du 30 mars 1887 distinguent, au point de vue du classement des immeubles par nature ou par destination dont la conservation présente un intérêt historique ou artistique, entre ceux qui appartiennent à l'Etat, aux départements, aux communes, aux fabriques et autres établissements publics, et ceux qui appartiennent à des particuliers. Ces derniers ne peuvent être classés qu'avec le consentement du propriétaire. De plus, l'article 8 de la même loi ne prévoit que le classement des objets mobiliers appartenant à l'Etat, aux départements, aux communes, aux fabriques et autres établissements publics et n'institue aucun classement pour les meubles appartenant à des particuliers.

Les associations cultuelles ont assurément un caractère privé. Néanmoins, succédant aux fabriques et autres établissements publics du culte, elles peuvent devenir attributaires d'édifices ou de meubles d'une grande valeur historique ou artistique. Il convenait donc de les assimiler, au point de vue du classement de ces biens, à des établissements publics et de les soumettre, pour la conservation des objets classés, aux obligations fixées par la loi du 30 mars 1887. Tel est le but de l'article 16, paragraphes 3 et 4, de notre loi, ainsi conçu : « En outre, les immeubles et « les objets mobiliers attribués, en vertu de « la présente loi, aux associations, pourront « être classés dans les mêmes conditions que « s'ils appartenaient à des établissements pu- « blics. — Il n'est pas dérogé, pour le surplus, « aux dispositions de la loi du 30 mars « 1887. »

172. *Edifices des cultes et objets mobiliers les garnissant.* — Pour les édifices des cultes et les objets mobiliers les garnissant laissés à la disposition des associations par les articles 13 et 14, le projet de la commission proposait un classement provisoire et d'office, par le seul effet de la loi, de tous les objets non encore classés, pour être ensuite procédé,

(1) Voir *supra*, n° 163.
(2) En ce sens, Lhopiteau et Thibault, *op. cit.*, n° 216.

(1) Voir *supra*, n°* 71 et suiv.

dans le délai de trois ans, à un classement définitif de ceux dont la conservation présenterait un intérêt suffisant. Sur les observations de M. Aynard, demandant une refonte complète du classement des immeubles et reprochant au classement provisoire des objets mobiliers d'être trop général, le texte de la commission fut scindé en deux dispositions nouvelles qui forment les paragraphes 1er et 2 de l'article 16.

a) Immeubles. — On supprime le classement d'office comme inutile pour leur sauvegarde provisoire, mais on décide qu'il sera procédé dans l'avenir à un classement complémentaire des édifices, dans lequel devront être compris tous ceux représentant dans leur ensemble ou dans leurs parties une valeur artistique ou historique (art. 16, § 1er). C'est la confirmation pure et simple de la loi du 30 mars 1887.

b) Objets mobiliers et immeubles par destination. — Pour ceux-ci, on maintient le classement provisoire d'office proposé par la commission. Ce classement provisoire résultera du seul fait de la mention de l'objet à l'inventaire prescrit par l'article 3. Le classement définitif sera effectué dans le délai de trois ans par le ministre de l'instruction publique et des beaux-arts. A l'expiration de ce délai, les autres objets seront déclassés de plein droit (art. 16, § 2). Il importe de remarquer que l'indisponibilité provisoire qui résulte du classement d'office ne frappe que les objets mobiliers prévus à l'article 13, c'est-à-dire appartenant à l'Etat, aux départements ou aux communes et garnissant des édifices consacrés à l'exercice public du culte. Elle ne s'étend pas aux meubles ayant appartenu à un établissement public du culte et attribués à une association cultuelle, lesquels sont seulement susceptibles d'être classés, en vertu du paragraphe 3 de notre article 16(1).

173. *Aliénation des objets classés.* 1° *Immeubles par destination.* — L'article 10 de la loi du 30 mars 1887 déclare inaliénables et imprescriptibles les objets mobiliers classés. L'article 17, paragraphe 1er, de notre loi étend cette mesure à tous les immeubles par destination classés, alors même qu'ils ne garniraient pas un édifice cultuel.

2° *Meubles.* — L'article 11 de la loi du 30 mars 1887 permet l'aliénation, par vente ou échange, des objets mobiliers classés, avec l'autorisation du ministre de l'instruction publique et des beaux-arts. L'article 17, paragraphes 2 et 3, de notre loi complète cette disposition par l'institution d'un droit de préemption et par l'interdiction d'exporter l'objet aliéné : « Dans le cas où la vente ou

(1) Réponse du ministre des cultes à M. Auffray (*Chambre*, séance du 14 juin 1905).

« l'échange d'un objet classé serait autorisé « par le ministre de l'instruction publique et « des beaux-arts, un droit de préemption est « accordé : 1° aux associations cultuelles ; « 2° aux communes ; 3° aux départements ; « 4° aux musées et sociétés d'art et d'archéo- « logie ; 5° à l'Etat. Le prix sera fixé par trois « experts que désigneront le vendeur, l'acqué- « reur et le président du tribunal civil. Si au- « cun des acquéreurs visés ci-dessus ne fait « usage du droit de préemption, la vente sera « libre ; mais il est interdit à l'acheteur d'un « objet classé de le transporter hors de « France. »

174. *Réparations.* — « Nul travail de répa- « ration, restauration ou entretien à faire aux « monuments ou objets mobiliers classés ne « peut être commencé sans l'autorisation du « ministre des beaux-arts, ni exécuté hors de « la surveillance de son administration, sous « peine, contre les propriétaires, occupants « ou détenteurs qui auraient ordonné ces tra- « vaux, d'une amende de 16 à 1,500 fr. » (art. 17, § 4).

175. *Sanctions pénales.* — « Toute in- « fraction aux dispositions ci-dessus, ainsi « qu'à celles de l'article 16 de la présente loi « et des articles 4, 10, 11, 12 et 13 de la loi « du 30 mars 1887, sera punie d'une amende « de 100 à 10,000 fr. et d'un emprisonne- « ment de six jours à trois mois, ou de l'une « de ces deux peines seulement » (art. 17, § 5). L'article 463 du Code pénal et la loi du 26 mars 1891 sont applicables en la matière (art. 37).

176. *Inspection.* — Le ministre des beaux-arts est chargé d'assurer l'inspection des immeubles et objets classés par application de la loi du 30 mars 1887 et de l'article 16 de notre loi (décret du 16 mars 1906, art. 29, § 1er).

177. *Visites et expositions.* — « La vi- « site des édifices et l'exposition des objets « mobiliers classés seront publiques ; elles ne « pourront donner lieu à aucune taxe ni re- « devance » (art. 17, § 6). Les associations cultuelles fixent, sous réserve de l'approba- tion du préfet, les jours et heures auxquels auront lieu la visite des édifices et l'exposi- tion des objets mobiliers classés. Si l'associa- tion, bien que dûment mise en demeure par le préfet, n'a pris aucune disposition à cet effet, ou en cas de refus d'approbation, il est statué par le ministre des beaux-arts (décret du 16 mars 1906, art. 29, §§ 2 et 3).

CHAPITRE X

Police des cultes (titre V, art. 25 à 36)

SECTION I

MANIFESTATIONS PUBLIQUES DU CULTE

178. *Liberté du culte privé.* — Les règles de police qui vont être analysées et qui déterminent les conditions dans lesquelles doivent être tenues les réunions cultuelles ne s'appliquent qu'à des assemblées publiques de fidèles réunis en vue de pratiques religieuses et se dispersant après les avoir accomplies en commun. Le chrétien qui prie dans sa chambre et à l'église, le prêtre qui dit sa messe sur un autel privé, les réunions familiales ou intimes pour la célébration d'un culte à domicile ou dans une chapelle privée, ne s'y trouvent pas soumis [1]. En un mot, le culte privé reste absolument libre. L'article 44 abroge les décrets des 22 décembre 1812 et 19 mars 1859 relatifs aux formalités qui devaient précéder l'ouverture des chapelles et oratoires privés.

179. *Manifestations diverses du culte public.* — Les manifestations publiques du culte peuvent se répartir en deux groupes : 1° réunions cultuelles à l'intérieur des édifices consacrés à l'exercice du culte ; — 2° manifestations cultuelles extérieures : cortèges sur la voie publique, sonneries de cloches, signes et emblèmes religieux. Examinons successivement ces deux catégories de manifestations.

§ 1er. — *Réunions tenues dans les édifices du culte*

180. *Lieux de réunion.* — Aux termes de l'article 25, il faut et il suffit que les réunions pour la célébration d'un culte soient « tenues dans un local appartenant à une « association cultuelle ou mis à sa disposi- « tion. » Les articles organiques (art. 45) disposaient qu'aucune cérémonie religieuse ne pourrait avoir lieu hors des édifices consacrés au culte catholique, dans les villes où il y aurait des temples destinés à différents cultes. L'article 294 du Code pénal punissait d'une amende de 16 à 200 fr. tout individu qui avait accordé ou consenti, sans la permission de l'autorité municipale, l'usage de sa maison ou de son appartement, en tout ou partie, pour l'exercice d'un culte. Avec la loi de séparation, toutes ces entraves disparaissent. Désormais le culte pourra être célébré, sans aucune autorisation, dans n'importe quel local, à l'intérieur de n'importe quel édifice, même en plein air, pourvu que ce soit sur un terrain privé. L'article 44 abroge à la fois

les Organiques et l'article 294 du Code pénal.

181. *Conditions.* 1° *Publicité.* — Mais pour être licites, les réunions cultuelles doivent demeurer publiques : « Les réunions pour « la célébration d'un culte, tenues dans les « locaux appartenant à une association cul- « tuelle ou mis à sa disposition, *sont publi-* « *ques* » (art. 25). Cette publicité est indispensable pour permettre la surveillance des autorités dans l'intérêt de l'ordre et empêcher que les édifices concédés à titre gratuit ne soient détournés de leur destination et employés à des réunions privées, politiques ou autres.

La publicité résultera d'ailleurs suffisamment du maintien des portes ouvertes [1].

Certaines réunions s'adressent à des catégories spéciales de fidèles : catéchisme, retraites, conférences et instructions à des confréries, etc. Des explications fournies à leur sujet par M. Briand à la Chambre [2], et M. Vallé au Sénat [3], il résulte que, pendant leur durée, la publicité devra être assurée en ce sens que les portes de l'église devront rester ouvertes, mais qu'elles ne constituent cependant pas, à proprement parler, des réunions pour l'exercice public du culte et sont, par suite, dispensées de la déclaration préalable dont il va être parlé.

182. 2° *Déclaration préalable.* — La loi du 30 juin 1881 soumet la tenue des réunions publiques à plusieurs conditions. Il faut une déclaration préalable faite vingt-quatre heures à l'avance et contenant l'indication du lieu, du jour et de l'heure de la réunion, ainsi que de son but. Une déclaration spéciale doit être faite pour chaque réunion. En principe, la réunion ne peut se prolonger au delà de onze heures du soir. Enfin, il faut un bureau composé d'au moins trois personnes. Certaines de ces exigences auraient constitué de véritables entraves à l'exercice des cultes. On voit mal une déclaration pour chaque messe ou chaque vêpres [4]. On n'a donc retenu que la déclaration relative au local. « Elles (les réunions pour la célébration d'un « culte) sont dispensées des formalités de « l'article 8 de la loi du 30 juin 1881 (consti- « tution d'un bureau), mais restent placées « sous la surveillance des autorités dans l'in- « térêt de l'ordre public. Elles ne peuvent « avoir lieu qu'après une déclaration faite « dans les termes de l'article 2 de la même « loi et indiquant le local dans lequel elles

---

[1] Rapport Briand.

---

(1) Rapport Briand. M. de Roscoat demanda à la *Chambre* (séance du 22 juin 1905) d'admettre les réunions privées, mais son amendement fut écarté.
(2) Réponse à MM. Gayraud et Auffray (*Chambre*, même séance).
(3) Réponse à M. Bodinier (*Sénat*, séance du 1er décembre 1905).
(4) Rapport Briand.

« seront tenues. — Une seule déclaration
« suffit pour l'ensemble des réunions perma-
« nentes, périodiques ou accidentelles qui
« auront lieu dans l'année. »
Cette déclaration est signée par deux délégués au moins de l'association cultuelle qui a
la propriété ou la jouissance du local où le
culte sera célébré; l'un de ces délégués doit
être domicilié dans la commune où le local
est situé (décret du 16 mars 1906, art. 49,
§ 1er). Elle est faite, à Paris, au préfet de police; dans les chefs-lieux de département, au
préfet; dans les chefs-lieux d'arrondissement,
au sous-préfet, et dans les autres communes,
au maire. Il en est délivré immédiatement un
récépissé constatant l'heure à laquelle elle a
été reçue (loi du 30 juin 1881, art. 2).
   La célébration du culte ne peut avoir lieu
qu'après un délai d'au moins vingt-quatre
heures (décret du 16 mars 1906, art. 49, § 2).

183. *Surveillance.* — La surveillance des
autorités s'exerce sur les réunions cultuelles
conformément aux dispositions des articles 9
de la loi du 30 juin 1881 et 97 de la loi du
5 avril 1884 (même décret, art. 49, § 3). En
conséquence, cette surveillance fait partie de
la police municipale et un fonctionnaire de
l'ordre administratif ou judiciaire peut être
délégué, à Paris, par le préfet de police, et
dans les départements, par le préfet, le sous-
préfet ou le maire, pour assister à la réunion.
Il ne peut la dissoudre que s'il se produit
des collisions et voies de fait.

184. *Objet.* — Les réunions tenues dans
les locaux servant habituellement à l'exercice
d'un culte doivent être exclusivement cultuelles. Il est interdit d'y tenir des réunions
politiques (art. 26 de la loi). La réciproque
n'est pas vraie : une assemblée cultuelle pourrait être accidentellement tenue dans un local
consacré d'ordinaire à des réunions politiques
ou autres, par exemple en cas de réparations
à l'église.

§ 2. — *Manifestations cultuelles extérieures*

185. *Processions et autres cortèges.* —
Aucune modification n'est apportée à la législation antérieure, en ce qui concerne les processions, cortèges religieux, convois funèbres, etc. « Les cérémonies, processions et
« autres manifestations extérieures d'un culte
« continueront à être réglées en conformité
« des articles 96 et 97 de la loi municipale du
« 5 avril 1884 » (art. 27, § 1er) (1).

En conséquence, le maire, usant des droits
de police que lui confèrent les articles 94 et
97 de la loi municipale, a la faculté d'interdire, soit d'une façon permanente, soit accidentellement, les processions et autres cortèges religieux du même genre, en se fondant
sur les troubles qu'ils peuvent occasionner et
uniquement dans l'intérêt du bon ordre, de
la tranquillité publique et de la commodité de
la circulation. L'éventualité d'un trouble suffit, il n'est pas nécessaire que des désordres
se soient déjà produits (1). L'arrêté d'interdiction ne pourrait plus viser l'article 45 de la
loi du 18 germinal an X qui interdisait les cérémonies religieuses hors des édifices consacrés au culte catholique dans les localités où
il existe des temples destinés à différents
cultes, puisque les Organiques sont abrogés
par l'article 44 de notre loi.
   L'arrêté municipal ou préfectoral sera susceptible d'un recours en Conseil d'Etat, pour
excès de pouvoir, dans les deux mois de sa
publication.
   Les convois funèbres demeurent, eux aussi,
du ressort de la police municipale (2). Quant
au port du viatique aux malades, la jurisprudence ne le considère pas comme une manifestation extérieure du culte et ne reconnaît
pas au maire le droit de l'interdire, à moins
que le prêtre ne soit revêtu d'habits sacerdo-
taux et accompagné d'un homme tenant une
lanterne (3).

186. *Sonnerie des cloches.* — Aux termes
de l'article 100 de la loi du 5 avril 1884, les
sonneries religieuses, comme les sonneries
civiles, devaient faire l'objet d'un règlement
concerté entre l'évêque et le préfet, et entre
le préfet et les consistoires, et arrêté, en cas
de désaccord, par le ministre des cultes. Sous
le régime de séparation l'entente de l'autorité
civile avec l'autorité ecclésiastique ne pouvait
plus être admise; néanmoins, un accord préalable étant désirable, l'article 27, paragraphe 2,
décide que « les sonneries de cloches seront
« réglées par arrêté municipal, et, en cas de
« désaccord entre le maire et le président ou
« directeur de l'association cultuelle, par ar-
« rêté préfectoral (4). » L'arrêté s'applique
aussi bien aux cloches appartenant à la commune qu'à celles qui sont la propriété d'une
association cultuelle (5).

---

(1) Le projet de la commission, comme le projet
Combes, interdisait toute cérémonie, procession et autres
manifestations extérieures du culte sur la voie publique,
M. Boucher proposa de les soumettre à l'autorisation
préalable du maire. Un amendement de M. Noulens,
soutenu par MM. Groussau et Ribot et maintenant le
statu quo, a été voté par la *Chambre* (séance du 26 juin
1905).

(1) Cons. d'Etat, 17 août 1880 (Lebon, Chron.,
p. 1099); — 24 mars 1897 (S., 99, 3, 108); — Cass., 11 août
1881. D., 81, 1, 393); — 26 mai 1882 (D., 82, 1, 382); —
4 mars 1892 (D., 93, 1, 267).
(2) Cons. d'Etat, 3 mars 1894 (S., 96, 3, 17 et la note).
(3) Cass., 26 février 1887 (S., 88, 1, 141); Cons. d'Etat,
13 août 1895 (S , 96, 3, 17).
(4) Texte de la commission modifié après la prise en
considération d'un amendement de M. Albert Le-Roy
(*Chambre*, séance du 27 juin 1905).
(5) Réponse du ministre des cultes à M. Auffray
(*Chambre*, même séance).

L'arrêté pris par le maire est, avant transmission au préfet ou au sous-préfet, communiqué au président ou directeur de l'association cultuelle. Un délai de quinze jours est laissé à celui-ci pour former à la mairie, s'il y a lieu, une opposition écrite et motivée, dont il lui est délivré récépissé. A l'expiration de ce délai, le maire transmet au préfet son arrêté, qui, à défaut d'opposition, est exécutoire dans les conditions prévues par les articles 95 et 96 de la loi du 5 avril 1884. En cas d'opposition, il est statué par arrêté préfectoral (décret du 16 mars 1906, art. 50).

Le troisième paragraphe de l'article 27 laisse au règlement d'administration publique le soin de déterminer les conditions et les cas dans lesquels les sonneries civiles pourront avoir lieu. Tel est l'objet des articles 51 et 52 du décret du 16 mars 1906, calqués sur les articles 100 et 101 de la loi du 5 avril 1884. Les cloches des édifices servant à l'exercice public du culte peuvent être employées aux sonneries civiles dans les cas de péril commun qui exigent un prompt secours. Si elles sont placées dans un édifice appartenant à l'Etat, au département ou à la commune ou attribué à l'association cultuelle en vertu des articles 4, 8 et 9 de la loi du 9 décembre 1905, elles peuvent, en outre, être utilisées dans les circonstances où cet emploi est prescrit par les dispositions des lois ou règlements, ou autorisé par les usages locaux (art. 51). Une clef du clocher est déposée entre les mains du président ou directeur de l'association cultuelle, une autre entre les mains du maire, qui ne peut en faire usage que pour les sonneries civiles et l'entretien de l'horloge publique. Si l'entrée du clocher n'est pas indépendante de celle de l'église, une clef de la porte de l'église est déposée entre les mains du maire (art. 52).

187. *Signes et emblèmes religieux.* — « Il « est interdit, à l'avenir, d'élever ou d'apposer aucun signe ou emblème religieux sur « les monuments publics ou en quelque emplacement public que ce soit, à l'exception « des édifices servant au culte, des terrains « de sépulture dans les cimetières, des monuments funéraires, ainsi que des musées ou « expositions » (art. 28 de la loi).

La question était précédemment laissée « à la prudence des autorités locales » (Décision minist. du 7 fructidor an X).

L'interdiction ne s'applique qu'aux emblèmes nettement religieux, aux signes « destinés « à symboliser, à mettre en valeur une religion, » croix, statues de la Vierge ou des saints, calvaires, etc. Ne rentrerait pas dans cette catégorie la statue d'un grand homme béatifié par l'Eglise [1].

_____
(1) M. Briand, *Chambre*, séance du 27 juin 1905.

Par « monuments et emplacements publics, » il faut entendre les édifices et les terrains qui sont la propriété de l'Etat, des départements et des communes, hôpitaux, écoles, rues, places, promenades, etc. Les édifices et terrains particuliers pourront continuer, comme par le passé, à recevoir des signes et emblèmes religieux, alors même qu'ils seraient exposés aux regards du public, étant par exemple placés sur la façade d'une maison en bordure de rue [1].

En outre, l'interdiction n'a d'effet que pour l'avenir. On laisse subsister les emblèmes religieux actuellement existants et cette tolérance implique forcément le droit de les réparer pour les tenir en bon état [2]. Il n'en serait autrement que pour un emblème qui aurait été complètement détruit et qu'on serait resté longtemps sans relever, car alors le relèvement équivaudrait à l'édification d'un emblème nouveau [3].

Les exceptions admises se justifient d'elles-mêmes.

188. *Enseignement religieux.* — « Conformément aux dispositions de l'article 2 de « la loi du 28 mars 1882, l'enseignement religieux ne peut être donné aux enfants âgés « de six à treize ans, inscrits dans les écoles « publiques, qu'en dehors des heures de « classe. Il sera fait application aux ministres « des cultes qui enfreindraient ces prescriptions, des dispositions de l'article 14 de la « loi précitée » (art. 30) [4].

Rien n'est changé à la loi du 28 mars 1882. On a voulu couper court à tout conflit qui pourrait s'élever entre l'instituteur et le curé, au sujet des heures de catéchisme. Avant la séparation, le gouvernement pouvait intervenir dans le différend. Les sanctions administratives disparaissant, l'article 30 a pour but d'établir une sanction pénale qui sera une amende de 11 à 15 fr., et, au besoin, un emprisonnement d'un à cinq jours contre le ministre du culte responsable de l'absence de l'enfant, mais seulement en cas de seconde récidive. La plainte sera adressée au juge de paix par la commission scolaire ou, à son défaut, par l'inspecteur primaire.

189. *Jours fériés.* — « Les dispositions « légales relatives aux jours actuellement fériés sont maintenues » (art. 42) [5]. Ces dispositions sont : l'arrêté du 29 germinal an X, créant comme fêtes légales, en dehors

_____
(1) M. Briand, séance du 27 juin 1905.
(2) M. Briand, même séance.
(3) Rapport Maxime Lecomte.
(4) Amendement Abel Lefèvre voté par la *Chambre*, (séance du 28 juin 1905).
(5) Texte proposé par la commission à la suite d'une disposition additionnelle de M. Gérault-Richard, modifiant les noms des fêtes concordataires (*Chambre*, séance du 3 juillet 1905).

des dimanches, la Nativité, l'Ascension, l'Assomption, la Toussaint ; — la loi du 8 mars 1886, déclarant jours fériés les lundis de Pâques et de la Pentecôte ; — les articles 1033 du Code de procédure et 134 du Code de commerce ; — les lois des 28 mars 1904 et 13 juillet 1905, relatives au paiement des effets de commerce tombant un jour de fête légale et, dans certains cas, le lendemain ou la veille.

§ 3. — Sanctions

190. *Sanction pénale.* — Les contraventions aux prescriptions concernant les cérémonies cultuelles à l'intérieur des édifices (art. 25 et 26) et les manifestations extérieures du culte (art. 27 et 28) sont punies des peines de simple police (art. 29). Seront passibles de ces peines :

1° Les organisateurs de la réunion ou manifestation faite en violation des articles 25, 26 (réunions illicites) et 27 (processions et sonneries de cloches interdites par un arrêté) ;

2° Les ministres du culte ayant rempli un office à la cérémonie ;

3° Ceux qui ont fourni un local pour une cérémonie cultuelle violant les articles 26 et 27.

On n'a pas à rechercher l'intention frauduleuse, la bonne foi ne serait pas une excuse ; mais la preuve contraire sera toujours admise contre le fait incriminé. La complicité n'existe pas en matière de contraventions.

191. *Responsabilité civile.* — « Dans le « cas de condamnation par les tribunaux de « simple police en application des articles 25 « et 26 (réunions cultuelles illicites), l'associa- « tion constituée pour l'exercice du culte dans « l'immeuble où l'infraction a été commise « sera civilement responsable » (art. 36). La responsabilité civile de l'association s'étend au paiement de l'amende, des frais, et, s'il y a lieu, des dommages-intérêts pour le préjudice causé à des particuliers.

SECTION II

DÉLITS CULTUELS

§ 1er. — Entraves au libre exercice du culte

192. *Entraves vis-à-vis d'un individu.* — « Sont punis d'une amende de 16 à 200 fr. et « d'un emprisonnement de six jours à deux « mois ou de l'une de ces deux peines seule- « ment, ceux qui, soit par voies de fait, vio- « lences ou menaces contre un individu, soit « en lui faisant craindre de perdre son emploi « ou d'exposer à un dommage sa personne, sa « famille ou sa fortune, l'auront déterminé à « exercer ou à s'abstenir d'exercer un culte, à « faire partie ou à cesser de faire partie d'une « association cultuelle, à contribuer ou à s'abs-

« tenir de contribuer aux frais d'un culte » (art. 31).

Pour que le délit existe, trois conditions sont requises. Il faut :

1° Une contrainte ayant déterminé à l'accomplissement ou à l'abstention de certains actes. Des craintes insuffisamment justifiées ne suffiraient pas.

2° Des violences ou voies de fait physiques, ou des violences morales, c'est-à-dire des menaces pouvant faire redouter une perte d'emploi ou un dommage à sa personne, sa famille ou sa fortune. Cette énumération des menaces admissibles n'est d'ailleurs nullement limitative, elle indique seulement les plus habituelles et a pour but de montrer qu'il faut des menaces sérieuses.

3° L'abstention ou l'exercice forcé d'un culte, l'affiliation imposée à une association cultuelle, ou le départ obligé, la contribution ou la non-contribution aux frais d'un culte. C'est l'existence de l'un de ces faits qui constitue la matérialité de l'infraction.

Cette disposition nouvelle vient remplacer l'article 260 du Code pénal, que l'article 44 de notre loi abroge expressément.

193. *Entraves à une cérémonie du culte.* — « Seront punis des mêmes peines ceux qui « auront empêché, retardé ou interrompu les « exercices d'un culte par des troubles ou dé- « sordres causés dans le local servant à ces « exercices » (art. 32).

Ici encore deux conditions sont nécessaires :

1° Des troubles ou désordres causés à l'intérieur d'un local servant à l'exercice du culte. Des troubles pratiqués au dehors, même pendant la célébration de l'office divin, ne suffiraient pas pour caractériser le délit, ils ne seraient punissables que s'ils constituaient des infractions de droit commun [1]. Ne tomberaient pas non plus sous le coup de notre article des désordres sur la voie publique ayant pour but d'entraver une procession.

2° Les troubles doivent avoir empêché, retardé ou interrompu les exercices du culte ; une simple atteinte au recueillement et à la dignité de la cérémonie ne serait pas suffisante.

L'article que nous venons d'analyser se substitue à l'article 261 du Code pénal, abrogé, lui aussi, par l'article 44.

194. *Réserve de droit commun.* — « Les « dispositions des deux articles précédents « ne s'appliquent qu'aux troubles, outrages « ou voies de fait, dont la nature ou les cir- « constances ne donneront pas lieu à de plus

---

[1] Réponse du rapporteur à M. Dominique Delahaye (*Sénat*, séance du 4 décembre 1905).

« fortes peines d'après les dispositions du
« Code pénal » (art. 33). Cette disposition
est de style dans toutes les lois spéciales.

§ 2. — *Délits commis par les ministres du culte*

195. *Conditions générales.* — Les délits
prévus par les articles 34 et 35 de notre loi
doivent avoir été commis par un ministre du
culte :

1° Dans l'exercice de ses fonctions ;

2° Dans un lieu où s'exerce le culte ;

3° Par un discours prononcé publiquement,
par une lecture faite publiquement, par un
écrit affiché ou distribué publiquement. Les
conditions de publicité sont celles exigées par
la loi du 29 juillet 1881 sur la presse, la loi
du 9 décembre 1905 n'entend nullement in-
nover à cet égard.

196. *Outrages ou diffamation envers un
citoyen chargé d'un service public.* — L'outrage ou la diffamation, commis par un ministre du culte dans les conditions qui viennent d'être spécifiées contre un citoyen chargé
d'un service public, est puni d'une amende
de 500 à 3,000 fr. et d'un emprisonnement
d'un mois à un an, ou de l'une de ces deux
peines seulement (art. 34). Les solutions de
la doctrine et de la jurisprudence qui, sur les
articles 224 et 230 du Code pénal, déterminent les personnes que l'on doit considérer
comme des citoyens chargés d'un service public, s'appliqueront également ici.

Lorsque le fait diffamatoire se rapporte non
à la vie privée mais aux fonctions du citoyen
incriminé, la preuve en pourra être établie
dans les formes prévues par l'article 52 de la
loi du 29 juillet 1881 (art. 34, § 2). Toutefois, par dérogation à l'article 45 de la loi de
1881, l'affaire ne sera pas déférée à la Cour
d'assises mais au tribunal correctionnel, « en
vue d'obtenir une justice prompte et rapide,
qui fasse cesser le plus tôt possible l'agitation causée par la faute du ministre du
culte (1). »

(1) Rapport Maxime Lecomte.

197. *Provocation à la résistance aux
lois.* — Le ministre du culte qui, par l'un des
moyens énoncés ci-dessus, « aura directement
« provoqué à résister à l'exécution des lois ou
« aux actes légaux de l'autorité publique, ou
« aura cherché à soulever ou à armer une par-
« tie des citoyens contre les autres, sera puni
« d'un emprisonnement de trois mois à deux
« ans, sans préjudice des peines de la compli-
« cité dans le cas où la provocation aurait été
« suivie d'une sédition, révolte ou guerre
« civile » (art. 35).

198. *Textes abrogés.* — Les deux délits
d'outrages et diffamation et d'excitation à la
révolte sont les seuls qui puissent être désormais relevés contre les ministres du culte, à
raison de leur qualité spéciale. En conséquence, les articles 201 à 208 du Code pénal
sont abrogés (art. 44).

199. *Responsabilité civile.* — Dans le cas
de condamnation par application des articles
34 et 35, l'association constituée pour l'exercice du culte dans l'immeuble où l'infraction
a été commise sera civilement responsable
(art. 36).

200. *Circonstances atténuantes. Sursis.*
— Le bénéfice des circonstances atténuantes
et le sursis peuvent être accordés à tous les
individus reconnus coupables de l'un des délits prévus par la loi du 9 décembre 1905
(art. 37).

201. *Prescription.* — Les entraves à l'exercice du culte sont des délits de droit commun
qui se prescrivent par trois ans. Les délits
d'outrages et d'excitation à la révolte commis
par les ministres du culte rentrent, au contraire, dans la catégorie des délits de parole
ou de presse et tombent sous le coup de la
prescription de trois mois instituée par l'article 65 de la loi du 29 juillet 1881 (art. 34,
§ 2, *in fine*).

TABLE DES MATIÈRES DU COMMENTAIRE

(Les chiffres entre parenthèses renvoient aux numéros du Commentaire)

I.

TABLE DES TEXTES LÉGISLATIFS

Relatifs à la séparation des Eglises et de l'État

II.

TABLE ALPHABÉTIQUE DES MATIÈRES DU COMMENTAIRE

(Les chiffres renvoient aux numéros du commentaire)

Le Bulletin-Commentaire des Lois nouvelles et Décrets

Recueil mensuel, d'un abonnement annuel de **7 fr.** (étranger, **8 fr.**), **est le seul recueil**

publiant en une seule fois, peu après promulgation, **le commentaire de toutes**

les lois d'un intérêt général (Voir au recto la liste des principaux collaborateurs).

Chaque fascicule contient, outre le commentaire proprement dit, une revue de législation et de jurisprudence et tous les documents législatifs relatifs à la loi commentée.

Cette publication *est indispensable pour tenir au courant tous les ouvrages de droit.*

**Envoi franco d'un numéro spécimen et de la liste des commentaires
publiés depuis 1894.**

Divisions du recueil :

Tome I. De 1894 à 1897	Prix : **28** fr.
Tome II. Années 1898 et 1899	Prix : **14** fr.
Tome III. Années 1900 et 1901	Prix : **14** fr.
Tome IV. Années 1902 et 1903	Prix : **14** fr.
Tome V. Années 1904 et 1905	Prix : **14** fr.

**IMPORTANTES RÉDUCTIONS
Aux abonnés**

N. B. La collection entière du **Bulletin-Commentaire** peut être reliée en 2 volumes :
Le 1er, comprenant les tomes I et II, de 1894 à 1899 inclus
Le 2e, comprenant les tomes III, IV et V, de 1900 à 1905 inclus
Reliure demi-chagrin noir ou rouge, prix **3 fr.** par volume.

En vente à l'Administration du Bulletin-Commentaire des Lois nouvelles et Décrets

Léonce BELZACQ, directeur, 103, boulevard Saint-Michel, a Paris (Ve)

1. Actes de l'état civil (Mention sur les). 1 fr. 50
2. André. — Brocanteur (Commerce de). 1 fr. 50
3. André. — Instruction judiciaire, 2e édition. 2 fr.
4. André. — Outrages aux bonnes mœurs. 1 fr. 50
5. André. — Séparation de corps. 1 fr. 50
6. Bazenet. — Casier judiciaire. 2 fr.
7. Bazenet. — Nouvelle compétence des juges de paix, 2e édition in-18, 1906. 3 fr. 50
8. Bazenet. — Réhabilitation de droit. 2 fr.
9. B. de Larivière. — Animaux domestiques (Vente et échange d'). 1 fr. 50
10. Boivin. — Communes et établissements publics (Procès des), 1905. 1 fr. 50
11. Boivin. — Contributions (Réclamations sur). 1 fr. 50
12. Boivin. — Crédit agricole (Caisses régionales de). 2 fr.
13. Boivin. — Crédit agricole (Sociétés de). 2 fr.
14. Boivin. — Dons et legs. 1 fr. 50
15. Boivin. — Maisons d'école (Construction d'office des). 1 fr. 50
16. Boivin. — Organisation municipale. 1902. 1 fr. 50
17. Boivin. — Récoltes endommag. par le gibier. 1 fr. 50
18. Boivin. — Resp ibilité civile des membres de l'enseignement publ. 1 fr. 50
19. Boivin. — Sapeurs-pompiers. 1 fr. 50
20. Bougault. — Congrégations, sanctions civiles et pénales. Revue de jurisprudence. 3 fr.
21. Budget (indiquer l'année).
22. Cameau. — Chemins de fer, voituriers, etc. (Responsabilité des), 1905. 1 fr. 50
23. Charmont. — Quotité disponible entre époux. 1 fr. 50
24. Christophe. — Enfants (Violences envers les). 1 fr. 50
25. Christophe et X. — Bouilleurs de cru, 1903-1905. 2 fr.
26. Clémenceau. — Suppression de la vénalité des offices ministériels. 2 fr.
27. Contributions directes et taxes assimilées (indiquer l'année). 1 fr. 50
28. Dalloz. — Dictionnaire de droit. 1905. 40 fr.
29. Dejamme. — Inhumations (Suppression du monopole des), 1905. 1 fr. 50
30. Dejamme. — Santé publique. 1902. 1 fr. 50
31. Dejamme. — Service de deux ans. 1905. 2 fr.
32. Fortier. — Assistance judiciaire. 1 fr. 50
33. Fortier. — Assistance médicale gratuite. 1 fr. 50
34. Fortier. — Compétence en matière d'assur. 1 fr. 50
35. Fortier. — Droits successifs des enf. nat. 1 fr. 50
36. Fortier. — Prud'hommes (Réorganisation des conseils de). 1905. 1 fr. 50
37. Fortier. — Réhabilitation des faillis. 1905. 1 fr. 50
38. Fortier. — Saisie-arrêt ou opp. s. salaires. 1 fr. 50
39. Fortier. — Taux de l'intérêt légal de l'arg. 1 fr. 50
40. Fortier — Vente des objets abandonnés chez les aubergistes et logeurs. 1 fr. 50
41. Forien. — Rapports à succession. 1 fr. 50
42. Guibourg. — Affouage. 1901. 1 fr. 50
43. Ingelbrecht et Guibourg. — Eaux (Rég. des). 2 fr. 50
44. Guibourg. — Police rurale. 1 fr. 50
45. Guibourg. — Travailleurs (Hyg. et séc. des). 1 fr. 50
46. Guibourg. — Vente des objets abandonnés chez les ouvriers et industriels. 1904. 1 fr. 50
47. Guillot. — Accidents du travail, 2e édition. 2 fr. 50
48. Guillot. — Sociétés de secours mutuels et statuts modèles. 1900. 3 fr. 50
49. Gendarmerie (Organisat. et service). 1905. 1 fr. 50
50. Hutin. — Valeurs au porteur (Perte ou vol de). 1 fr. 50
51. Ingelbrecht. — Femme témoin. 1 fr. 50
52. Lefort. — Assurances sur la vie. 1906. 1 fr. 50
53. Lamache. — Droits de l'époux survivant. 1 fr. 50
54. R. du Mérac. — Caisse de retraites des employés et ouvriers. 1 fr. 50
55. Reutenauer. — Accidents du trav. 1902-1905. 4 fr.
56. Reutenauer. — Nouveau régime des cultes en France, 2e édition, 1906. 3 fr. 50
57. Reutenauer. — Placement des ouvr. et empl. 1 fr. 50
58. Simon-Auteroche. — Fraudes sur les produits alimentaires et agricoles, 1906. 2 fr.
59. Simon-Auteroche. — Mariage des étrangers. 1 fr. 50
60. Successions (Nouveau régime fiscal des). 3 fr.
61. Taudière. — Associations. 1 fr. 50
62. Taudière. — Congrégations. 1 fr. 50
63. Taudière. — Dommages causés par les travaux publics à la propriété privée. 1 fr. 50
64. Taudière. — Enseignement congréganiste. 3 fr.
65. Taudière. — Régime des boissons. 1 fr. 50
66. Watrin. — Code rural et droit usuel. 12 fr.
67. Watrin. — Police sanitaire des anim. 1905. 1 fr. 50
68. Watrin. — Vices rédhibitoires. 1905. 1 fr. 50

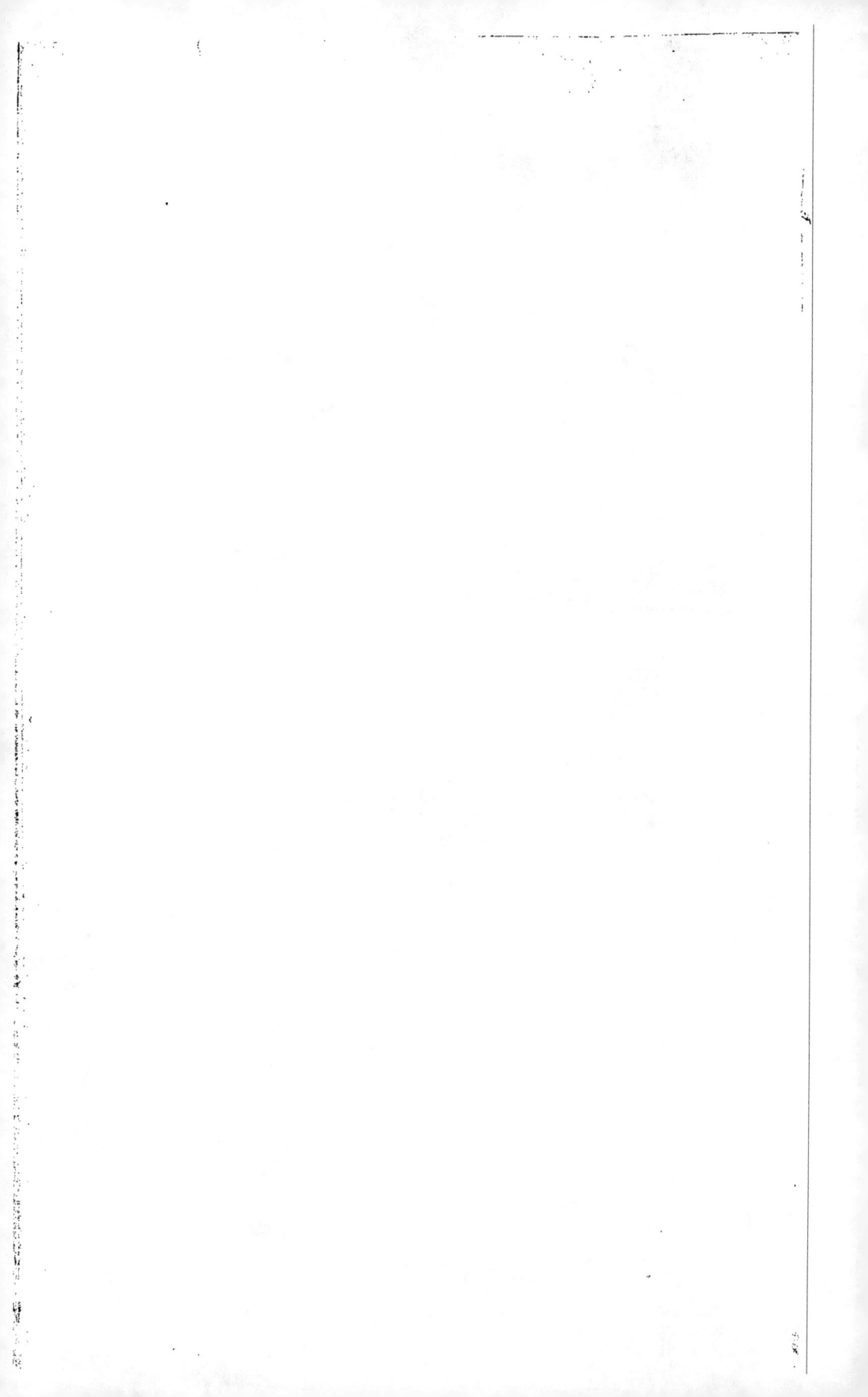

www.ingramcontent.com/pod-product-compliance
Lightning Source LLC
Chambersburg PA
CBHW071519200326
41519CB00019B/6004